GONGYE HULIANWANG YINGYONG
CONG JICHU DAO SHIZHAN

工业互联网应用

从基础到实战

杨 奎　李颖慧　编著

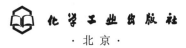
·北京·

内容简介

工业互联网是新一代信息通信技术与工业系统全方位深度融合所形成的产业和应用生态，是制造业数字化转型的重要抓手，不断推动着传统产业转型升级、新兴产业发展壮大。本书以新时代下企业数字化转型为背景，从工业互联网理论和与制造业实践相结合的角度，介绍工业互联网核心技术和实战，为制造企业数字化转型升级提供参考。全书共分6章，前两章主要介绍工业互联网基础与核心技术等理论，后面四章主要介绍工业互联网与智能制造的关系、工业互联网在智能制造中的应用和实践等。本书还通过典型案例帮助读者更好地理解和掌握工业互联网的基础知识，并指导应用实践。

本书可供物联网、工业互联网行业从业人员、智能制造研究与开发的工程技术人员阅读，也可作为高等院校互联网、智能制造等相关专业师生的参考书。

图书在版编目（CIP）数据

工业互联网应用：从基础到实战/杨奎，李颖慧编著. —北京：化学工业出版社，2023.5
ISBN 978-7-122-42749-6

Ⅰ. ①工⋯ Ⅱ. ①杨⋯ ②李⋯ Ⅲ. ①互联网络-应用-工业发展-研究 Ⅳ. ①F403-39

中国国家版本馆CIP数据核字（2023）第023280号

责任编辑：金林茹
责任校对：宋　玮
装帧设计：王晓宇

出版发行：化学工业出版社
　　　　（北京市东城区青年湖南街13号　邮政编码100011）
印　　装：高教社（天津）印务有限公司
787mm×1092mm　1/16　印张15¾　字数407千字
2023年5月北京第1版第1次印刷

购书咨询：010-64518888
售后服务：010-64518899
网　　址：http://www.cip.com.cn
凡购买本书，如有缺损质量问题，本社销售中心负责调换。

定　　价：99.00元　　　　　　　　　　　　版权所有　违者必究

前言
PREFACE

继《中国制造2025》印发以来，我国密集出台了数十个推动工业互联网技术发展的政策性文件，着力推动工业互联网的发展与应用。政策的密集发布也推动了5G、大数据、人工智能相关技术的发展迭代，从而间接地推动工业互联网的发展。数据作为工业互联网发展的关键要素，遍布工业场景的各个环节，数据挖掘与分析技术有利于提取有价值的信息，提高生产效率，优化生产模式。这些技术的迭代创新，不断推动着工业互联网在工业场景应用的深入，也不断创造着新的应用场景和价值。

目前，我国已经形成较为完整的工业互联网顶层政策体系，极大地从外部推动了工业互联网的发展，未来我国也将继续推进工业互联网发展，为企业数字化转型提供有力支撑。鉴于此，笔者基于多年在工业互联网领域的理论研究及在智能制造领域的实践经验编写此书，以期为推动工业互联网的发展尽绵薄之力。本书着重介绍工业互联网核心技术等基础理论，阐述工业互联网与智能制造的关系、工业互联网在智能制造中的应用和实践等，并通过典型案例帮助读者更好地理解和掌握工业互联网的基础知识，以指导应用实践。

全书共分6章，第1章主要介绍工业互联网概念、体系架构、与"中国制造2025""新基建"的关系、发展意义等基础知识；第2章从数据集成与边缘处理技术、IaaS关键技术、云计算、工业大数据、工业数据建模与分析、工业APP、多租户技术、安全技术、运维技术等角度阐述工业互联网核心技术；第3章主要介绍工业互联网与智能制造的关系；第4章主要介绍工业互联网在制造业中的应用；第5章主要介绍工业互联网实战；第6章主要介绍一系列工业互联网典型应用案例。

在本书写作过程中，笔者得到了许多国内外工业互联网同行的支持和帮助，特别是华为技术有限公司崔昊、腾讯云计算有限公司李赟、亚马逊云科技有限公司朱继荣、航天科技控股集团股份有限公司刘一凡等，在此向他们表示感谢！同时，本书融合了许多ICT领域专家和学者的真知灼见，在此向他们表达谢意！

由于笔者水平有限，书中难免存在不妥之处，望广大读者给予批评指正！

编著者

目录 CONTENTS

第 1 章　工业互联网基础 ··· 001

- 1.1　工业互联网 ··· 001
  - 1.1.1　工业互联网概念 ·· 001
  - 1.1.2　工业互联网整体架构 ··· 001
  - 1.1.3　工业互联网与互联网的关系 ······································ 002
- 1.2　工业互联网发展背景 ·· 003
  - 1.2.1　全球工业互联网平台发展现状 ··································· 003
  - 1.2.2　我国工业互联网平台现状 ·· 004
  - 1.2.3　我国工业互联网的实现路径 ····································· 005
- 1.3　工业互联网与"中国制造 2025" ······································ 007
- 1.4　工业互联网与新基建的关系 ··· 007
  - 1.4.1　中国新基建概述 ·· 007
  - 1.4.2　新基建下的工业互联网 ·· 008
- 1.5　发展工业互联网的意义 ··· 008

第 2 章　工业互联网核心技术 ··· 010

- 2.1　数据集成与边缘处理技术 ··· 010
  - 2.1.1　数据集成 ·· 011
  - 2.1.2　边缘计算 ·· 024
  - 2.1.3　工业网络 ·· 035
- 2.2　IaaS 关键技术 ··· 046
  - 2.2.1　虚拟化技术 ··· 046
  - 2.2.2　分布式存储 ··· 047
  - 2.2.3　并行计算 ·· 050
  - 2.2.4　负载均衡 ·· 051
- 2.3　云计算 ··· 055

2.3.1　云计算概念 ·· 055
　　　2.3.2　云计算架构 ·· 056
　　　2.3.3　云计算技术特点 ·· 058
　　　2.3.4　云计算类别 ·· 059
　　　2.3.5　云计算核心技术 ·· 061
　　　2.3.6　云计算的功能 ·· 061
2.4　工业大数据 ·· 062
　　　2.4.1　工业大数据概念 ·· 062
　　　2.4.2　工业大数据的来源 ·· 062
　　　2.4.3　工业大数据的数据类型 ·· 064
　　　2.4.4　工业大数据的数据特点 ·· 065
　　　2.4.5　工业大数据与互联网大数据的区别 ·· 066
　　　2.4.6　工业大数据架构 ·· 067
　　　2.4.7　工业大数据的数据处理 ·· 070
　　　2.4.8　工业大数据的作用 ·· 084
　　　2.4.9　工业大数据的价值 ·· 085
　　　2.4.10　工业大数据的应用场景 ··· 085
2.5　工业数据建模与分析 ·· 086
　　　2.5.1　数字化模型 ·· 086
　　　2.5.2　数字化模型的价值 ·· 088
　　　2.5.3　数字化模型建立流程 ·· 088
　　　2.5.4　数据+模型=服务 ·· 088
2.6　工业 APP ··· 089
　　　2.6.1　工业 APP 概念 ·· 089
　　　2.6.2　工业 APP 的体系架构 ·· 090
　　　2.6.3　工业 APP 的特征 ·· 090
　　　2.6.4　工业软件与工业 APP 的区别 ·· 091
　　　2.6.5　工业 APP 与消费 APP 的区别 ·· 092
　　　2.6.6　工业 APP、组件、微服务的关系 ··· 092
　　　2.6.7　工业 APP 的应用场景 ·· 093
2.7　多租户技术 ·· 094
　　　2.7.1　多租户技术概念 ·· 094
　　　2.7.2　多租户技术要求 ·· 095
　　　2.7.3　虚拟网络拓扑 ·· 096
　　　2.7.4　多租户技术 ·· 097
　　　2.7.5　多租户技术实现方式 ·· 097

         2.7.6 多租户方式的选择 ·· 098
   2.8 安全技术 ·· 101
         2.8.1 工业互联网的安全威胁 ·· 101
         2.8.2 我国信息安全法律 ·· 102
         2.8.3 工业互联网安全与网络安全的比较 ·· 103
         2.8.4 工业互联网平台安全架构 ·· 104
         2.8.5 工业互联网安全目标 ·· 106
         2.8.6 安全能力评估 ·· 106
         2.8.7 工业互联网安全技术体系 ·· 108
         2.8.8 工业互联网平台安全的要求 ·· 110
   2.9 运维技术 ·· 111
         2.9.1 运维管理的发展 ·· 111
         2.9.2 运维管理的痛点 ·· 111
         2.9.3 运维监控的设计思路 ·· 112
         2.9.4 运维管理的体系 ·· 113

第 3 章 工业互联网与智能制造的关系 ·· 118

   3.1 工业互联网是制造企业 IT 和 OT 连接的纽带 ·································· 118
         3.1.1 工业领域网络连接现状 ·· 118
         3.1.2 工业互联网将 IT 和 OT 融合 ··· 121
   3.2 智能制造是工业互联网的现实落脚点 ·· 121
         3.2.1 打通各个系统，消除信息孤岛 ·· 121
         3.2.2 工业大数据挖掘，实现"数据+模型=服务" ······························· 122
   3.3 工业大数据驱动制造业的转型升级 ·· 122
   3.4 数据带来的智能制造发展趋势 ·· 123
         3.4.1 数据可视化——提高管理决策效率 ·· 123
         3.4.2 趋势可视化——有效支撑判断依据 ·· 125
         3.4.3 生产可视化——智能制造的核心竞争力 ···································· 125
         3.4.4 制造虚拟化——智能制造的新模式 ·· 126

第 4 章 工业互联网在制造业中的应用 ·· 129

   4.1 中国制造业现状 ·· 129
         4.1.1 中国制造业 SWOT 分析 ·· 129

4.1.2　中国制造业升级目标 130
　　　4.1.3　"工业4.0"和"中国制造2025"的关系 131
　4.2　智能制造的体系架构 132
　　　4.2.1　智能制造总体架构 132
　　　4.2.2　智能制造的五个特征 133
　　　4.2.3　智能制造的智能特性 134
　4.3　使能技术在智能制造的应用 138
　　　4.3.1　传感技术 138
　　　4.3.2　自动识别技术 139
　　　4.3.3　工业机器人技术 140
　　　4.3.4　无人机技术 141
　　　4.3.5　增材制造技术 142
　　　4.3.6　仿真技术 144
　　　4.3.7　人工智能 145
　　　4.3.8　区块链 146
　　　4.3.9　数字孪生技术 146
　　　4.3.10　元宇宙 147
　4.4　智能制造的应用场景 149

第 5 章　工业互联网实战 152

　5.1　我国制造业存在的问题 152
　　　5.1.1　我国制造业变革面临的三大痛点 152
　　　5.1.2　工业互联网改变三大模式 153
　5.2　工业互联网实战 154
　　　5.2.1　工业互联网的模式探索 154
　　　5.2.2　工业互联网的路径选择 155
　　　5.2.3　工业互联网实践流程 169
　　　5.2.4　工业互联网实施方案推荐 174
　　　5.2.5　工业互联网平台设计与实现 176
　5.3　我国工业互联网主流平台介绍 186
　　　5.3.1　我国工业互联网平台介绍 186
　　　5.3.2　工业互联网平台能力评价 188

第 6 章　工业互联网典型应用案例 190

　6.1　研发制造管理一体化解决方案与实践 190

		6.1.1	背景	190

- 6.1.1 背景 ··· 190
- 6.1.2 问题点 ··· 190
- 6.1.3 目标 ··· 191
- 6.1.4 解决方案 ··· 191
- 6.1.5 效果 ··· 193

6.2 工厂综合价值链升级解决方案与实践 ·· 193
- 6.2.1 背景 ··· 193
- 6.2.2 问题点 ··· 193
- 6.2.3 目标 ··· 194
- 6.2.4 解决方案 ··· 194
- 6.2.5 效果 ··· 195

6.3 生产可视化全程监控解决方案与实践 ·· 195
- 6.3.1 背景 ··· 195
- 6.3.2 客户挑战 ··· 195
- 6.3.3 解决方案 ··· 196
- 6.3.4 效果 ··· 197

6.4 生产运行管控平台解决方案与实践 ·· 198
- 6.4.1 背景 ··· 198
- 6.4.2 问题点 ··· 198
- 6.4.3 目标 ··· 198
- 6.4.4 解决方案 ··· 198
- 6.4.5 效果 ··· 199

6.5 工业视觉质检解决方案与实践 ·· 200
- 6.5.1 背景 ··· 200
- 6.5.2 问题点 ··· 200
- 6.5.3 目标 ··· 200
- 6.5.4 解决方案 ··· 200
- 6.5.5 解决效果 ··· 201

6.6 工业设备故障预测解决方案与实践 ·· 201
- 6.6.1 背景 ··· 201
- 6.6.2 问题点 ··· 201
- 6.6.3 解决方案 ··· 201
- 6.6.4 效果 ··· 203

6.7 设备全生命周期管理解决方案与实践 ·· 203
- 6.7.1 背景 ··· 203
- 6.7.2 问题点 ··· 203

　　　　6.7.3　目标 203
　　　　6.7.4　解决方案 204
　　　　6.7.5　效果 208
　　6.8　数字孪生助力智能制造解决方案与实践 208
　　　　6.8.1　背景 208
　　　　6.8.2　问题点 208
　　　　6.8.3　目标 209
　　　　6.8.4　解决方案 209
　　　　6.8.5　效果 210
　　6.9　企业全流程管理解决方案与实践 211
　　　　6.9.1　背景 211
　　　　6.9.2　问题点 211
　　　　6.9.3　目标 211
　　　　6.9.4　解决方案 211
　　　　6.9.5　效果 214
　　6.10　工业云边端一体化解决方案与实践 214
　　　　6.10.1　背景 214
　　　　6.10.2　问题点 214
　　　　6.10.3　目标 214
　　　　6.10.4　解决方案 214
　　　　6.10.5　效果 217
　　6.11　服务化模式转型解决方案与实践 217
　　　　6.11.1　背景 217
　　　　6.11.2　问题点 218
　　　　6.11.3　目标 218
　　　　6.11.4　解决方案 218
　　　　6.11.5　效果 220
　　6.12　基于云边协同解决方案与实践 220
　　　　6.12.1　背景 220
　　　　6.12.2　问题点 221
　　　　6.12.3　目标 221
　　　　6.12.4　解决方案 221
　　　　6.12.5　效果 222
　　6.13　数据全生命周期管理解决方案与实践 222
　　　　6.13.1　背景 222
　　　　6.13.2　问题点 223

  6.13.3 目标 223
  6.13.4 解决方案 223
  6.13.5 效果 224
6.14 基于物联网能源解决方案与实践 226
  6.14.1 背景 226
  6.14.2 问题点 226
  6.14.3 目标 226
  6.14.4 解决方案 226
  6.14.5 效果 230
6.15 业务驱动数字化协同解决方案与实践 230
  6.15.1 背景 230
  6.15.2 问题点 230
  6.15.3 目标 231
  6.15.4 解决方案 231
  6.15.5 效果 232
6.16 数据驱动运营管控解决方案与实践 232
  6.16.1 背景 232
  6.16.2 问题点 232
  6.16.3 目标 232
  6.16.4 解决方案 233
  6.16.5 效果 234
6.17 数字化运维解决方案与实践 234
  6.17.1 背景 234
  6.17.2 问题点 234
  6.17.3 目标 235
  6.17.4 解决方案 235
  6.17.5 效果 236
6.18 基于VR+远程运维解决方案与实践 237
  6.18.1 背景 237
  6.18.2 问题点 237
  6.18.3 目标 237
  6.18.4 解决方案 237
  6.18.5 效果 241

参考文献 242

第 1 章

工业互联网基础

1.1 工业互联网

1.1.1 工业互联网概念

工业互联网是物联网、云计算、大数据、人工智能等新一代信息技术与制造业深度融合产生的新技术。工业互联网是数字化背景下实现制造业转型升级的重要方式与手段,能够帮助企业实现数字化生产、智能化管理、产业链协同等,构建起全连接、全要素、全产业链、全价值链的新型工业生产制造和服务体系。

当前,工业互联网融合应用向国民经济重点行业广泛拓展,形成虚拟化设计、智能化制造、网络化协同、个性化定制、服务化延伸、数字化管理六大新模式,赋能、赋智、赋值作用不断显现,有力地促进了实体经济提质、降本、增效、绿色、安全和创新发展。

1.1.2 工业互联网整体架构

工业互联网平台是面向制造业数字化、网络化、智能化需求,构建基于海量数据采集、汇聚、分析、共享和应用的服务体系,支撑制造资源泛在连接、弹性供给、高效配置的工业云平台。下面以工业互联网联盟对工业互联网平台架构的理解为例,对工业互联网平台架构(图 1.1)进行介绍。

(1)边缘数据是基础

工业互联网边缘层是平台与设备之间的层级。边缘层一方面通过协议解析方式实现多源异构数据的归一化,以便接入海量的设备、系统和产品,另一方面在边缘侧进行一些数据处理和控制,实现底层数据的汇聚处理,并实现数据云边协同和云端集成并举。

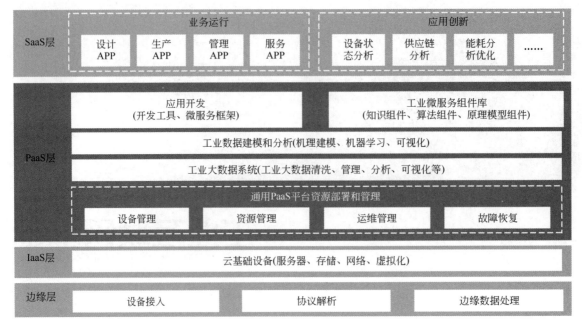

图 1.1　工业互联网平台架构

（2）工业 IaaS 是支撑

工业 IaaS（Infrastructure as a Service）层是基础层，是 PaaS 层和工业 SaaS 层的支撑层，是硬件资源服务层，为工业互联网平台和应用提供存储、网络、虚拟化等基础功能。

（3）工业 PaaS 是核心

工业 PaaS（Platform as a Service）层是在 IaaS 层上的一个集成的工业互联网平台层，可进行工业数据清洗、管理、分析和可视化；将数据科学与工业机理结合，帮助制造企业进行工业数据建模和分析系统；构建应用开发环境，借助微服务组件和工业应用开发工具，帮助用户快速构建定制化的工业应用。

（4）工业 SaaS 是关键

工业 SaaS（Software as a Service）层是工业互联网的关键，为工业应用提供具体服务。SaaS 层包括业务应用和应用创新两个方面，其中业务应用是基于目前的科学发展现状和工业企业运营状态的工业应用，如智能化生产、协同化设计、服务化营销等；应用创新是站在时代发展的前沿，把握历史脉搏，解决企业发展中遇到的问题，如与 AI 发展相适应的故障诊断维护、设备生命周期预测、机器视觉质量监测等应用。

1.1.3　工业互联网与互联网的关系

工业互联网不是互联网在工业中的简单应用，它比互联网具有更为丰富的内涵和外延。工业互联网以网络为基础、平台为中枢、数据为要素、安全为保障，既是工业数字化、网络化、智能化转型的基础设施，又是互联网、物联网、大数据、云计算、人工智能与实体经济深度融合的应用模式，同时也是一种新业态、新产业，将重塑企业形态、供应链和产业链。

在了解工业互联网之前，需要厘清互联网与工业互联网之间的区别和联系。工业互联网是互联网发展到一定阶段的产物。工业互联网首先是工业领域的互联网，是互联网在工业领域的应用；工业互联网以互联网为基础，如工业互联网 IaaS 层与互联网 IaaS 层所依赖的资源——服务器、网络、存储、虚拟化等是相同的，大数据数据治理也是相通的，等等。当然，工业互联网与互联网也有明显的不同，具体如表 1.1 所示。

表 1.1 工业互联网与互联网不同项对比

序号	对比项	工业互联网	互联网
1	平台定位不同	工业互联网是面向生产的产业平台，是打通供应—生产—消费的中间环节	互联网是面向消费的实现交易的平台，使产品满足消费者需求
2	服务对象不同	面向的对象为制造业企业	主要是面向消费类企业
3	应用场景不同	工业领域	消费领域
4	连接对象不同	将所有生产环节中人、机器、物品连接起来，体现为人与物、物与物、人与人的全要素连接	主要是通过互联网连接消费者，体现为人与人、人与物的连接
5	商业模式不同	工业互联网技术经济门槛较高，投资回报周期长，属于重资产运作	互联网平台基本以轻资产为主，可以在较短的时间内实现数量级的收益跃升
6	数据要求不同	由于工业领域所收集的数据对产品制造、加工安全等都失之毫厘，谬以千里，所以要求数据全面、准确	由于消费领域的数据总体要求是求同存异，求最大公约数，所以对数据全面性要求不高，准确度要求也不高
7	响应要求不同	工业互联网需要实时响应来保障生产不间断运行，有时甚至需要精确到毫秒级	对响应时间要求很低
8	竞争态势不同	工业互联网目前还没有形成绝对的领先企业，竞争白热化	互联网横向整合大获成功，资源集中化严重，出现了行业寡头
9	运用手段不同	除互联网运用的技术外，工业互联网还深入研究工业机理，建立机理模型，解决工业领域出现的问题	运用大数据研究消费偏好等问题，实现现实交易行为

1.2 工业互联网发展背景

1.2.1 全球工业互联网平台发展现状

目前，全球制造业龙头企业、ICT 领先企业、互联网主导企业基于各自优势，从不同层面搭建了工业互联网平台。工业互联网平台自出现至今虽发展时间不长，但有迅速扩张的趋势，各大企业也积极探索技术创新、管理创新、商业模式创新实现途径和发展规律，并已经取得了一些成绩。

纵观全球工业互联网平台，其发展呈现以下特点：

（1）工业互联网平台呈现 IaaS 寡头垄断

IaaS、PaaS、SaaS 建设成熟度不一致，IaaS 发展成熟度较高，技术创新迭代迅速，ICT 和互联网巨头占据垄断地位,如 AWS（Amazon Web Services）、微软 Azure、阿里云、腾讯云、华为云等占据了全球主要市场,IaaS 的主流服务提供商集中在中国和美国。近年来,IaaS 的集中度越来越高,并有向寡头垄断发展的势头。

（2）PaaS 平台层参差不齐

当前,多数工业 PaaS 在工业 know-how（专业知识）和专业技术方面积淀不足,受消费互联网横向整合大获成功的影响,往往容易忽视专业化的研究,忽视制造与消费领域之间的巨大差异,导致战略方向和发展路径的误判。工业 PaaS 开发建设应在专业性基础上向提供通用能力方向发展。在实际的项目中,工业互联网平台落地性差、建设成果堪忧,工业 PaaS 平台参差不齐。

（3）SaaS 层尚处于发展前期阶段

工业互联网平台以解决工业数字化转型中的问题为目的。囿于工业 know-how 不足、工业数字化模型以及 PaaS 赋能不足,SaaS 层的潜力尚未发挥出来,均处于发展前期阶段。SaaS 正逐步深入制造业细分行业领域,中小型企业的 SaaS 应用需求最迫切、服务量最大、价值创造最直接。

1.2.2　我国工业互联网平台现状

虽然我国工业互联网平台有了长足的发展,但仍存在以下问题。

（1）问题一：设备连接能力不足

工业领域充斥着多种协议并存的异构设备,如何把异构设备连接起来、把数据汇聚起来、把边缘与云端集成起来是工业数字化进程中必须解决的问题。目前,我国多数平台存在数据采集难度大、数据采集类型少、互联互通水平低、异构数据采集难等问题,有些平台数据采集点少或无数据采集点,且缺乏数据采集标准和完整的数据集成解决方案。

（2）问题二：工业 know-how 方面严重不足

中国工业化发展过程比较短,制造技术的管理知识与经验积累沉淀少,工业企业的工业化、自动化、信息化等发展又非常不平衡。虽然我国制造业体量占世界制造业的 20%,但我国 90% 以上的工业软件靠进口,中国工业软件仅占世界工业软件市场份额的 1.7%,这充分说明我国工业技术软件化水平较低,而且难以在短时间内把行业机理模型化、代码化。

（3）问题三：数据分析能力不足

工业互联网构建基于海量工业大数据的分析体系。工业大数据将为企业打开一个新的空间,通过数据采集、数据分析、工业机理模型和数据模型的加持,再经过数据分析和数据挖掘,提供工业领域的各种应用解决方案。

当前工业研发、生产、采购、配送、设备管理等全价值链都需要大量的、高水平的数据模型,并需要进行工业大数据分析,国内许多平台类企业面临的共同挑战是技术、人才严重不足,供给能力远远满足不了市场需求。

（4）问题四：云化工业软件不足

工业互联网的最终目的是通过推动工业技术、经验、知识和最佳实践的模型化、软件化与再封装，构建面向特定工业场景的工业APP。传统工业软件（研发设计、工艺设计、设备维护、资产管理、质量管理、环境管理、供应链优化等软件）通过体系重构、代码重写的方式部署到了云端，成为"云化"软件。如果工业软件缺失，"云化"软件即为"无米之炊"。

近几年，由于国家政策引导，工业互联网发展迅速，工业软件云化逐渐多了起来，涉及工业设计、研发、供应链管理、制造、营销与服务等工业领域的各个方面，但总体来说还显不足。

（5）问题五：解决方案能力不足

工业互联网平台是一个系统解决方案的平台，出发点和落脚点是解决制造业数字化、网络化、智能化的问题，其目的是提高制造业的核心竞争力。我国工业互联网解决方案能力不足体现在集成能力、资源整合能力和平台综合能力等方面。如国内平台企业战略规划、业务咨询、平台建设、工业APP开发、工具软件的集成等能力远远不足；整合控制系统、通信协议、生产装备、管理工具、专业软件等各类资源的能力不足；集成业务流程咨询、软件部署实施、平台二次开发、系统运行维护等于一体的综合能力欠缺。

（6）问题六：安全保障能力不足

与原来工业安全相比，工业互联网平台所面对的范围、目标、对象、要求等都发生了重大改变。工业互联网的发展将过去的工控安全演进到设备、网络、数据、平台和应用等的安全。我国工业互联网平台在技术、管理、标准、政策和法律法规体系等安全领域保障能力方面储备不足，还需要在实践中进一步摸索。

（7）问题七：跨行业跨领域平台构建能力薄弱

构建跨行业跨领域工业互联网平台，既需要具备涉及多个行业领域的共性技术、知识、工具和模型的供给能力，也需要具备数据采集、设备互联、平台管理、应用开发等的整套技术解决方案。我国尚缺乏具有明显优势的跨行业跨领域的工业互联网平台，也缺乏跨行业跨领域的工业互联网平台实践。

（8）问题八：面向工业APP的开发生态相对滞后

工业APP是基于工业互联网平台，承载工业知识和经验，满足工业用户特定需求的工业应用软件。当前，平台企业对如何认识和如何培育工业APP均存在一定问题，具体表现在：工业APP统计分类标准尚不明确，产业界对工业APP内涵、外延和发展趋势尚不明晰；工业APP质量不高，单一应用工业APP占比大，面向多行业、多领域、多场景的工业APP应用缺乏，工业APP的质量水平、效益水平和价值认定还缺少衡量的标准；开发者社区有待丰富，活跃程度普遍不高。与消费领域的互联网不同，工业互联网的从业人员较少，开发者社区尚缺，工业APP开发与工业用户相互促进、双向迭代的双边市场生态尚未形成。

1.2.3 我国工业互联网的实现路径

我国各省（市）都将工业互联网建设作为数字化转型的重要落脚点，但各省（市）又根据区域特点，在发展路线上各有侧重点。我国各省（市）都有各自的工业互联网建设发展路线，限于篇幅，仅列出部分，如表1.2所示。

表 1.2　2022 年我国部分城市工业互联网实现路径

序号	城市	工业互联网实现路径	路径详情
1	北京	推进大数据上云上链共享	① 系统设计智慧城市架构，加强数据标准化、规范化建设，推进大数据上云上链共享，"七通一平"数字底座成型，突出底层共性技术攻关，发挥全域孵化平台牵引带动作用； ② 深入落实数字经济标杆城市建设实施方案，完善支持政策，加强算力算法平台等新型基础设施建设
2	上海	全方位，全链条	① 培育 15 个工业互联网平台，建成 40 家智能工厂； ② 启动建设首批 7 个数字化转型示范区； ③ 推动数字技术对传统产业进行全方位、全链条改造，加快工业互联网创新发展； ④ 打造 30 个制造业数字化赋能平台，建设数字孪生企业； ⑤ 新建 40 家示范性智能工厂，深化数字商圈、云上会展、洋山港智能重卡等场景应用
3	广州	促进工业互联网标识解析	① 推动全国首批"双千兆"城市建设，促进工业互联网标识解析顶级节点扩能增容提速； ② 推进千兆网络建设和创新应用，加快人工智能算力中心建设和数据中心绿色化改造； ③ 培育壮大工业互联网、供应链管理等新兴服务业态
4	深圳	打造工业互联网标杆项目	① 构建覆盖"5G+千兆光网+智慧专网+卫星网+物联网"的通信网络基础设施体系； ② 在电子信息等行业打造若干工业互联网标杆项目，提升制造业绿色发展水平
5	武汉	做强工业互联网标识解析功能	① 推动智能化改造，实施 500 个工业技改项目，建设 10 家标杆智能工厂、100 条数字化生产线，做强工业互联网标识解析国家顶级节点服务功能； ② 新建 5 个以上工业互联网平台，建成数据中心机架 4 万个； ③ 推进数字经济"573"工程，建成全球灯塔工厂 1 家、智能工厂 56 家； ④ 工业互联网标识解析国家顶级节点注册量突破 60 亿个； ⑤ 武汉云建成使用，中国电子云项目落户，首家人工智能计算中心投入运营
6	南京	数据市场、算法市场	① 主动布局人工智能、区块链等新技术，培育"数据市场"和"算法市场"； ② 大力发展智能制造，打造 10 个全国有影响的工业互联网平台； ③ 实施企业上云示范项目，工业互联网核心产业规模达 400 亿元； ④ 推进数字基础设施建设大提速，确保国家工业互联网顶级节点灾备中心上线试运行，争取国家新型互联网交换中心等项目落地
7	成都	工业互联网一体化	① 围绕工业互联网等重点领域，实施关键核心技术攻关项目 121 个； ② 成功研制一批打破国外垄断的高端装备核心部件，自主研发的人工智能视觉终端专用芯片实现量产； ③ 加快建设数字经济和新一代人工智能国家创新发展试验区、工业互联网一体化发展示范区，共建世界级先进制造业集群
8	重庆	一链一网一平台	① 新认定智能工厂 38 个、数字化车间 215 个，工业互联网标识解析国家顶级节点（重庆）接入二级节点 20 个； ② 国家级互联网骨干直连点带宽达到 590G、骨干互联网直连城市达到 38 个； ③ 推动产业发展协同协作，制定汽车、电子、装备制造、工业互联网高质量协同发展实施方案，获批共建工业互联网一体化发展示范区和全国一体化算力网络国家枢纽节点； ④ 深化智能制造实施，加快生产设备、关键环节智能化改造，新培育 10 个智能工厂、100 个数字化车间； ⑤ 完善工业互联网产业生态，实施制造业"一链一网一平台"试点示范； ⑥ 打造 10 个"5G+工业互联网"试点示范项目，创建国家级工业互联网创新展示中心
9	天津	智能化、高端化、绿色化	① 打造"津产发"数字经济综合应用平台和 41 个应用场景，工业互联网进一步拓展； ② 现代冶金、轻纺产业加速迈向智能化、高端化、绿色化，海尔天津洗衣机互联工厂成为全球"灯塔工厂"；

续表

序号	城市	工业互联网实现路径	路径详情
9	天津	智能化、高端化、绿色化	③ 大力发展工业互联网，实施智能制造赋能工程； ④ 推进云计算、物联网、区块链等数字技术与制造业融合发展，突出平台作用； ⑤ 新打造100个智能工厂和数字化车间，培育一批标杆企业，不断提高制造业数字化发展水平
10	苏州	加快"5G+工业互联网"融合应用创新	① 2022年新增市级以上示范智能工厂20家、省工业互联网示范工程标杆工厂10家、省市示范智能车间300个，推动建设市级工业互联网典型应用企业40个； ② 培育一批产值过亿元的智能制造集成服务商和服务客户上规模的工业互联网平台，力争培育本土国家级工业互联网双跨平台1个； ③ 新增省级工业互联网试点示范平台类项目10个，新增工业互联网资源池企业20家、工业大数据试点示范项目5个； ④ 支持重点企业建设5G内网改造标杆、5G全连接工厂，推动建设市级"5G+工业互联网"公共服务平台，加快"5G+工业互联网"融合应用创新推广； ⑤ 累计建成5G基站3.7万个，实现全市范围5G网络全覆盖，新增5G全连接工厂3家，遴选5G内网改造标杆项目5个，"5G+工业互联网"典型应用场景10个； ⑥ 实施数字化产业工人培训工程，依托工业互联网平台建设制造业数字化人才实训基地

1.3 工业互联网与"中国制造2025"

"中国制造2025"以实现信息技术与制造技术深度融合为主线，也就是我们常说的"两化融合"——信息化和工业化融合。

工业互联网是国家发展关键举措，是"中国制造2025"的坚实组成部分。搭建工业互联网基础设施和产业体系，除传统领域的技术创新升级之外，区块链等新技术能否成功应用，已经成为革命性创新的"胜负手"——成则胜利可期，败则工业互联网计划变成"夹生饭"。但一个颠覆性创新的区块链项目——智造链横空出世，为工业物联网的"联合互信"成功演进加大了砝码。"中国制造2025"提出着力发展新一代信息技术包括大数据、云计算、物联网和信息安全，推进生产过程智能化。

工业互联网技术表面上看仅仅是互联网信息技术在工业领域的应用，但核心目标是"中国制造2025"。多年的互联网繁荣、科技模式创新、生活方式变化，其实只是产业结构升级乃至国家竞争力锦上添花的部分，而制造业的能力才是一个国家竞争力强弱的关键。

1.4 工业互联网与新基建的关系

1.4.1 中国新基建概述

2018年底，中央经济工作会议上首次提出"新型基础设施建设"（简称"新基建"）概念，提出加快5G商用步伐，加强人工智能、工业互联网、物联网等新型基础设施建设，随后工业互联网连续三年被列入国务院政府工作报告之中。2020年3月，中共中央政治局常务委员会会议上再次重点提及加强新基建，支持经济反弹与增长。"十四五"规划中，新基建作为国家重点战略发展方向也位列其中,预计未来十年工业互联网仍将作为发展的重点之一。

1.4.2 新基建下的工业互联网

新型基础设施建设主要包括 5G 基站建设、特高压、城际高速铁路和城市轨道交通、新能源汽车充电桩、大数据中心、人工智能、工业互联网七大领域,工业互联网与新基建其他六大领域均可融合发展、相互促进。工业互联网与特高压、新能源汽车充电桩融合为智能电网应用,与城际高铁融合为智能轨道交通系统,与 5G、人工智能、大数据中心结合,可实现工业大数据应用、5G+工业互联网应用、工业智能化应用和智能制造。

当前以 5G、大数据、人工智能、云计算、数字孪生、工业元宇宙等为代表的新兴技术正处于创新高度活跃和密集期,技术成果急需在实际应用场景中实践与运用,需要实际的场景落地,而工业互联网领域广阔场景需求可以为新基建的新兴技术提供实践场所。新兴技术使能工业,可以促使新兴技术的融合应用从技术落地走向效率化应用,促使模式业态创新多点迸发,并驱动工业互联网持续变革演进,从而为经济社会发展提供新动能。图 1.2 所示为新基建下的工业互联网应用场景。

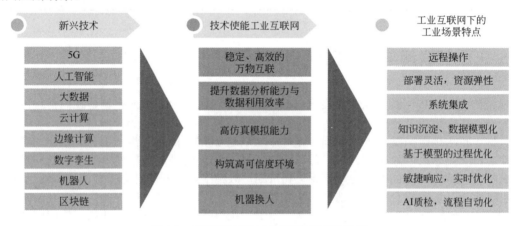

图 1.2 新基建下的工业互联网应用场景

在"新基建"的结构上,工业互联网将会催生出更多的创新服务和商业模式,业务整合需求被大量激发,加速不同系统和平台之间的"跨界"整合。工业互联网经济正在加速成为中国经济发展的主推力量,推动线上线下产业融合,汇集政府、企业、金融各类资源,促进产业和产业链健壮发展。

1.5 发展工业互联网的意义

(1)工业互联网是技术发展的新阶段

工业互联网又被称为互联网的下半场,是新一代网络信息技术与制造业深度融合、IT(信息技术)和 OT(运营技术或操作技术)深度融合的产物,也是工业发展的重要支撑,面向的是生产制造领域。它既是一个网络,也是一个平台、一个系统,是实现工业生产过程中全要素的全面连接和价值总集成。工业互联网是技术发展到一定阶段的产物,是在新的技术条件下实现制造业转型升级和模式探索的新课题。

(2)工业互联网是企业竞争的新赛道

工业互联网平台是新型制造生态系统,通过数据采集、边缘智能、工业 PaaS 层和工业 APP(应用程序)等 ICT 产品,有效整合工业企业的各个制造环节数字资源,优化工业流程、实行智能控制、实现智能制造;同时,工业互联网平台又是供应链企业之间以及企业与用户之间进行分工协作、产品交易、服务保障的重要枢纽。2012 年以来,工业互联网蓬勃兴起并成为主要工业国家抢占国际制造业竞争制高点的必然选择,西方发达国家正掀起新一轮以工业互联网为核心的工业革命浪潮。在西方国家大力发展工业互联网的同时,我国也抓住历史机遇,准确地把握世界技术革命的历史潮流和前进方向,大力推进数字强国战略。

(3)工业互联网是产业布局的新方向

作为我国重要的战略性新兴产业,工业互联网是当前备受关注的新基建主要方向之一。经过多年的探索、培育与实践,我国工业与互联网融合已形成一定规模,推动工业互联网发展的技术、网络、平台等正在加速创新,新产品、新业态、新模式不断涌现。近年来我国工业产业增加值的增长趋缓,而且因为加速工业化,也出现了高投入、高能耗、高污染、低效益等问题,工业经济缺乏高质量、可持续的发展。在此背景下,推进工业领域实体经济数字化、网络化、智能化转型,赋能中国工业经济实现高质量发展,将工业互联网作为把握住新一轮科技革命和产业革命的重要手段。大中小企业也可借助工业互联网等新兴技术驶入发展新航线。

(4)工业互联网是规模扩张的窗口期

信息化与工业化融合,"中国制造 2025"的提出,是我国在深入分析国内外发展形势的基础上选择的发展道路,这条道路没有可以借鉴的经验,我们走的是一条具有中国特色的新型工业化道路。

我们现在正处于信息化和工业化融合发展过程的"政策红利"窗口期,抓住这个机遇,重塑工业的自动化、数字化、网络化,向智能化迈进。

(5)工业互联网是数字转型的新抓手

工业互联网平台以智能技术为主要支撑,通过打通供应、设计、生产、流通、消费与服务各环节,构建基于智慧企业平台的海量数据采集、汇聚、分析服务体系,支撑制造资源泛在连接、弹性供给和高效配置,为制造业转型升级提供新的使能工具,正成为全球新一轮产业变革的重要方向——工业数字化转型的新抓手。

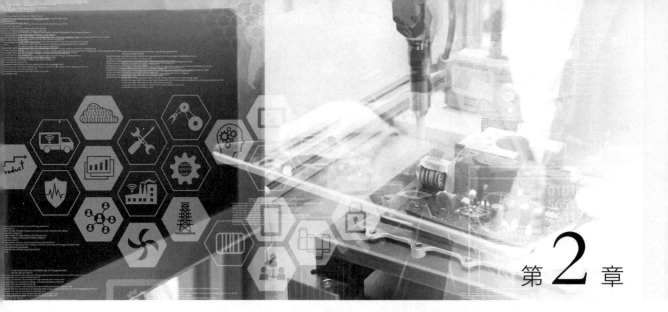

第 2 章

工业互联网核心技术

工业互联网平台的本质是通过构建精准、实时、高效的数据接入、采集、互联体系,建立面向工业大数据存储、集成、访问、分析、挖掘、管理的开发环境,实现工业技术、经验、知识的模型化、标准化、软件化、复用化,不断优化供应链管理、研发设计、生产制造、销售管理、服务运营管理等资源配置效率,形成企业制造领域资源富集、各方参与、共享共赢、协同演进的制造业新生态。

工业互联网平台需要解决多类工业设备接入、多源工业数据集成、海量数据管理与处理、工业数据建模与挖掘、工业应用创新与集成、工业知识累积与迭代实现等一系列问题,涉及一系列关键技术,下面逐一进行介绍。

2.1 数据集成与边缘处理技术

对工业互联网平台而言,数据连接是第一步,是基础。基于海量工业数据的全面感知,通过端到端的数据深度集成构成网络的边缘层,再通过建模分析,实现智能化的决策与控制指令,形成智能化生产、网络化协同、个性化定制、服务化延伸等新型制造模式。

数据集成与边缘处理技术总体分三个部分:一是数据集成,主要是对多源、异构数据的接入与集成;二是边缘计算,主要是工业领域边缘就近提供的智能服务可以满足行业数字化在敏捷连接、实时业务、数据优化、应用智能、安全与隐私保护等方面的关键需求;三是工业网络,主要是将工业网络用于企业制造领域信号检测、传输、处理、存储、计算、控制等传感器、设备或系统连接服务,实现企业资源汇聚、数据共享、过程控制、智能决策,并能够访问企业外部资源和提供限制性外部访问服务,维护企业的生产、管理和经营高效率运转,实现企业集成管理和控制。

2.1.1 数据集成

工业互联网的数据集成一般有两种方式：云端集成（通过网络对位于边缘的设备、系统等进行连接，在平台对协议进行转换）和边缘集成（边缘集成协议解析在边缘处完成）。通过大范围、深层次的数据采集，以及异构数据的协议转换与边缘处理，构建工业互联网平台的数据基础（图 2.1）。一是通过各类通信手段接入不同设备、系统和产品，采集海量数据；二是依托协议转换技术实现多源异构数据的归一化和边缘集成；三是利用边缘计算设备实现底层数据的汇聚处理，并实现数据向云端平台的集成。

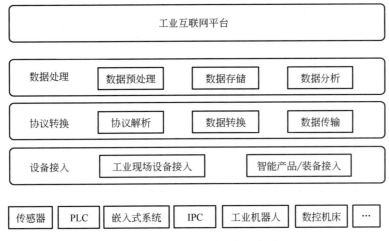

图 2.1　工业数据采集体系架构

2.1.1.1　常见的工业设备

工业领域的设备分为两类——工业现场设备和工厂外智能产品，下面介绍几种常见的工业设备。

（1）传感器（Sensor）

通过接入传感器采集数据，对诸如环境、温度、湿度、重量、强度、方向、位移以及机器设备的损耗等进行有效感知。传感器具有体积小、重量轻、功耗低、可靠性好、稳定性高、易于集成等特点。

传感器的工作原理为：采集数据，进行数据转换，对信号进行处理，再进行信号输出，如图 2.2 所示。

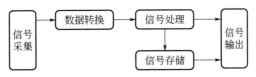

图 2.2　传感器的工作原理

（2）可编程逻辑控制器（PLC）

可编程逻辑控制器（Programmable Logic Controller，PLC）是为工业环境下应用而设计的，集微电子技术、计算机技术、自动控制技术和通信技术于一体的工业控制装置。通过数字式或模拟式的输入/输出来控制各种类型的设备或生产过程。PLC具有控制能力强、抗干扰能力强、可靠性高、配置方便灵活、编程简单等诸多优点，是制造业自动化技术应用非常多的装置之一。

PLC的工作原理如图2.3所示。当PLC控制器投入运行后，其工作过程一般分为三个阶段，即输入采样、用户程序执行和输出刷新。完成上述三个阶段称作一个扫描周期。

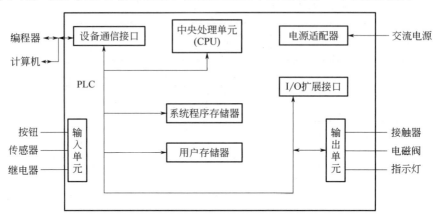

图2.3　PLC工作原理

（3）分布式控制系统（DCS）

分布式控制系统（Distributed Control System，DCS）也叫集散控制系统，是一个集合了计算机、通信、显示和控制的，包含过程控制和过程监控的计算机系统。DCS设计的理念是分散控制、集中管理、分级管理、配置灵活、组态方便，具有高可靠性、开放性、灵活性、控制功能强大等特点。DCS工作原理如图2.4所示。

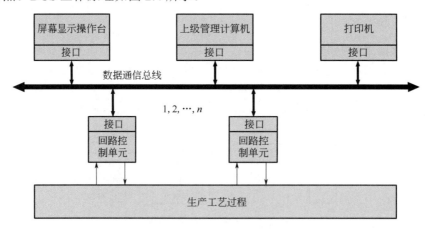

图2.4　DCS工作原理

DCS从结构上划分包括过程级、操作级和管理级。过程级主要由过程控制站、I/O单元和现场仪表组成，是系统控制功能的主要实施部分。操作级主要有操作员站和工程师站，完成系统的操作和组态。管理级主要是指工厂管理信息系统（MIS系统），作为DCS更高层次的应用。

（4）数控机床（CNC）

数控机床是数字控制机床（Computer Numerical Control Machine Tools，CNC）的简称，是一种装有程序控制系统的自动化机床。CNC系统能够逻辑地处理具有控制编码或其他符号指令规定的程序，并将其译码，用代码化的数字表示，通过信息载体输入数控装置。经运算处理由数控装置发出各种控制信号，控制机床的动作，按图纸要求的形状和尺寸，自动地将零部件加工出来。数控机床工作原理如图2.5所示。

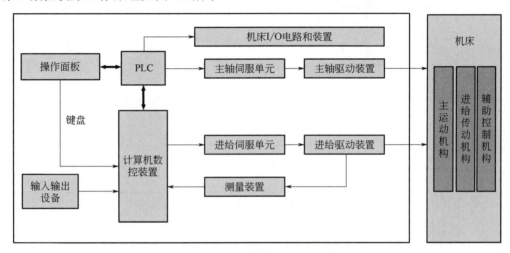

图2.5 数控机床工作原理

（5）工业机器人（IR）

工业机器人（Industrial Robot，IR），简单地说，就是用于工业领域辅助制造的机器人，是广泛用于工业各行业的多关节机械手或多自由度机械装置，具有一定的自动性，可依靠动力系统和控制系统实现各种工业加工制造功能。

一般来说，工业机器人由三大部分或六个子系统组成。三大部分是指机械部分、传感部分和控制部分。六个子系统为机械结构系统、驱动系统、感知系统、机器人-环境交互系统、人机交互系统和控制系统。其工作原理如图2.6所示。

（6）数据采集与监视控制（SCADA）系统

数据采集与监视控制（Supervisory Control and Data AcquiSition，SCADA）系统，是对分布距离远、生产单位分散的生产系统的一种数据采集、监视和控制系统。SCADA系统可以对远距离现场的运行设备进行监视和控制，以实现数据采集、设备控制、测量、参数调节以及各类信号报警等功能，即"四遥"功能——遥测、遥信、遥控、遥调。其中，RTU（远程终端单元）、FTU（馈线终端单元）是其重要组成部分。

SCADA系统工作原理如图2.7所示。

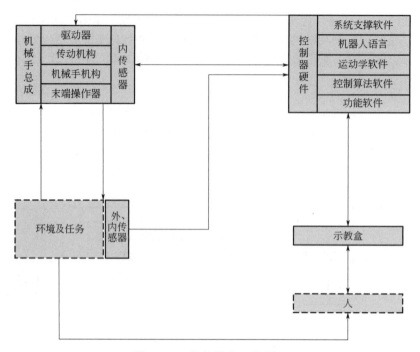

图 2.6 工业机器人工作原理

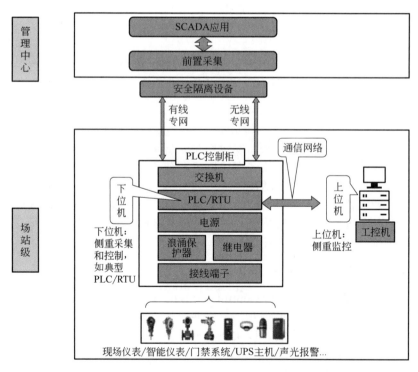

图 2.7 SCADA 系统工作原理

（7）人机界面（HMI）

人机界面（Human Machine Interface，HMI）可以连接可编程逻辑控制器（PLC）、变频器、仪表等工业控制设备，通过输入单元（触摸屏、键盘、鼠标等）写入工作参数或输入操作命令，并利用显示屏显示，是实现人与机器信息交互的数字媒介。

人机界面产品由硬件和软件两部分组成。HMI 硬件部分包括处理器、显示单元、输入单元、通信接口、数据存储单元等，其中处理器的性能决定了 HMI 产品性能的高低，是 HMI 的核心单元。HMI 软件一般又分为两部分，即运行于 HMI 硬件中的系统软件和组态软件。使用者可以先使用 HMI 的画面组态软件制作工程文件，再通过计算机和 HMI 的串行通信接口，把编制好的"工程文件"下载到 HMI 的处理器中运行。其工作原理如图 2.8 所示。

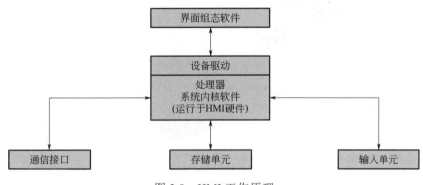

图 2.8　HMI 工作原理

2.1.1.2　主流通信接口

通信接口（Communication Interface）是指中央处理器和标准通信子系统之间的接口，如 RS-232 串行接口。在工业现场能够选择的通信接口非常多，常见的有 RS-232、RS-485、RJ-45、GPIB 等。

（1）RS-232 串行通信接口

RS-232 串行通信接口是符合美国电子工业联盟（EIA）制定的串行数据通信接口标准的。RS-232 串行通信接口原始编号全称是 EIA-RS-232，是常用的串行通信接口标准之一。被广泛用于计算机串行接口外设连接。RS-232 接口示例如图 2.9 所示。

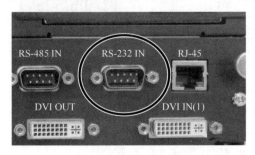 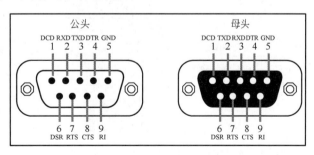

图 2.9　RS-232 接口示例

(2) RS-485 总线通信接口

RS-485 采用半双工工作方式，支持多点数据通信。RS-485 总线网络拓扑一般采用终端匹配的总线型结构，即采用一条总线将各个节点串接起来，不支持环形或星形网络。RS-485 最常见的应用是工业环境下可编程逻辑控制器内部之间的通信。RS-485 采用平衡发送和差分接收，具有抑制共模干扰的能力，加上总线收发器具有高灵敏度，能检测低至 200mV 的电压，因此传输信号能在千米以外得到恢复。RS-485 的最大通信距离约为 1219m，最大传输速率为 10Mbit/s。RS-485 总线一般最多支持 32 个节点，如果使用特制的 485 芯片，可以达到 128 个或者 256 个节点，最多的可以支持 400 个节点。RS-485 接口示例如图 2.10 所示。

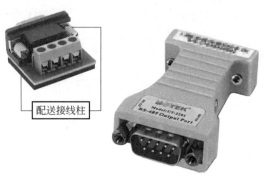

图 2.10　RS-485 接口示例

(3) RJ-45 网络通信接口

RJ-45 网络通信接口，即我们常见的有线电话线的水晶头的接口。RJ-45 网络通信接口是布线系统中信息插座（即通信引出端）连接器的一种，连接器由插头（接头、水晶头）和插座（模块）组成，插头有 8 个凹槽和 8 个触点。RJ-45 网络通信接口根据线的排序不同有两种，一种是橙白、橙、绿白、蓝、蓝白、绿、棕白、棕；另一种是绿白、绿、橙白、蓝、蓝白、橙、棕白、棕；因此使用 RJ-45 接头的线也有两种，即直通线、交叉线。RJ-45 接口示例如图 2.11 所示。

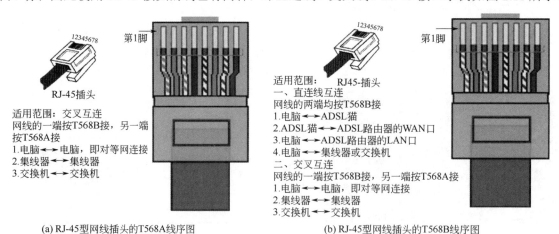

(a) RJ-45型网线插头的T568A线序图　　　(b) RJ-45型网线插头的T568B线序图

图 2.11　RJ-45 接口示例

（4）GPIB 串行通信接口

通用接口总线（General Purpose Interface Bus，GPIB），对应电气和电子工程师协会（Institute of Electrical and Electronics Engineers）接口标准第 488 号，GPIB 是 IEEE-488 的俗称。GPIB 线由 12 对铜芯双绞线组成，并采用 24 针并口公头/母头连接器。GPIB 在使用时，连接器彼此间通过"背驮"方式组成总线或星形结构，将测试和测量设备连至 PC 或者其他设备。GPIB 接口示例如图 2.12 所示。

图 2.12　GPIB 接口示例

2.1.1.3　主流通信协议

通信协议又称通信规程，是指通信双方实体完成通信或服务所必须遵循的规则或约定。包括对通信的数据格式、同步方式、传输速率、传送步骤、检查纠错方式以及控制字符定义等问题的统一规定，通过通信信道和设备互连起来的多个不同地理位置的数据通信系统，应能协同工作实现信息交换和资源共享。

（1）Modbus 通信协议

Modbus 通信协议是应用于电子控制器上的一种通用语言。通过 Modbus 协议，控制器与控制器、控制器与经由网络与其连接的其他设备相互之间可以通信。Modbus 协议定义了一个控制器能识别使用的消息结构，而无需在意它们是采用何种网络进行通信的，也即无论通过何种网络，有线或无线，只要提供了可识别的协议即可实现控制器之间及控制器与设备之间的通信。其结构示意图如图 2.13 所示。

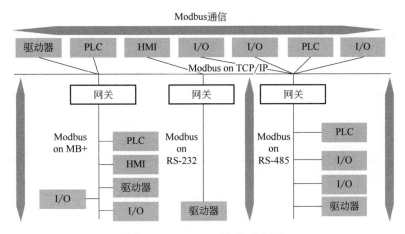

图 2.13　Modbus 结构示意图

（2）OPC 通信协议

用于过程控制的 OLE（OLE for Process Control，OPC）是一种利用微软的 COM/DCOM 技术实现自动化控制的通信协议，包括一整套接口、属性和方法的标准集，用于过程控制和制造业自动化系统。OPC 协议控制系统构成如图 2.14 所示。

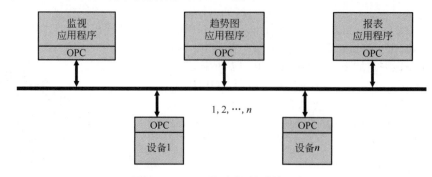

图 2.14　OPC 协议控制系统示例

（3）S7 通信协议

S7 通信协议是西门子 S7 系列 PLC 内部集成的一种通信协议，是一种运行在传输层之上（会话层/表示层/应用层）的、经过特殊优化的通信协议，S7 通信协议也被称为 S7 系列 PLC 的精髓。S7 通信协议的参考模型见表 2.1。

表 2.1　S7 通信协议参考模型

\multicolumn{3}{c}{S7 通信协议参考模型}		
层	OSI 模型	S7 协议
7	应用层	S7 通信
6	表示层	S7 通信
5	会话层	S7 通信
4	传输层	ISO-ON-TCP（RFC 1006）
3	网络层	IP
2	数据链路层	以太网/FDL/MPI
1	物理层	以太网/RS-485/MPI

（4）CAN 通信协议

CAN（Controller Area Network）是一种 ISO 串行通信协议，具有高性能和高可靠性等，被广泛应用于汽车、船舶等场景。CAN 典型拓扑如图 2.15 所示。

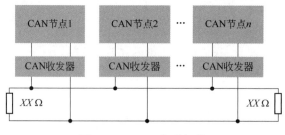

图 2.15　CAN 典型拓扑

2.1.1.4 设备接入方式

设备接入是工业互联网平台的基础和必要的功能。设备接入是基于工业以太网、工业总线等工业通信协议，以太网、光纤等通用协议，3G/4G/5G、NB-IoT（Narrow Band Internet of Things，窄带物联网）等无线协议，将工业现场设备接入到平台。

设备接入工业互联网平台有 4 种方式，分别为设备直连平台、通过网关接入、通过 IoT 边缘接入和子系统或平台接入。设备接入方式架构如图 2.16 所示。

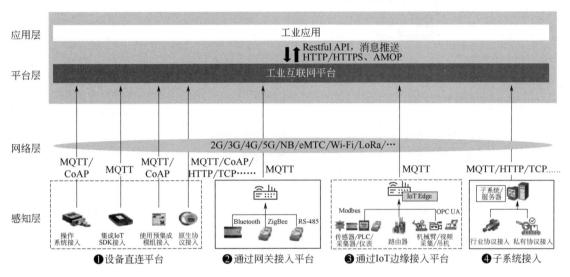

图 2.16　设备接入方式

（1）设备直连平台

设备直连平台指的是设备可以直接接入工业互联网平台，并可以通过工业互联网平台访问设备的接入方式。该设备满足物联网接入的预集成 CPU CORE、预集成模组、满足原生协议等条件之一。

已实现 TCP/IP 协议栈的设备，可以直接与平台进行通信，常见的设备包括网关、以太网设备、NB-IoT 设备等，可以直接接入，并对协议解析。从 TCP/IP 协议栈承载的载体区分，直连设备分为资源丰富类设备和资源受限类设备。资源丰富类设备的 TCP/IP 协议栈运行在主芯片上，主芯片的处理能力和资源较丰富，其接入流程如图 2.17 所示。资源受限类设备的 TCP/IP 协议栈运行在通信模组上，主芯片处理能力和资源有限，可借助通信模组实现网络访问，即 MCU+模组方式。资源受限类设备接入流程如图 2.18 所示。

（2）通过网关接入平台

一般未实现 TCP/IP 协议栈的设备，无法提供 IP 通信网络能力，只能基于一些简单的近场通信协议（如 ZigBee、ZWave、Bluetooth（蓝牙）、LoRa）或其他一些非 IP 有线方式传输协议（如串口、并口等）接入，此时需要一个网关设备，先将设备接入网关，再通过网关进行数据转发，与物联网平台通信。网关接入平台流程如图 2.19 所示。

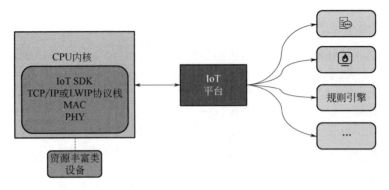

图 2.17　资源丰富类设备接入流程

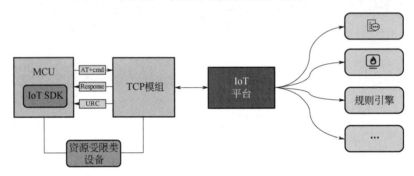

图 2.18　资源受限类设备接入流程

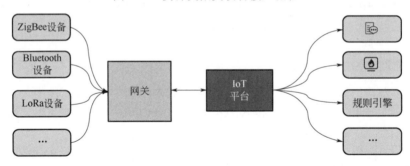

图 2.19　网关接入平台流程

（3）通过 IoT 边缘接入平台

工业领域根据 Modbus、OPC、CAN、S7 等通信协议接入的设备，需要通过一个 IoT 边缘网关接入，既方便就近管理设备，又可以转换网络及接入协议。IoT 边缘接入平台流程如图 2.20 所示。

（4）通过子系统接入平台

在实际工作中，经常遇到很多需要接入工业互联网平台的传感器、设备等已接入到应用系统中，如水质、水位传感器已接入水务管理系统中，此时，既可以直接接入该传感器，也可以通过水务管理系统等第三方系统接入，接收数据。水务管理系统相对于工业互联网平台来说，便是子系统。同样地，对于接入应用系统的传感器，也可以通过接入第三方平台来接入设备。通过子系统接入平台流程如图 2.21 所示。

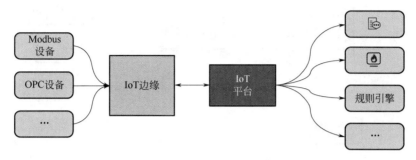

图 2.20　IoT 边缘接入平台流程

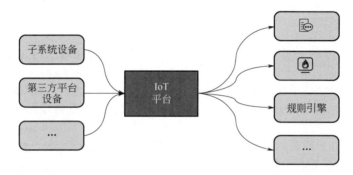

图 2.21　通过子系统接入平台流程

2.1.1.5　边缘网关

在工业领域接入设备时，一般不是由平台直接接入设备，而是通过边缘网关来实现。工业边缘的机器设备在运转时，需要及时响应，若将机器运转数据上传到平台，处理完的数据再下发给机器，可能会发生严重的事故。边缘网关可以使边缘侧的设备运行自成体系，数据采集和处理在边缘侧完成，保证数据和处理的时效性。

利用边缘网关技术可对多源设备、异构系统、生产要素（人-机-料-法-环）信息进行实时采集和云端高效汇聚。边缘网关除具有设备接入和协议转换两个核心功能外，还具有网络隔离和边缘计算功能。

（1）什么是网关

网关（Gateway）又称网间连接器、协议转换器。网关在网络层以上实现网络互连，是复杂的网络互连设备，仅用于两个高层协议不同的网络互连。网关对接流程如图 2.22 所示。

各种各样的网络和协议缺乏统一的标准，各讲各话。网关在不同的通信协议、数据格式或语言，甚至体系结构完全不同的两种系统之间使用，充当一个翻译器，是一种充当转换重任的计算机系统或设备，既可以用于广域网互联，又可以用于局域网互联。与网桥不同，网桥只是传输桥梁，并不做任何更改，而网关对收到的信息要重新打包，以适应信息目的系统的需求。

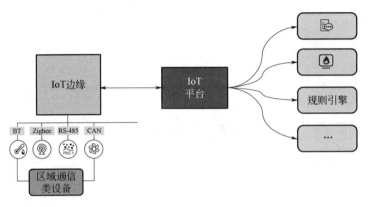

图 2.22 网关对接流程

（2）网关的功能

网关是设备与路由器之间的桥梁，由它实现不同网络间访问的控制、转换、交接等功能。具体来说，网关主要功能如下。

① 设备接入 可通过工业以太网、工业光纤网络、工业总线、3G/4G、NB-IoT 等通信技术，接入各种工业现场设备、智能产品/装备，采集工业数据。具有异构网络接入各种工业设备、采集工业数据的能力。

② 网络隔离 由于网关的存在，设备和平台之间不是直接连接的，而是通过网关相互联系的，即网关是一个网络连接到另一个网络的"关口"。由于网络与网络不是直接连接的，网关起到了网络隔离的作用，客观上增加了网络和平台的安全性。

③ 协议转换 工业设备接口数量多、种类多、协议繁杂、互不兼容，需要通过工业网关来进行各种协议转换。工业网关主要包括串口转以太网设备、各种工业现场总线间的协议转换设备和各种现场总线协议转换为以太网（TCP/IP）协议的网关等。

④ 边缘计算 网关就是一个处于本地局域网与外部接入网络之间的智能设备。网关的主要功能是网络隔离、协议转换和适配、数据内外传输及边缘计算，其中边缘计算占据了 50% 左右的计算量。

2.1.1.6 数据传输方式

传输层主要负责传递和处理感知层获取的信息，数据的传输方式一般分为有线传输和无线传输两大类，其中无线传输在工业互联网中应用广泛。

无线传输技术按传输距离可划分为两类：一类是以 ZigBee、WiFi（也可写作 Wi-Fi）、蓝牙、LoRa 等为代表的短距离传输技术，即局域网通信技术；另一类则是 LPWAN（Low-Power Wide-Area Network，低功耗广域网）通信技术，主要有 3G/4G/5G、Ethernet、LTE、eMTC、NB-IoT 等。LPWAN 又可分为两类：一类是工作于未授权频谱的 LoRa、Sigfox 等技术；另一类是工作于授权频谱下，3GPP 支持的 2G/3G/4G/5G 蜂窝通信技术，比如 eMTC（enhanced Machine Type of Communication，增强机器类通信）、NB-IoT。

根据传输速率的不同，数据传输可分为高速率、中速率及低速率业务。其中，高速率业务主要使用 3G、4G 及 WiFi 技术，可应用于视频监控、车载导航、视频直播等场景；中速率业务主要使用蓝牙、eMTC 等技术，可应用于智能家居、储物柜等高频使用场景；低速率业务，即

LPWAN（低功耗广域网），主要使用 NB-IoT、Sigfox、ZigBee 等技术，可能应用于智慧停车、智能井盖、远程抄表等使用频次低的应用场景。数据传输速率对比如图 2.23 所示。

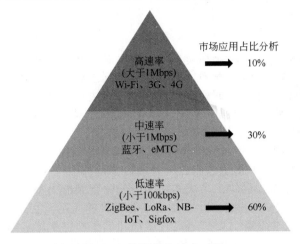

图 2.23　数据传输速率对比

2.1.1.7　数据接入平台

数据是通过网络接入平台的，而网络是通过一种网络拓扑结构接入平台的。网络拓扑结构是指计算机网络中，各节点互相连接的方法和形式。网络拓扑架构有很多种，按照拓扑结构的不同，可以将网络分为星形网络、环形网络、总线型网络三种基本类型。在这三种基本类型的网络结构基础上，可以组合出树型、簇星形、网状等类型的网络。三种典型网络拓扑见表 2.2 所示。

表 2.2　三种基本网络拓扑类型

序号	网络类型	说明	结构图	优点	缺点
1	总线型网络	总线型网络所有的站点共享一条数据通道		使用电缆少，容易安装	共享一条数据通道，一旦传输电缆出现故障，整个网络就会瘫痪
2	星形网络	星形网络的连接方式为一个中心节点和其他许多节点之间通信。在这种结构中，站点通过点到点的链路与中心节点相连		扩容性强，数据的安全性和优先级易监控、易监控	中心节点的故障会引起整个网络瘫痪
3	环形网络	每一个工作站连接在一个封闭的回路中，一个信号一次通过所有的工作站，最后才回到起始的工作站。每个工作站会依序接收线路上的消息，然后对比消息中蕴含的地址，再决定究竟要不要接收这条消息		环形网络使用的电缆长度短，不需要线盒，适用于光纤，容易安装和监控	节点故障会引起全网瘫痪；故障诊断困难；扩充不方便

2.1.2 边缘计算

2.1.2.1 边缘计算概念

边缘计算（Edge Computing）是相对云计算而言的，其收集并分析数据的行为发生在靠近数据生成的本地设备和网络中，而非必须将数据传输到云端进行计算资源集中化处理。边缘计算又被叫做分布式云计算、雾计算或第四代数据中心。边缘计算主要实现边缘侧物联设备终端的接入、边缘数据采集、协议的转换和适配，以及满足本地业务存活需求具备的本地容器能力，或本地数据分析与处理能力。

边缘计算的必要性如下。

① 网络流量成本高　如果将边缘侧的所有设备数据都上传到云端处理，由于数据量大、数据发生频率高，对网络带宽、网络流量成本控制、云端存储能力都是一个巨大的挑战。

② 业务实时处理需要　一些应用，特别是工业场景的应用，边缘侧的设备信息需要及时响应，如工厂的机械设备发生故障，时延造成设备损坏或生产停机即意味着损失。

③ 信息安全需要　一些边缘设备还涉及个人隐私和信息安全。面对海量数据传输、存储和云计算安全能力的挑战，边缘计算可实现将部分数据分析功能放到应用场景的附近（终端或网关），这种就近提供的智能服务可以满足行业数字化敏捷连接、实时业务、数据优化、应用智能等需求，同时也满足安全与隐私保护等方面的需求。

（1）边缘计算的核心价值

边缘计算，一方面可在集中式云计算模式下，实现超低延时的数据交互与自动反馈，另一方面可在边缘侧对数据进行预处理，包括共性和常用数据的存储和调用等。此外，特定行业对数据安全、隐私保护的要求，也使边缘计算成为实际数字化转型时的重要选择之一。对时延和成本的关注是当前应用边缘计算最主要的动力。边缘计算核心价值如表2.3所示。

表 2.3　边缘计算的核心价值

序号	价值	说明
1	网络时延小	现阶段应用边缘计算最主要的动力为时延，尤其针对需要实时交互、实时反馈的场景，从终端到中心云因远距离和多跳网络难以更进一步降低时延，海量数据和高并发也是面临的挑战
2	应用智能高	在更靠近数据产生和使用侧的边缘云进行处理，能够满足实时或就近实时的数据分析和处理需求；为边缘云赋予智能化的能力，可以缓解中心云的计算负载，实现自动反馈、智能决策
3	传输成本低	集中式云计算模式下终端设备产生的数据都需要回传到云端，远距离的数据传输成本高，且未经处理的原始数据多是无用信息，容易造成带宽容量的浪费
4	带宽容量省	就近在边缘云进行数据的预处理，可以避免大规模流量对骨干网络的冲击，同时大幅降低数据的传输成本
5	安全隐私高	① 部分行业因国家政策、行业特性、数据隐私等因素对数据安全的要求极高，敏感数据不能离开现场。 ② 部署在客户本地的边缘云可以满足此类行业数据存储和处理在本地完成的需求

（2）边缘计算的特点

边缘计算是在靠近物或数据源头的网络边缘侧，融合网络、计算、存储、应用核心能力的分布式开放平台，就近提供边缘智能服务，满足行业数字化在敏捷连接、实时业务、数据优化、应用智能、安全与隐私保护等方面的需求。边缘计算特点包括连接性、数据入口、约束性、分布式、融合性、低延时、位置感知、隐私性等，具体见表2.4。

表 2.4 边缘计算特点

序号	特点	内容
1	分布式	边缘计算存在于靠近设备的边缘，在实际应用中会部署在设备侧，具备分布式特点。边缘计算产品支持分布式计算与存储、实现分布式资源动态配置、统一调度与统一管理、支持分布式智能和分布式安全管理需求
2	连接性	边缘计算所连接的物理对象和应用场景多样，具有多网络、多协议、多接口的连接功能，边缘计算以连接性为基础，借鉴吸收网络领域先进研究成果，如TSN、SDN等，与现有各种工业总线互联互通
3	数据入口	边缘计算作为物理世界与数字世界的桥梁，是数据的第一入口。可以进行数据全生命周期管理，实现价值创造和应用创新；同时，作为数据第一入口，边缘计算也面临数据实时性、确定性、多样性的挑战
4	低延时	边缘计算部署在设备边缘侧，接入实时数据，适于实时和短周期数据分析，支撑本地业务的实时处理与智能化执行，减轻云端负荷，降低网络与云端运营成本，提高边缘业务处理及运行效率，减少网络堵塞，降低时延，提供更好的应用服务
5	融合性	IT和OT的融合是制造业企业数字化转型的重要手段，也是工业互联网平台的基础功能。边缘计算支持在连接、数据、管理、控制、应用和安全等各方面协同，具有很强的融合性
6	约束性	在工业领域的众多应用场景，工作条件与运行环境会涉及众多恶劣条件，如涉水、尘埃、封闭空间、防火、震动等，边缘计算产品还需要考虑软硬件集成和优化，以适应各种条件约束和恶劣条件，支撑工业数字化场景顺利落地
7	位置感知	边缘计算在本地部署，具有天然的位置定位信息，设备接入边缘计算产品具有相应的经纬度信息，方便确定位置信息
8	隐私性	边缘计算对数据边缘存储、处理，减少数据外流，从而降低数据外泄的可能性，提高数据的私密性

2.1.2.2 云边协同

（1）云边协同关系

边缘计算与云计算适用于不同的场景，在各自的领域发挥所长。云计算擅长全局性、非实时、长周期的大数据处理与分析，能够在长周期维护业务决策支撑等领域发挥优势；边缘计算更适用局部性、实时、短周期的数据处理与分析，能更好地支撑本地业务的实时智能化决策与执行。边缘计算与云计算之间不是替代关系，而是互补协同关系，云边协同将放大边缘计算与云计算的应用价值：边缘计算既靠近边缘单元，更是云端所需高价值数据的采集和初步处理单元，可以更好地支撑云端应用；云计算可以将通过大数据分析优化输出的业务模型或规则引擎下发到边缘侧，边缘计算基于新的规则或模型运行。云边协同网络架构如图2.24所示。

（2）云边协同内涵

云边协同是涉及IaaS、PaaS、SaaS各层面的全面协同，主要包括六种协同——资源协同、数据协同、智能协同、应用管理协同、业务管理协同、服务协同。云边协同总体能力与内容如表2.5所示。

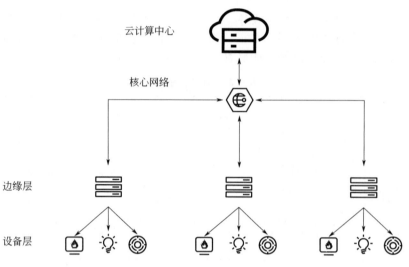

图 2.24 云边协同网络架构

表 2.5 云边协同总体能力与内容

序号	协同类别	内容
1	资源协同	边缘节点提供计算、存储、网络、虚拟化等基础设施资源,具有本地资源调度管理能力,同时可与云端通信与协同,接收并执行云端资源调度规则和管理策略,包括边缘节点的设备管理、资源管理及网络连接管理
2	数据协同	边缘节点主要负责终端数据的现场采集,按照规则引擎或数据模型对数据进行初步处理与分析,并将处理结果以及相关数据上传到云端;云端对接收的海量数据进行存储、分析与价值挖掘。边缘与云的数据协同,支持数据在边缘与云之间可控有序流动,形成完整的数据流转路径,高效低成本地对数据进行生命周期管理与价值挖掘
3	智能协同	边缘节点按照云端下发的 AI 模型执行推理,实现分布式智能;云端开展 AI 的集中式模型训练,并将模型下发至边缘节点
4	应用管理协同	边缘节点提供应用部署与运行环境,并对本节点多个应用的生命周期进行管理调度;云端主要提供应用开发、测试环境,以及应用的生命周期管理能力
5	业务管理协同	边缘节点提供模块化、微服务化的应用、数字孪生、网络等应用实例;云端主要提供按照客户需求实现应用、数字孪生、网络等的业务编排能力
6	服务协同	边缘节点按照云端策略实现部分 SaaS,与云端协同实现面向客户的按需 SaaS;云端主要提供 SaaS 在云端和边缘节点的服务分布策略,以及云端承担的 SaaS 能力

需要说明的是:并非所有的场景都涉及上述云边协同能力。结合具体的使用场景,云边协同的能力与内涵会有所不同,即使是同一种协同能力,在与不同场景结合时其能力与内涵也不尽相同。

(3)云边协同架构

为了支撑上述云边协同的能力与内涵,需要相应的参考架构与关键技术。云边协同架构如图 2.25 所示。

云边协同参考架构需要考虑连接能力、信息特征、资源约束性、资源、应用与业务的管理和编排等因素。因此,云边协同的总体参考架构应该包括下述模块与能力:

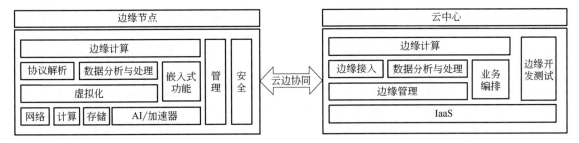

图 2.25　云边协同架构

① 边缘侧　应包括基础设施能力、边缘平台能力、管理能力、安全能力、应用与服务能力等。

② 云端　应包括平台能力、边缘开发测试能力等。

2.1.2.3　边缘计算的工业应用

在工业领域，云端固然必不可少，但是仍需要边缘与云端协同工作。单点故障在工业级应用场景中是危险的，不被允许的，因此除了中心云的统一控制外，工业现场的系统也必须具备一定的自治能力，能够自主判断并解决问题。

边缘计算部署在工业现场，天然具有连接边缘与云的桥梁作用。边缘计算可以在工业现场更便捷地处理工厂设备产生的海量数据，同时对设备进行实时监测，及时发现异常情况，更好地实现预测性监控，提升工厂运行效率的同时也能预防设备故障问题。边缘计算优化功能涵盖工业应用场景应用的多个层次。

（1）设备优化

设备优化是设备生命周期中的关键应用场景，涉及低时延类应用和非低时延类应用，主要是对采集到的设备数据进行智能分析，以优化设备的健康状态与性能。设备优化流程如图 2.26 所示。

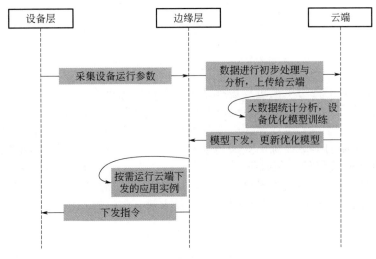

图 2.26　设备优化流程

① 设备状态优化 通过对设备进行状态监测及预测性维护,使设备始终保持良好的健康状态,避免非计划停机。

② 设备性能优化 通过对在现场运行的同类型众多设备性能监测对比,找出限制设备性能的瓶颈,制定改进措施和实施计划,优化设备性能,从而提升生产效率。

边缘节点采集设备数据,将初步处理与分析后的数据尤其是异常(如报警、故障)数据上传到云端;云端持续接收边缘节点的数据,如新接入设备的数据、已接入设备的数据等,基于海量的运行状态数据进行大数据统计分析。边缘节点一方面为云端 AI 模型训练提供数据输入,一方面负责边缘指令执行。云端通过大数据分析抽象提炼与设备状态、设备运行参数等相关的关键运行参数模型,持续设备优化模型训练,并对现场设备给出优化调整建议,保证设备正常运行并提升生产效率。

(2)工艺过程优化

工艺过程优化是工艺段或者生产线级别应用,主要面向制造过程的工艺参数优化需求,如制造流程工艺设计、化工流程工艺设计等生产过程中的部分或全部工艺段。工艺过程优化需要按需弹性部署和灵活调整。工艺过程优化流程如图 2.27 所示。

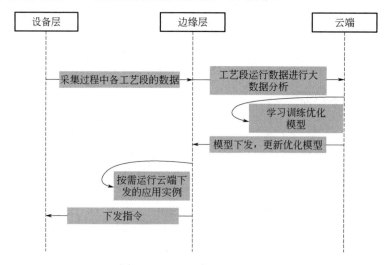

图 2.27 工艺过程优化流程

边缘节点通过集成平台对工艺过程进行建模,并对采集过程中各工艺段的数据(包括实时类、安全性、隐私类数据)在边缘节点处理与分析,处理后的数据上传云端;云端对各工艺数据进行大数据分析。边缘与云端在建模方面相互配合,边缘节点通过短期学习建立简易的优化模型,而云端通过长期的学习训练出更加精准的优化模型,并下发至边缘侧更新、优化边缘模型。同时云端不断接收边缘侧工艺数据进行新的模型训练,一方面进一步提升模型的优化效果,另一方面避免外部输入变化导致的老模型失效。边缘节点按需运行云端下发的应用实例,匹配场景与业务变化需求;云端根据工艺逻辑、生产需求等开展边缘业务编排。

(3)生产作业优化

在实际的生产作业中,通过边缘节点接收作业数据,并进行分析,提供优化的基础数据。

生产作业优化流程如图 2.28 所示。

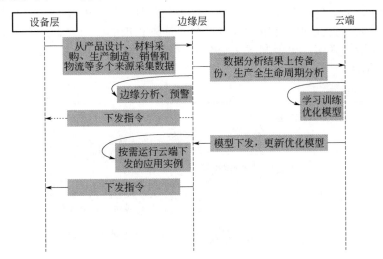

图 2.28　生产作业优化流程

边缘计算可在短时间内从产品设计、供应链管理、生产制造、销售和服务等多个来源采集数据，通过边缘层数据计算并进行分析整理，获取各个场所的生产作业情况，对存在问题的工序或环节进行预警，根据采集到的预警数据进行再计算和分析，提出后续作业优化方案及改进建议，并同时将预警同步给后续环节。同时，边缘分析数据的结果上传至云端，与其他业务数据融合。云端对生产作业大规模、长期的数据进行学习训练，并根据生产全生命周期各业务综合分析的结果，优化生产作业模型，并下发至边缘端执行。

（4）车间排产优化

车间排产是对车间未来一段时间（通常是一周或一个月）的生产进度进行计划，具体执行生产调度，完成排产计划，在正常情况下通过对设备、物料和人员进行调度完成生产，统计分析已完成作业情况并对比排产计划及时进行调整；在突发异常的情况下需要进行紧急调度以保证生产顺利进行。

生产调度对应即时生产资源调度，车间排产对应未来生产计划制定。车间排产和生产调度是相互配合的，作为管理人员，要根据人员和物资来安排当天的生产目标。车间排产优化流程如图 2.29 所示。

边缘计算应用的场景下，根据需求预测模型，科学地给出车间排产，优化供应链管理，也优化生产过程。

边缘计算从工厂的产品设计、材料采购、生产制造、销售和物流等采集数据，通过边缘层需求预测模型计算并进行分析和处理；同时将分析的结果和数据上传至云端，云端根据销售计划、生产计划、车间排产等，通过长期的学习训练出更加精准的优化模型，并下发至边缘侧更新边缘的优化模型。

（5）设备故障预测和诊断

边缘层可以根据设备故障和预测模型计算并进行分析和处理，同时将数据分析结果上传至云端备份。云端通过机器学习模型预测设备故障，多来源采集数据，通过边缘层数据计算并整理分析模型，通过分析设备各个单元的频谱特性来判断剩余使用寿命，并将结果和数据上传至云端。云端对大量数据进行训练并重新训练模型，通过长期的学习与训练得到更优的设备故障预测模型，并下发给边缘侧，更新和优化边缘的设备故障和预测模型。设备故障预测和诊断优化流程如图 2.30 所示。

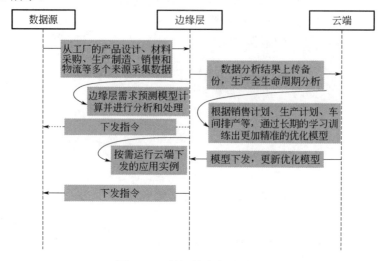

图 2.29　车间排产优化流程

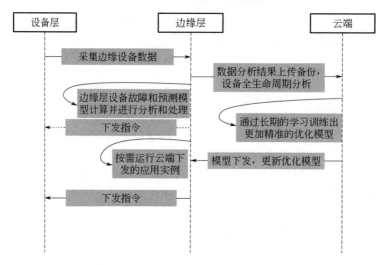

图 2.30　设备故障预测和诊断优化流程

（6）机器视觉质量检测

边缘计算节点不仅完成边缘侧设备及系统的数据采集和存储工作，而且在边缘侧直接对设备数据和图像进行基于云端下发的深度学习的人工智能算法处理计算，通过对大量字符图像数据迭代训练，代替人工实现字符、图形等结果识别，并将识别直接发送给云端，大大节省了云端对数据的处理时间和占用的资源。边缘提取样本图片、特征提交给云端训练，训练结果通过验证评估，或再训练、改进，或提交边缘侧实际运行。机器视觉在工业大数据半成品、产成品质量监测中，具有重要地位，已在众多企业落地。机器视觉识别原理如图 2.31 所示。

图 2.31　边缘视觉识别原理

边缘节点通过机器视觉产品（即图像摄取装置，分 CMOS 和 CCD 两种）把图像抓取到，然后对该图像、特征进行数字化处理，根据像素分布和亮度、颜色等信息进行尺寸、形状、颜色等的初步判别，将结果上传至云端进行持续的模型训练。边缘节点会根据判别的结果来控制现场的设备动作。

云端开展模型训练和优化，不断获取图片、分析和解析、验证和改进，迭代训练，云端通过长期的学习和训练，优化机器视觉质量预测模型，并将模型下发给边缘侧，更新边缘侧的质量预测模型。

边缘节点接收云端的机器视觉结果，并对具体结果处理和优化，提供优化策略与建议。机器视觉过程优化流程如图 2.32 所示。

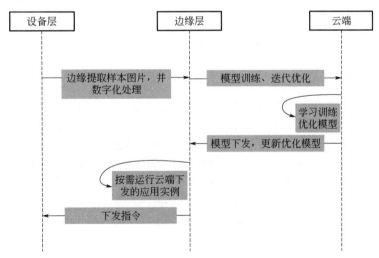

图 2.32　机器视觉过程优化流程

（7）环境与设备安全优化

环境和设备安全是工业生产环节中生产正常运行的基础保障。环境与设备安全优化旨在：

对报警事件优化管理，尽可能实现及早发现与及早响应；优化紧急事件处理方式，简化紧急响应条件。

环境和设备安全是通过安装在现场侧和设备侧对环境和设备安全进行实时检测的传感器或智能产品实现的。边缘节点根据环境和安全的数字模型对传感器或智能产品的检测结果进行数字化处理，一方面根据处理结果在边缘侧采取实时行动，另一方面将结果上传至云端，存储并分析。

云端根据边缘上传的长期数据，进行数字模型的训练和优化，通过长期的机器学习和训练，优化环境和设备的安全预测模型，并将模型下发给边缘侧。边缘节点根据云端下发的应用模型，匹配场景与业务变化需求；云端根据环境、设备等安全因素开展边缘业务编排。环境与设备安全优化流程如图 2.33 所示。

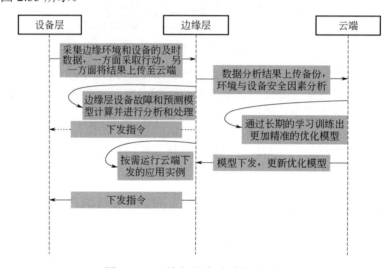

图 2.33 环境与设备安全优化流程

（8）设备轻量升级

在不对自动化装备进行大规模升级的情况下，通过增加边缘网关、边缘计算平台和必要的边缘数据采集终端，可以有效提高制造工厂的数字化水平，加强数据在制造系统各个环节间的流动，基于边缘计算平台的微服务架构，可以将大量实时规划、优化排版、设备监控、故障诊断和分析、生产调度等功能封装在边缘应用程序中，实现软件与硬件平台的解耦及智能应用。

云端推送升级通知给边缘侧，并下发升级指令给设备端，设备端停止上传数据。若设备升级完成后，返回升级结果给边缘节点，边缘节点推送升级结果通知给云端；若设备升级未完成，将再执行一次该程序，直至升级完成。设备轻量升级流程如图 2.34 所示。

（9）工厂全价值链优化

工厂全价值链优化场景通过掌握上下游全价值链的全局信息与资源，结合 AI 技术实现智能化全局优化。

边缘节点主要负责数据采集，要求数据接口丰富并采集供应商的生产产能、产品质量、制造商多工厂产能现状、物流商交付能力、客户设备使用习惯与设备使用状况等指标信息，按照规则和数据模型对数据做初步分析处理,将处理结果上传至云端进行持续的模型训练。云端开展供应链优化模型、订单分配优化模型、物流优化模型、精准服务优化模型等持续训练与优化,从而给出供应商选择、工厂选择、物流选择及客户服务等决策建议。边缘节点提供信息综合采集类应用部署与运行环境及应用生命周期管理 API,如供应链、生产现场、物流服务等应用;云端负责边缘应用的生命周期管理,并对具体应用提供优化策略与建议。全价值链优化流程如图 2.35 所示。

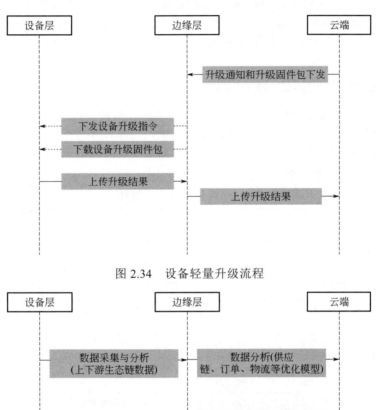

图 2.34 设备轻量升级流程

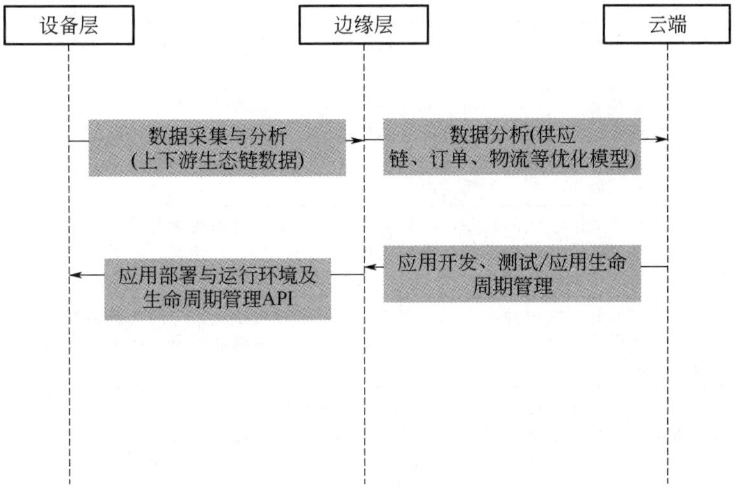

图 2.35 全价值链优化流程

(10)其他场景

除以上外,边缘计算还可以运用于其他场景。

① 测量与执行优化 优化传感器和执行器信号接口,减少通信数据量,保证信号传递的实时性。

② 设备互联互通　边缘计算收集系统间实时通信需求和服务质量要求，运行优化调度算法，转化为对 TSN 交换机和 5G 网络的配置，支持多种实时数据流传输。在保证信息安全基础上，不仅把支持传统接口和协议的设备接入边缘计算平台，而且通过引入数据抽象层，使不能直接互联互通的设备基于边缘计算进行互联互通，边缘计算的低延迟性能可以保证设备间的实时横向通信。

③ 调节控制优化　采用优化控制策略优化控制系统参数、优化故障检测过程等。

④ 多元控制协同优化　对预测控制系统的控制模型优化，对 MIMO（Multiple-Input Multiple-Output）控制系统的参数矩阵优化，以及对多个控制器组成的分布式系统协同控制优化。

2.1.2.4　边缘计算的其他应用场景

据 IDC 预测，未来超过 50%的数据需要在网络边缘侧分析、处理和储存。除工业制造外，物联网时代不断增长的数据催生了对边缘计算的需求，边缘计算将延伸至交通运输系统、智能驾驶、实时触觉控制、增强现实等领域，成为运营商数字化转型的关键使能技术。

边缘计算的典型应用场景如表 2.6 所示。

表 2.6　边缘计算应用场景

序号	场景名	内容
1	安全监控、AR\VR	边缘计算可以通过视频监控、AR\VR 等技术为边缘侧提供快速、高效、精准的实时响应，将驱动安防行业人工智能应用迈入全新层次
2	智能交通	边缘计算所具有的一些特性，如广泛的地理分布、支持移动性、位置感知、低延迟、支持实时交互等，使它成为车联网平台的理想选择。智能交通信号灯可以根据路上车流的情况动态地调整信号灯的颜色，提高交通流畅度，减少拥堵，还可以应用于紧急情况，如当急救车经过时，信号灯可以为其开辟出一条绿色通道。另外，汽车也可以与信号灯交互，车载系统利用信号灯的信息为司机规划一条最佳线路
3	自动驾驶	自动驾驶关系到人们生命财产的安全，是对数据实时处理要求极高的应用场景，其边缘侧存储与处理比其他场景更重要。自动驾驶躲避障碍物的过程，若按照先上传云端、分析处理、再返回设备的模式，将造成信号传输的延迟，紧急情况下极易发生交通事故。通过边缘协同既解决及时响应处理，又可在云端对驾驶过程数据不断学习与训练
4	智能家居	家中有较多智能家居的设备，不同产品之间互动场景需要边缘计算，最近两年火爆的全屋智能从本质上来说即是边缘计算在家居环境的应用。另外，对于智能家居来说，边缘计算可以在物联网网关和数据中心之间建立加密通道，进一步提高系统的安全性和隐私性
5	智慧城市	边缘计算就好比城市神经末梢，将人工智能与分布在城市中的传感器结合，可以高效处理城市运营问题，如在道路两侧路灯杆上安装传感器，收集城市路面信息，检测空气质量、光照强度、噪声水平等环境数据
6	智慧路灯	嵌入到路灯内部的传感器、执行器、计算和存储单元可以组合起来构成边缘计算的节点，传感器采集的数据发送到位于网络边缘的计算和存储节点，经过计算将结果返回给执行器，执行器对路灯进行控制，而不是将数据发送到位于网络边缘的云计算中心，这样既可以提高系统的实时性，又可以减轻云端的压力
7	风力发电	在风力发电机机组上布置边缘节点，实时收集数据信息。数据信息上传至工业网关并做优化，将模型转化为算法或者规则，实时控制机组
8	医疗保健	医疗设备上存储的数据可用于更新患者的数字医疗记录，现有的云基础架构无法管理其所生产的数据量。边缘计算将连接这些医疗设备，在紧急情况下为医院和医生提供可靠和最新的患者信息。另外也可以通过视频监控，实时掌握患者的情况
9	无人机	边缘计算使无人机能够检查数据并实时响应数据，广泛应用于各个领域，如当无人机识别到车祸时，可以向附近的行人提供有价值的信息

2.1.3 工业网络

2.1.3.1 工业网络概念

工业网络是应用于工业领域的一种数字化、双向、多站的通信系统,具体来说是在一个企业范围内将信号检测,数据传输、处理、存储、计算、分析和管理控制等设备或系统连接在一起,以实现企业内部的资源汇聚、数据共享、信息管理、过程控制、经营决策,并能够访问企业外部资源和提供限制性外部访问,使企业的生产、管理和经营能够高效率地协调动作,从而实现企业集成管理和控制的一种网络系统。企业内,工业网络与办公网络相比较,有一些不同,如表 2.7 所示。

表 2.7 工业网络与办公网络对比

对比项	办公室网络	工业网络
应用场合	普通办公场合	工业场合,工况恶劣、抗干扰性要求较高
拓扑结构	支持线形、环形、星形等结构	支持线形、环形、星形等结构,并便于各种结构的组合和转换,安装简单,灵活性和模块性较大,扩展能力高
可用性	一般的实用性需求,允许网络故障时间以秒或分钟计	极高的实用性需求,允许网络故障时间<300ms,以避免生产停顿
网络监控和维护	网络监控必须有专人使用专用工具完成	网络监控成为工厂监控的一部分,网络模块可以被 HMI 软件(如 WinCC)监控,故障模块容易更换

直观感受一下工业网络,西门子工业网络结构如图 2.36 所示。

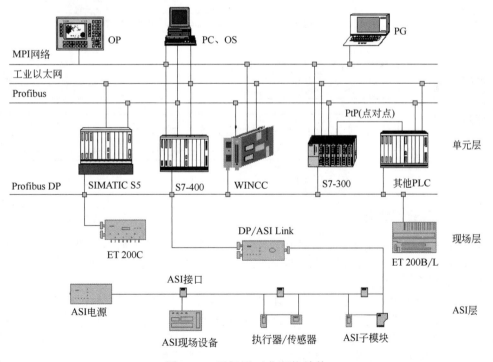

图 2.36 西门子工业网络结构

2.1.3.2 工业网络架构

工业网络是在工业生产的现代化要求下提出来的,与计算机技术、控制技术和网络技术的发展密切相关。

随着网络技术的发展,Internet正在把全世界的计算机系统、通信系统逐渐集成起来,形成信息高速公路,这是公用数据网络。在此基础上,工业控制领域也正经历一场前所未有的变革,开始向网络化方向发展,形成了新的控制网络。工业网络是通过各项事务协调动作,从而实现企业集成管理和控制的一种网络环境。

按网络连接结构,一般将企业的网络系统划分为:底层控制网(Infranet)、企业内部网(Intranet)、外部互联网(Internet)。工业网络架构如图2.37所示。

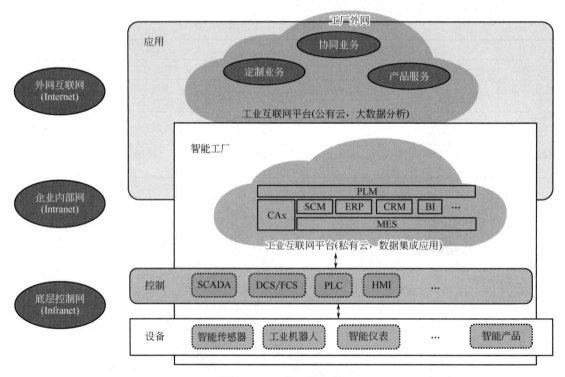

图2.37 工业网络架构

2.1.3.3 工业网络分类

工业网络主要用于满足工厂、企业内部不同系统层级之间的低时延、高可靠等需求,实现工业网络架构下不同层级和异构网络之间的组网,规范网络地址、服务质量、无线电频率等资源使用技术要求及网络运行管理。

工业网络主要包括工业无线网络、工业有线网络。工业无线网络主要包括无线局域网(WLAN)、无线可寻址远程传感器高速通道(WirelessHART)、用于工厂自动化、过程自动化的工业无线网络(WIA-FA/PA)、窄带物联网(NB-IoT)、5G应用等。工业有线网络,正沿着现场总线—工业以太网—工业光纤网(尤其是工业无源光纤网络(PON))—时间敏感网发展,其发展历程如图 2.38 所示。

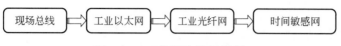

图 2.38　工业网络发展历程

（1）现场总线

现场总线是自动化领域中底层数据通信网络，是应用在生产现场的、连接智能现场自动化设备和测量控制系统的数字式、双向传输、分支结构的通信网络。目前应用较多的有 Profibus、CAN、LonWorks、HART、Modbus 等。

现场总线是继基地式仪表控制系统、电动单元组合式模拟仪表控制系统、集中式数字控制系统、集散控制系统之后的新一代控制系统。现场总线采用全数字式通信，具有开放式、分布式、高可靠性、可互操作性等特点，是从测控设备到操作控制计算机的全数字通信网络。现场总线具备与数字网络连接沟通的必要条件，满足控制网络的要求，因而是控制网络的必然选择。

现场总线体现了分布、开放、互联、高可靠性、可互操性的特点，而这些正是 DCS 系统的缺点。DCS 与现场总线系统的网络结构的比较如图 2.39 所示。

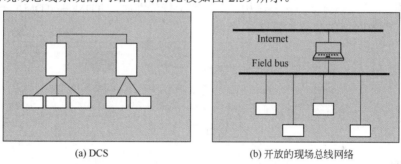

图 2.39　DCS 与现场总线网络结构比较

现场总线采用开放的通信协议的同时，还简化了 DCS 所采用的多级分层网络结构，便于跟企业外部网 Internet、企业内部网 Intranet 连接与融合。

（2）工业以太网

工业以太网是在工业环境的自动化控制及过程控制中应用以太网的相关组件及技术，其采用 TCP/IP 协议，和 IEEE 802.3 标准兼容，只是在应用层会加入各自特有的协议。

以太网具有低成本、易组网、传输速率高、易与 Internet 连接和几乎支持所有的编程语言的特点，利于应用开发，发展潜力大。工业以太网具体优点如表 2.8 所示。

表 2.8　工业以太网优点及介绍

序号	优点	内容
1	通信速率高	具有高达 100Mbps 的数据传输速率，能提供足够的带宽
2	易集成	具有相同的通信协议，Ethernet 和 TCP/IP 易集成到 IT，同一总线上运行不同的传输协议，能建立企业的公共网络平台或基础构架

续表

序号	优点	内容
3	价格低廉	工业以太网网卡的价格只是现场总线网卡价格的十几分之一
4	应用广泛	以太网标准开放,几乎所有的编程语言都支持以太网的应用开发;以太网技术成熟,软硬件丰富,普及度高;以太网在整个网络中,运用了交互式和开放的数据存取技术
5	可持续发展潜力大	以太网技术目前已是网络发展的基础,已为众多技术人员所用,市场上能提供广泛的设置、维护和诊断工具,成为事实上的统一标准;以太网允许使用不同的物理介质,可构成不同的拓扑结构

目前领域内有几种主流工业以太网,如:EtherCAT、EtherNET/IP、PROFINET、Modbus/TCP、POWERLINK、Ethernet/IP、CC-LINK、SERCOSⅢ等。

(3)工业光纤网络

工业光纤网络在工业互联网体系架构中处于车间级网络位置。工业光纤网络的优势是不受电磁干扰、部署灵活、传输距离远、安全性高。其中工业无源光纤网络(PON)应用广泛。

工业无源光纤网络(PON)由局端设备(OLT)、用户端设备(ONU/ONT)和光分配网(ODN)组成。所谓"无源",是指ODN全部由无源光分路器和光纤等无源光器件组成,不包括任何有源器件。PON技术采用点到多点拓扑结构,下行和上行分别通过TDM和TDMA方式传输数据。工业PON在工厂内网络的位置如图2.40所示。

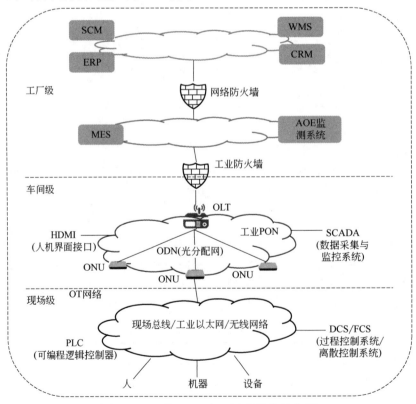

图2.40 工业PON在工厂内网络的位置

工业 PON 技术能够减少主干光纤资源占用，节约投资；网络结构灵活，扩展能力强；无源光器件故障率低，不易受外界环境干扰；业务支持能力强等。PON 技术可细分为多种，主要区别体现在数据链路层和物理层不同，有 APON、EPON、GPON 等，APON 技术由于成本高、带宽低，已经基本被市场淘汰，常用的为 EPON 和 GPON。

工业 PON 可以根据企业部署或改造要求提供两种整体解决方案，分别为工业数据采集功能和设备外置的工业 PON 解决方案（以下简称工业 PON1.0），以及工业数据采集功能和设备内置的工业 PON 解决方案（以下简称工业 PON2.0）。二者在其他能力指标方面对于工业场景均进行了针对性优化和提升。工业 PON1.0 网络拓扑设计架构如图 2.41 所示。工业 PON2.0 网络拓扑设计架构如图 2.42 所示。

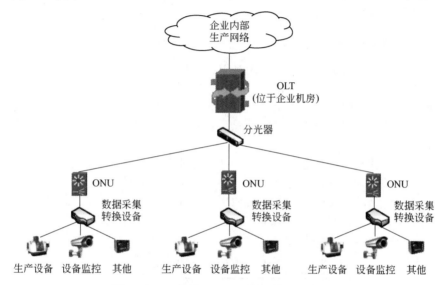

图 2.41　工业 PON1.0 网络拓扑设计架构

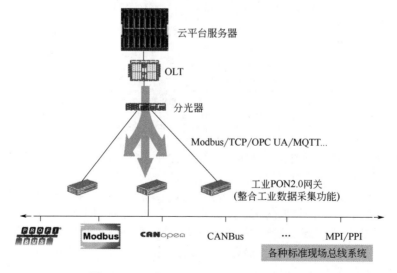

图 2.42　工业 PON2.0 网络拓扑设计架构

工业 PON1.0 和工业 PON2.0 的功能比较，如表 2.9 所示。

表 2.9 工业 PON1.0 和工业 PON2.0 功能对比

对比项	工业 PON1.0	工业 PON2.0
共性功能	① 工业级环境适应能力可在恶劣的工业环境下长期稳定工作，具备自然散热式、宽温域、低功耗、静音设计、高防护等级等特点，并应符合工业相关标准； ② 强大的工业接口接入能力，支持多种工业标准的物理接口，如 GE/FE/RS-232/RS-485/DI/DO/CAN 等； ③ 提供各种类型保护倒换功能，实现业务快速恢复	
个性化功能	通过外接工业数据采集网关，实现工业协议解析能力	① 支持工业协议解析能力，包括 Modbus、PPI、MPI、CNC 等；总线协议：CAN、Profibus 等； ② 支持对工业云平台或应用系统的协议对接能力

（4）TSN（时间敏感网络）

低时延网络，又叫时间敏感网络，本质是用以太网物理接口承接工业内有线连接，基于通用标准构建工业以太网数据链路层传输。

时间敏感网络技术基础共性标准主要由 IEEE802.1 TSN 工作组研究制定。TSN 基于以太网标准的确定性实时通信机制，定义了极其准确、极易预测的网络时间，具有高数据量传输与优先权设定功能等优势。

TSN 是为解决工业领域中的互操作性而产生的标准协议。作为底层的通用架构，TSN 为实现传统 OT 与 IT 网络的融合提供了技术支持，不仅打破了以封闭协议为维度由单一厂商主导的产业模式，提高了工业设备连接的标准化与通用性，而且使工业互联网网络技术和产业生态变得更为开放和富有活力，为物联、大数据分析、智能化等新业务提供更快的发展路径。

时间敏感网络优势如表 2.10 所示。

表 2.10 时间敏感网络优势

序号	优势	内容
1	互联互通	遵循标准的以太网协议体系，具有天然互联互通优势，可以在提供确定性时延、带宽保证等能力的同时，实现标准的、开放的二层转发，提升了互操作性，同时降低了成本；TSN 为相互隔离的、封闭的工业控制网络向融合的、扁平化的架构演进提供了技术支撑
2	全业务高质量承载	提出了包括时间片调度、抢占、流量监控及过滤等一系列流量调度特性，支撑二层网络为数据面不同等级的业务流提供差异化承载服务，进而提升各类工业业务数据在工业设备到工业云之间的传输和流转的能力
3	智能运维	遵循 SDN 体系架构，可以基于 SDN 架构实现设备及网络的灵活配置、监控、管理及按需调优，以达到网络智能运维的目标；大大增强 OT 网络和 IT 网络二层网络的配置、动态配置与管理的能力，为整个工业网络的灵活性配置提供了支撑

如果将传统意义上的二层 TSN 网络和三层 DetNet 网络看作广义的时间敏感网络，那么其在工业网络中的应用范围主要可以包括图 2.43 所示的 7 个位置。

① 将 TSN 网络部署于控制器与现场设备之间，实现控制信号的高质量、确定性时延传输；
② 将 TSN 网络部署于控制器之间，实现协同信号的高精度同步传输；
③ 将 TSN 网络部署于控制器与监控设备或者 HMI 之间，实现维护数据的高质量传输；
④ 将 TSN 网络部署于 IT 网络与 OT 网络之间，助力实现生产数据向信息系统的上传以及控制管理信息向生产设备的下发；
⑤ 将 TSN 网络部署于移动前传网络，为射频单元（RRU）与基带处理单元（BBU）之间

的确定性传输提供网络支撑；

⑥ 将 DetNet 网络部署于 IT 网络与云平台之间，实现企业内部 IT 网络与私有云平台业务的确定性时延承载；

⑦ 将 DetNet 网络部署于企业外网中，在企业分支之间，企业与数据中心、企业与上下游企业之间建立全业务共网承载的管道，实现按业务要求调配网络资源。

可以看出，将时间敏感网络作为工业网络互联互通的核心，连接存量的传统工业以太网产线、接入采集海量工业数据的物联网、支撑高精度、远程控制的信号承载，实现各类型工业业务的共网络承载，并按需保证传输质量。

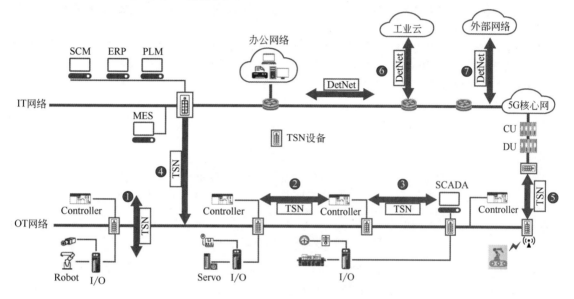

图 2.43　时间敏感网络在工业中的位置

IEEE802.1Qcc 中定义的时间敏感网络的配置模型分为全集中式配置模型（集中式网络配置控制器与集中式用户配置控制器）、混合式配置模型（集中式网络配置控制器与分布式用户配置控制器）以及全分布式配置模型（分布式网络配置控制器与分布式用户配置控制器）三种。考虑在工业互联网网络场景下的部署架构需要融合 SDN 体系结构，建议采用全集中控制模型，如图 2.44 所示。

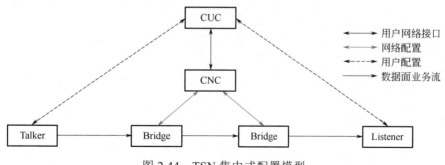

图 2.44　TSN 集中式配置模型

图中 Talker、Listener 分别是数据流的发送方和接收方，即工业设备或者应用系统；Bridge 可以是不同形态的二层桥接设备，如工业交换机、具有二层交换网口的工业设备；集中式网络配置控制器（CNC）与集中式用户配置控制器（CUC）可作为软件功能模块，融合部署于专用服务器上，也可以采用嵌入式系统部署于时间敏感网络其他设备上。

（5）NB-IoT

NB-IoT 是 IoT 领域的新兴技术，是万物互联网络的重要分支。NB-IoT 构建于蜂窝网络，属于低功耗广域网（LPWAN），支持低功耗设备在广域网的蜂窝数据连接。NB-IoT 只消耗大约 180kHz 的带宽，可直接部署于 GSM 网络、UMTS 网络或 LTE 网络，以降低部署成本、实现平滑升级。

NB-IoT 具有超大链接、超强覆盖、超低功耗的特点，支持海量连接、有深度覆盖能力、功耗低，适合工业场景下传感器、计量仪、监控工具等的工业数据采集应用。

NB-IoT 的端到端系统架构如图 2.45 所示。

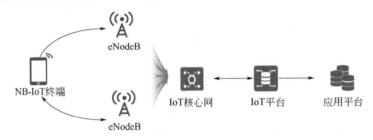

图 2.45 NB-IoT 的端到端系统架构

NB-IoT 终端传感器或设备通过空口连接到基站（eNodeB（evolved Node B，E-UTRAN 基站））。eNodeB 主要承担空口接入处理，并通过 S1-lite 接口与 IoT 核心网连接，将非接入层数据转发给高层网元处理。这里需要注意，NB-IoT 可以独立组网，也可以融合组网。IoT 核心网承担与终端非接入层交互的功能，并将 IoT 业务相关数据转发到 IoT 平台进行处理。同理，NB 可以独立组网，也可以与 LTE 共用核心网。IoT 平台是一种物联网连接管理平台，具有设备接入及管理、数据采集管理及分析、各种终端适配及扩展等功能。IoT 平台汇聚从各种接入网得到的 IoT 数据，并根据不同类型转发至相应的业务应用器进行处理。应用服务器是指通过各种协议把商业逻辑暴露给客户端的程序。它提供了访问商业逻辑的途径以供客户端应用程序使用。在 NB-IoT 场景中，应用服务器对应的是 IoT 平台上层的多个应用，这些应用服务器实现每个应用对应的数据解析、存储、展示、数据下发等功能。应用 server 通过 http/https 协议和平台通信，通过调用平台的开放 API 来控制设备，平台把设备上报的数据推送给应用服务器。平台支持对设备数据进行协议解析，转换成标准的 json 格式数据。

当前 NB-IoT 设备和物联网平台的主流协议是 CoAP 和 LWM2M 协议。NB-IoT 通信协议架构如图 2.46 所示。

由于大部分物联网设备都是资源受限型设备，它们的物理资源和网络资源都非常有限，直接使用现有的 TCP 和 HTTP 协议进行通信对它们来说要求实在是太高了。为此，

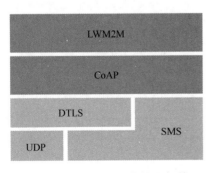

图 2.46 NB-IoT 通信协议架构

CoAP（Constrained Application Protocol，受限制的应用协议）被设计出来，它运行于 UDP 协议之上，最大的特点就是小巧，最小的数据包仅 4 字节。CoAP 是一个完整的二进制应用层协议，它借鉴了 HTTP 协议的设计并简化了协议包格式，降低了开发者的学习成本。LWM2M（Lightweight Machine-To-Machine，轻量级 M2M）协议是由 OMA（Open Mobile Alliance）提出并定义的基于 CoAP 协议的物联网通信协议。LWM2M 协议在 CoAP 协议的基础上定义了接口、对象等，使得物联网设备和物联网平台之间的通信更加简洁和规范。

（6）5G

5G 是第 5 代移动通信技术，是 4G 的延伸。5G 时代新的通信需求对现有网络提出了包括技术上和商业模式上的种种挑战，需要下一代移动网络来满足。5G 因其拥有超高速、高可靠、低时延的特性，更适合工业通信场景，未来将取代 WiFi、ZigBee 和 WirelessHART 等无线通信网络技术成为工业互联网应用领域的通信方式。

国际电信联盟 ITU 将 5G 时代的主要移动网络业务划分为三类：eMBB 增强型移动宽带（Enhan latency Communications）、uRLLC 低时延高可靠通信（Ultra-Reliable Low-Latency Communications）以及 mMTC 海量机器类通信（Massive Machine Type Communications）。eMBB 聚焦对带宽有极高需求的业务，例如高清视频、虚拟现实/增强现实等，满足人们对数字化生活的需求；uRLLC 聚焦对时延极其敏感的业务，例如自动驾驶/辅助驾驶、远程控制等，满足人们对数字化工业的需求；mMTC 则覆盖对连接密度要求较高的场景，例如智慧城市、智能农业，满足人们对数字化社会的需求。

5G 在工业的应用场景贯穿工业制造的全过程，可以覆盖生产现场、过程控制、机器协作、运行监测、仓储物流、远程控制等各个环节。5G 在工业场景的融合应用将显著降低企业经营成本，并可以优化资源配置，提高生产效率，提升产品品质，促进生产自动化和智能化水平的提高，推动制造业提高质量、增加效益、降低成本、优化产业结构、转变发展模式、改变增长方式，为工业互联网提供有力保障。5G 在工业互联网应用中具有高速度，免布线，兼容多协议，降低改造成本，降低时延，提供大带宽以降低对外网带宽的需求等优势。

5G 在工业互联网中有着广泛的应用，例如工业视觉、VR/AR 远程协助、智能巡检、工业元宇宙等。这些典型应用场景对于 5G 和边缘计算带来的大带宽、低时延、高可靠性有着很高的要求。下面选取几个工业互联网的典型 5G 应用场景来进行介绍。

① 工业视觉　用于视觉引导与定位、视觉识别检测、精准测量测距、产品外观自动检测、工件加工和装配自动化以及生产过程的控制和监视的图像识别。

② VR/AR 远程协助　VR/AR 是近眼显示、感知交互、渲染处理、网络传输和内容制作等新一代信息技术相互融合的产物，新形势下高质量 VR/AR 业务对带宽、时延要求逐渐提升，速率从 25Mbps 逐步提高到 3.5Gbps，时延从 30ms 降低到 5ms 以下。凭借 5G 超宽带高速传输能力，可以解决 VR/AR 渲染能力不足、互动体验不强和终端移动性差等痛点问题。

③ 远程驾驶　越来越多的工业场景会用到远程驾驶，如建筑施工的远程塔吊控制、钢铁厂的天车远程驾驶、货运码头行车的远程驾驶、地下矿井采掘车的远程驾驶等。通常企业在中央控制室设置远程驾驶舱（包括控制运营中心、监视器等），远程操控前端智能设备。该场景需要精准控制生产作业设备，对业务时延有较高要求（通常小于 20ms），通过 5G 接入和边缘计算的本地分流可以实现远程驾驶的业务保障。

④ AI 视频监控　AI 视频监控场景会记录工业场景中的大量信息，需要对大量的视频数据进行实时分析，因此对带宽和时延有很高的要求。利用 5G+边缘计算+AI，在边缘部署视频监

控,对边缘场景进行边缘计算并将结果实时地送到后台。这样,依赖边缘计算能力对视频进行分析、对比,识别工厂内的异常事件,会很好地解决带宽与时延的问题。

⑤ 多机器人协作　多机器人协作顾名思义就是多个机器人相互协作、配合完成某种业务。多机器人协作系统可以与 5G、机器视觉、边缘计算、云计算技术融合,改善机器人的刚性自动化,提高产线的柔性能力。多机器人协作的需求主要是低时延、高可靠性需求,通过 5G NR 空口的低时延、高可靠性改善了 Wi-Fi 时延大、可靠性低的缺点;实时计算和控制需求,可通过边缘计算产品的部署满足机器人 PLC 控制信息的安全可靠,进一步降低时延。

⑥ 无人机巡检　无人机巡检被广泛地应用在工业现场、工厂物流、工厂仓库、设备巡检等领域。5G 网络将赋予网联无人机超高清图视频传输(50~200Mbps)、低时延控制(10~20ms)、远程联网协作和自主飞行(100kbps,500ms)等重要能力,可以实现对联网无人机设备的监视管理、航线规范、效率提升。5G 网联无人机将使无人机群协同作业和 7×24 小时不间断工作成为可能,在防火、取样、测绘、环境监测、电力巡检、物流运输等工业应用领域获得巨大发展空间。

⑦ AGV 仓储物流　自动引导运输车(Automated Guided Vehicle,AGV),又称为 AGV 小车,是一种带有电磁或光学等自动引导装置运输设备,根据指令按规定的时间、沿规定的导引路径行驶,具有安全保护以及各种移载功能的运输车。AGV 系统是智能工厂的重要构成之一,既可以实现物料的自动流转和生产制造的全程,也可追溯生产数据采集。通过 5G+边缘计算,可以支持数百台 AGV 小车同时接入,在边缘处实时处理 AGV 传感器所采集的数据,对其指令和路径进行规划。

(7) Wi-Fi6

Wi-Fi 是一种无线局域网技术,在允许的范围、权限内将电子设备通过 AP(Access Point)连接至互联网。Wi-Fi 的技术协议是 IEEE 802.11b,最新一代 Wi-Fi 技术协议是 IEEE 802.11ax,2018 年发布时 Wi-Fi 联盟将其更名为 Wi-Fi6。

Wi-Fi 网络作为高效率的移动接入,可替代传统网线接入;与 5G 类似,Wi-Fi 具有稳定、快速和低时延等特征,是物联网天然的传输网络。Wi-Fi6 标准理论传输速度的提升,大大缩短了终端与接口的传输时间,另外还具有高速率、大容量、低迟延、支持上行和下行、耗电低、传输效率高、高覆盖等特点。

Wi-Fi6 的应用场景与 5G 类似,适用于要求高速率、大容量、低时延的场景,满足 VR/AR、视频监控、AI 智能监控、物联网、全屋智能、智能出行等领域的应用需求。

2.1.3.4　网络标识解析体系

在工业互联网标识解析体系中,工业互联网标识是工业物理资源和虚拟资源的身份符号,能够唯一识别设备、装备、机器、产品、算法、工序等。工业互联网标识解析是指根据标识编码查询目标对象网络位置或相关信息的系统装置。

工业互联网标识解析系统是构建人、机、物全面互联的基础设施,可以实现从工业设计、研发、生产、销售到服务的产业要素全面互联。通过工业互联网建设,可以推动工业数据的开放流动与聚合,提升协作效率,促进工业物理资源和虚拟资源的集成、优化及自由调度,支撑工业集成创新应用的实现。

工业 1.0 到工业 4.0 的发展过程中,生产制造管理从纸质标签管理逐步过渡到数字标签管理。数字标签以形式多样、可拓展、可叠加、易管理等技术特征,逐渐成为现代工业管理信息化、数字化、智能化的基础,也是制造业数字化转型的基础。

工业互联网标识解析体系通过条形码、二维码、无线射频识别标签等方式赋予每一个实体或虚拟对象唯一的身份编码,是同时承载识别和管理物品、机器相关数据等信息,实现实体和虚拟对象的定位、连接和交流的新型基础设施,是工业互联网的关键神经系统。

(1)体系建设

工业互联网标识解析体系的对象是机器、产品、算法、工艺等实体和虚拟制造资源,其中机器与产品是属于实体资源,算法和工艺等属于虚拟资源。标识解析系统根据标识查询网络位置,从而实现人与物、物与物之间的通信寻址,或者直接查询物的相关信息。

工业互联网标识解析体系功能视图自下而上分别为标识编码层、标识解析层、标识数据层和标识应用层,如图2.47所示。

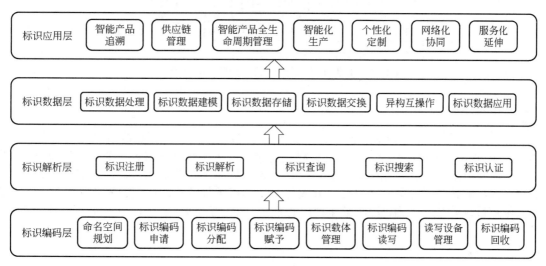

图2.47 工业互联网标识解析体系功能视图

(2)体系架构

工业互联网标识解析系统采用分层、分级模式构建,面向各行业、各类工业企业提供标识解析公共服务。系统主要元素包括根节点、国家顶级节点、二级节点、企业节点、公共递归节点等。工业互联网标识解析系统分层分级架构如图2.48所示。

(3)标识编码技术

工业互联网的标识编码技术是标识解析体系的纲领,能够唯一识别不同联网对象的标识编码技术是实现工业互联网应用服务的前提。然而,当前标识编码规则混乱零散而不统一,而且工业应用场景复杂,工业产品形态多样,给标识编码工作带来严峻挑战。

就目前现状看,国内外存在多种标识体系,总体上来说可以分为两类:一类是可跨行业广泛应用的EPC、Handle、OID、Ecode等公有标识,目前多用于流通环节的供应链管理、产品溯源等场景中;一类是在行业内部或中小型企业内部大量使用的自定义私有标识,例如企业标识、零部件标识等。目前,工业领域常用的标识解析体系为Handle和Ecode。

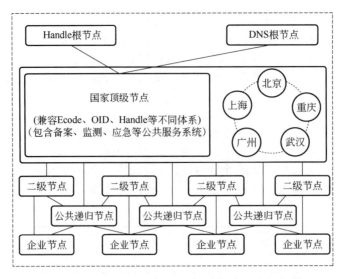

图 2.48 工业互联网标识解析系统分层分级架构

（4）部署进展

2018 年，中国信息通信研究院承担了工业互联网标识解析国家顶级节点建设任务。经过 2018—2020 年 3 年建设，已经在北京、上海、广州、重庆和武汉建设了 5 个国家顶级节点，部署了国家顶级节点标识注册系统、解析系统、标识数据同步、系统标识查询系统等，建立了与其他异构标识解析体系互联互通平台，并提供基于国家顶级节点的标识解析监测系统、标识解析安全保障系统等公共能力，形成了 4 种核心系统、1 大互通平台、2 种公共能力的国家顶级节点服务体系。

2.2 IaaS 关键技术

IaaS 技术是一系列技术而非一种技术。工业互联网 IaaS 层基于虚拟化、分布式存储、并行计算、负载调度等技术，实现网络、计算、存储等计算机资源的池化管理。根据需求进行弹性分配，并确保资源使用的安全与隔离，为用户提供完善的云基础设施服务。

2.2.1 虚拟化技术

虚拟化技术的核心理念是利用软件或固件管理程序构成虚拟化层，把物理资源映射为虚拟资源，并在虚拟资源上安装和部署多个虚拟机，以实现用户共享物理资源。虚拟化技术可以对数据中心的各种资源进行虚拟化划分与管理，实现服务器虚拟化、内存虚拟化、桌面虚拟化和网络虚拟化等。

2.2.1.1 虚拟化核心技术

虚拟化的优势在于：它运行在多台物理服务器上，终端用户根本感觉不到是多台服务器，而感觉到是一台服务器。另外，在同一台物理服务器上可独立运行多台虚拟机，每台虚拟机都有一套自己的虚拟硬件（例如 RAM、CPU、网卡等），可以在这些硬件中加载操作系统和应用程序，且无论实际采用了什么物理硬件组件，操作系统都将它们视为一组一致、标准化的硬件，可以节省硬件、数据中心的空间以及能耗。

从原理上看，所有虚拟技术虚拟的是指令集。虚拟机有许多不同的类型，但是它们有一个共同的主题就是模拟一个指令集的概念。每台虚拟机都有一个用户可以访问的指令集。虚拟机把这些虚拟指令"映射"到计算机的实际指令集。硬分区、软分区、逻辑分区、Solaris Container、VMware、Xen、微软 Virtual Server 2005 等虚拟技术都是同样的原理，只是虚拟指令集所处的位置不同而已。

2.2.1.2 虚拟化的本质

虚拟化的本质是分区、隔离、封装和相对于硬件独立，如图 2.49 所示。

图 2.49 虚拟化本质

2.2.1.3 虚拟化技术的分类

虚拟化技术按照虚拟层所处位置的不同，大致可以分为硬件虚拟、逻辑虚拟、软件虚拟和应用虚拟四种类型。按照应用的领域不同，可分为服务器虚拟化、存储虚拟化、网络虚拟化、桌面虚拟化等。

虚拟化技术总览如图 2.50 所示。

2.2.2 分布式存储

传统集中存储在应对海量数据时存在能耗、维护费用居高不下的问题，而且扩展性、可靠性、数据安全性难以保证，因此构建低成本、高性能、可扩展、易用的分布式存储系统在大数据时代应运而生。

2.2.2.1 分布式存储概念

分布式存储是相对于集中式存储而言的一种数据存储技术，通过网络使这些分散的存储资源构成一个个虚拟的存储设备，对外作为一个整体提供分布式存储系统。分布式存储架构如图 2.51 所示。

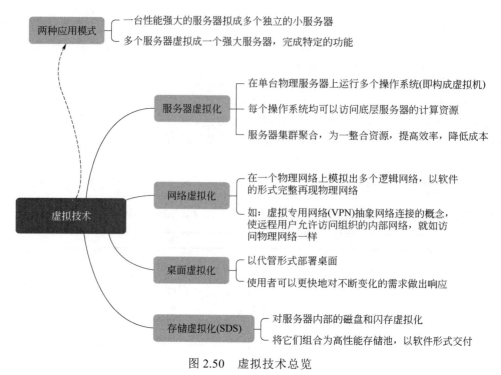

图 2.50　虚拟技术总览

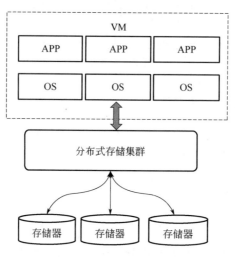

图 2.51　分布式存储架构

将数据存储在不同的物理设备中，摆脱硬件设备的限制，同时扩展性更好，能够快速响应用户需求的变化。在当前的云计算领域，Google 的 GFS 和 Hadoop 开发的开源系统 HDFS（Hadoop Distributed File System，Hadoop 分布式文件系统）是比较流行的两种云计算分布式存储系统。谷歌的非开源的 GFS（Google File System）云计算平台满足大量用户的需求，并行地为大量用户提供服务，使云计算的数据存储技术具有高吞吐率和高传输率的特点。大部分 ICT 厂商采用的都是 HDFS 数据存储技术，未来的发展将集中在超大规模的数据存储、数据加密和安全性保证，以及继续提高 I/O 速率等方面。

2.2.2.2 分布式存储与集中式存储对比（表 2.11）

表 2.11 集中式存储与分布式存储对比

序号	比较项	集中式存储	分布式存储
1	概念	整个存储是集中在一个系统中的	通过网络使这些分散的存储资源构成一个个虚拟的存储设备，对外作为一个整体提供分布式存储系统
2	架构	应用软件↔文件系统↔存储器	VM（APP/APP/APP，OS/OS/OS）↔分布式存储集群↔存储器/存储器/存储器
3	性能	传统的 SAN、NAS 都会有性能瓶颈，一旦达到最大扩展能力，性能会改变	在分布式存储达到一定规模时，性能会超过传统的 SAN、NAS。大量磁盘和节点结合适当的数据分布策略，可以达到非常高的聚合带宽
4	成本	传统的 SAN、NAS 价格比较高，特别是 SAN 网络设备，光纤网络成本比较高，而且以后扩展还需要增加扩展柜，增加成本	分布式存储只需要 IP 网络、几台服务器加内置硬盘就可以组建起来，初期成本比较低，扩展也非常方便，增加服务器即可
5	可扩展性	传统的 SAN、NAS 扩展能力受限，一个机头最多可以带几百个磁盘。如果想要 PB 以上的共享存储，分布式存储是最好的选择	不用担心扩展能力问题
6	容灾与备份	需要建立一个本地或异地或云端的数据系统，该系统是对本地系统应用数据实时复制的	分布式存储具有异地容灾的特性。分布式存储容灾的一个重要手段就是多时间点快照技术，使用户生产系统能够实现一定时间间隔的各版本数据的保存。系统恢复时可以通过比照和分析，快速找到恢复的时间点，降低了故障定位的难度，缩短了定位时间

2.2.2.3 分布式存储技术

分布式存储通过网络使用每台机器上的磁盘空间，并使这些分散的存储资源构成一个虚拟的存储设备，数据分散地存储在各个存储空间。分布式存储系统采用可扩展的系统结构，利用多台存储服务器分担存储负荷，利用位置服务器定位存储信息，这样既提高了系统的可靠性、可用性和存取效率，还易于存储扩展。

分布式存储技术很多，下面介绍一些技术供参考。

① 分布式文件系统　是 Hadoop 的核心子项目，是一个适合运行在通用硬件上的分布式文件系统，是基于流数据模式访问和处理超大文件的需求而开发的。存储半/非结构数据，如

Office 文件、XML 数据、Email 数据、凭证单据扫描件、视频图像、Web 网页等。有关文件属性数据主要存于分布式数据库 Hyperbase 中；对文本数据生成的索引数据主要存于全文索引中。应用系统可通过 API 访问 HDFS，也可通过 FUSE 挂载 HDFS，将 HDFS 映射为远程盘访问使用。

② 分布式列式存储数据库（Hyperbase） 存储结构化数据，包括从现有业务系统数据库采集的数据、整合加工后的多主题关联的数据集及面向应用的数据集市等。

③ 分布式内存/OLAP Cube Hyperbase 可将数据集市及 OLAP Cube 数据加载到分布式内存节点，为即时查询、多维统计分析等应用提供快速访问服务。应用系统可通过 SQL 引擎、基于 JDBC/ODBC 标准接口访问分布式内存/OLAP Cube。

④ 分布式全文检索库（Elastic Search，ES） 存储 ES 索引引擎生成的全文索引数据，并为全文检索查询应用提供 HTTP/JSON、API 访问接口。

2.2.3 并行计算

2.2.3.1 并行计算概念

并行计算（Parallel Computing）又称平行计算，是相对串行计算的一个概念，将一个应用分解成多个子任务，多个任务同时进行计算，从而达到加快求解问题的速度，或扩大求解问题的规模。并行计算可分为时间并行和空间并行。时间并行即利用多条流水线同时作业；空间并行是使用多个处理器执行并发计算，以减少解决复杂问题所需要的时间。并行计算能快速解决大型且复杂的计算问题，此外还能利用非本地资源，节约成本，使用多个"廉价"计算资源取代大型计算机，同时克服单个计算机上存在的存储器限制。并行计算原理示意见图 2.52。

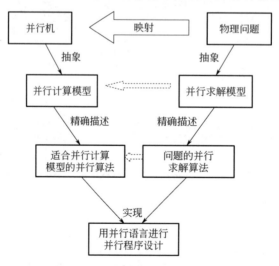

图 2.52 并行计算原理示意图

并行计算的特点有三个：将工作分离成离散部分，有助于同时解决；随时并及时地执行多个程序指令；多计算资源下解决问题的耗时要少于单个计算资源下的耗时。

由此，为了成功开展并行计算，必须具备并行机、应用问题具有并行度、并行编程三个基本条件。

2.2.3.2 并行计算与串行计算比较

并行计算和串行计算对比如图 2.53 所示。

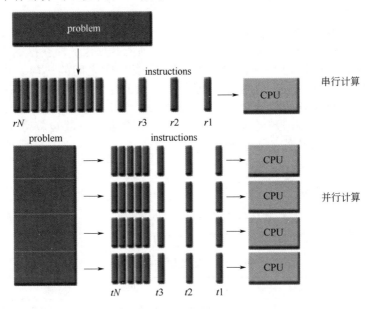

图 2.53 并行计算和串行计算对比

并行计算和串行计算既有区别也有联系,具体区别和联系如表 2.12 所示。

表 2.12 并行计算和串行计算对比

项目		并行计算	串行计算
相同点	① 都是运用并行来获得更高性能计算,把大任务分为 N 个小任务; ② 都属于高性能计算的范畴; ③ 主要目的都是对大数据分析与处理		
不同点	时效性	强调	不强调
	独立性	弱,小任务计算结果决定最终计算结果	强,小任务计算结果一般不影响最终结果
	任务包之间关系	关系密切	相互独立
	每个节点任务	必要,并且时间同步	非必要,时间没有限制
	节点通信	必须	非必须,甚至可以无网络

2.2.4 负载均衡

2.2.4.1 负载均衡概念

单台服务器处理数据的能力是有限的,请求数量过多,服务器效率会降低,处理速度会变慢,响应时间会变长,更为严重的是,如果请求数量超过了这台服务器所能处理的最大请求,服务器就会崩溃,直接导致系统瘫痪。在这种情况下,可以使用服务器集群来提高系统的整体性能。在服务器集群中，需要一台服务器充当调度者的角色，用户的所有请求都会首先由它接收，调度者再根据每台服务器的负载情况将请求分配给某一台后端服务器去处理。调度者如何合理分配任务，保证所有后端服务器都将性能充分发挥，从而保持服务器集群的整体性能最优，这就是负载均衡问题。

负载均衡（Load Balance）是指将负载（工作任务）进行平衡，将负载（工作任务）分摊到多个操作单元上运行，促使多台设备共同完成某一项或多项任务，获得更快的效果。

在分布式系统中，业务流程的执行会涉及多个服务实例之间的协同工作。为了提高系统的整体效率和吞吐量，必须最大程度地发挥每个节点的作用，而负载均衡就是保证系统运行效率的关键技术。负载均衡包含两方面的含义：大量的并发访问或数据流量分担到多台节点设备上分别处理，减少用户等待响应的时间；单个重负载的运算分担到多台节点设备上做并行处理，每个节点设备处理结束后，将结果汇总，返回给用户，系统处理能力得到大幅度提高。

2.2.4.2 负载均衡的优势

负载均衡可提高业务性能、可靠性和有效避免业务中断。通过负载均衡技术也可发挥服务器集群的优势。负载均衡具有的优势，如表2.13所示。

表2.13 负载均衡的优势

序号	名称	优势
1	高性能	负载均衡技术使业务较均衡地分配到多台设备或链路上，提高了整个系统的性能
2	可扩展性	负载均衡技术可以方便地增加集群中设备或链路的数量，在不降低业务质量的前提下满足不断增长的业务需求
3	高可靠性	单个甚至多个设备或链路故障也不会导致业务中断，提高了整个系统的可靠性
4	可管理性	大量的管理都集中在使用负载均衡技术的设备上，设备集群或链路集群只需要通过配置即可维护
5	透明性	对用户而言，集群等于一个或多个高可靠性、高性能的设备或链路，用户感知不到，也不关心具体的网络结构，增加或减少设备或链路数量都不会影响正常的业务

2.2.4.3 负载均衡的技术分类

负载均衡技术根据组网环境不同，分为服务器负载均衡、链路负载均衡和防火墙负载均衡等。

（1）服务器负载均衡

在数据中心等组网环境中，可以采用服务器负载均衡，将网络服务分配给多台服务器进行处理，提高数据中心的业务处理能力。多台服务器通过网络设备相连组成一个服务器集群，每台服务器都提供相同或相似的网络服务。其部署方式为：前端部署一台负载均衡设备，负责根据已配置均衡策略在服务器集群中分发用户请求，为用户提供服务，并对服务器可用性进行维护。具有低成本、高可扩展性、高可靠性等特点。

（2）链路负载均衡

在有多个运营商接口的组网环境中，可以采用出方向多链路动态负载均衡，实现链路的动态选择，提高服务的可靠性。链路负载均衡可以分为出口链路负载均衡和入口链路负载均衡，支持多种算法。不过，一般的链路负载均衡主要是控制入向的。在拥有多个默认的网关时，出口链路负载均衡（Outbound LLB）优化了链路的利用，其基本功能是把数据流分发到多个上游路由器，可以对基于 TCP 和 UDP 协议的数据流量进行链路负载均衡处理，并且能对基于 IP 协议或 IPsec、GRE 等高级协议的数据包进行链路负载均衡。入口链路负载平衡（Inbound LLB）为客户访问内部服务提供负载均衡，通过各个 ISP 提供的 IP 地址，外部的客户可访问内部服务。

（3）防火墙负载均衡

在防火墙处理能力成为瓶颈的组网环境中，可以采用防火墙负载均衡，将网络流量分给多台防火墙设备，提高处理能力。在防火墙负载均衡时，一般将网关设备等同于服务器，组建网关集群，将多个网关设备并联到网络中，从而形成集群处理能力，提高网络处理能力。防火墙负载均衡与服务器负载均衡的配置相似，防火墙负载均衡的配置可以基本参照服务器负载均衡的配置。

2.2.4.4　负载均衡实现的方式

（1）基于 HTTP 重定向实现负载均衡

当用户向服务器发起请求时，请求首先被集群调度者截获，调度者根据某种分配策略，选择一台服务器，并将选中服务器的 IP 地址封装在 HTTP 响应消息头部的 Location 字段中，将响应消息的状态码设为 302，最后将这个响应消息返回给浏览器。浏览器收到响应消息后，解析 Location 字段，并向该 URL 发起请求，然后指定的服务器处理该用户的请求，最后将结果返回给用户。HTTP 重定向负载均衡原理如图 2.54 所示。

调度服务器收到用户的请求后，究竟选择哪台后端服务器处理请求，由调度服务器所使用的调度策略决定。调度策略一般有两种：随机分配策略、轮询策略。轮询策略需要调度者维护一个值，用于记录上次分配的服务器 IP，因此需要额外的开销；此外，由于这个值属于互斥资源，那么当多个请求同时到来时，为了避免线程出现安全问题，需要锁定互斥资源，从而降低了性能。而随机分配策略不需要维护额外的值，也就不存在线程安全问题，因此性能比轮询策略要高。

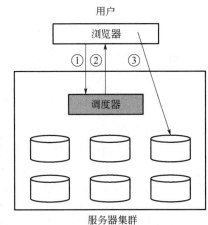

图 2.54　HTTP 重定向负载均衡原理

采用 HTTP 重定向来实现服务器集群的负载均衡逻辑比较简单，也比较容易，但缺点也较明显：在 HTTP 重定向方法中，调度服务器只在客户端第一次向网站发起请求的时候起作用。当调度服务器向浏览器返回响应信息后，客户端此后的操作都基于新的 URL（也就是后端服务器）进行，此后浏览器就不会与调度服务器产生关系，会产生问题。

（2）基于 DNS 的负载均衡

在了解 DNS 负载均衡之前，首先了解 DNS 域名解析的过程。我们在访问网站的时候，并不是输入 IP 地址来访问网站,而是通过域名来访问网站。通过域名访问网站之前,首先需要将域名解析成 IP 地址,这个工作是由 DNS 完成的,也就是域名服务器,它会帮我们把域名解析成 IP 地址并返给我们,我们收到 IP 之后才会向该 IP 发起请求。如果一个域名指向了多个 IP 地址,则需要设置一下调度策略,接下来的负载均衡即可由 DNS 服务器来实现。DNS 负载均衡原理如图 2.55 所示。

当用户向我们的域名发起请求时,DNS 服务器会自动地根据事先设定好的调度策略选一个合适的 IP 返回给用户,用户再向该 IP 发起请求。一般 DNS 提供商会提供一些调度策略供我们选择,如随机分配、轮询、根据请求者的地域分配离他最近的服务器。由于国内的两大运营商之间网络访问延迟,还可以根据不同的网络服务商地址来指定访问服务器。

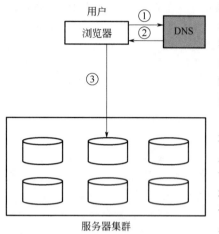

图 2.55 DNS 负载均衡原理

DNS 负载均衡最大的优点就是配置简单、具有较强的可扩展性。但是,由于把集群调度权交给了 DNS 服务器,我们无法随心所欲地控制调度者,没办法定制调度策略。DNS 服务器也没办法了解每台服务器的负载情况,因此没办法实现真正意义上的负载均衡。此外,当发现某一台后端服务器发生故障时,即使立即将该服务器从域名解析中去除,但由于 DNS 服务器会有缓存,该 IP 仍然会在 DNS 中保留一段时间,那么就会导致一部分用户无法正常访问网站,对于这样的问题,可以用动态 DNS 来解决。动态 DNS 能够通过程序动态修改 DNS 服务器中的域名解析。当监控程序发现某台服务器停止工作时,即能立即通知 DNS 将其删掉。

(3)基于反向代理的负载均衡

反向代理服务器是一个位于实际服务器之前的服务器,所有发来的服务请求都首先要经过反向代理服务器,服务器根据用户的请求或者直接将结果返回给用户,或者将请求交给后端服务器处理,再返回给用户。反向代理负载均衡原理如图 2.56 所示。

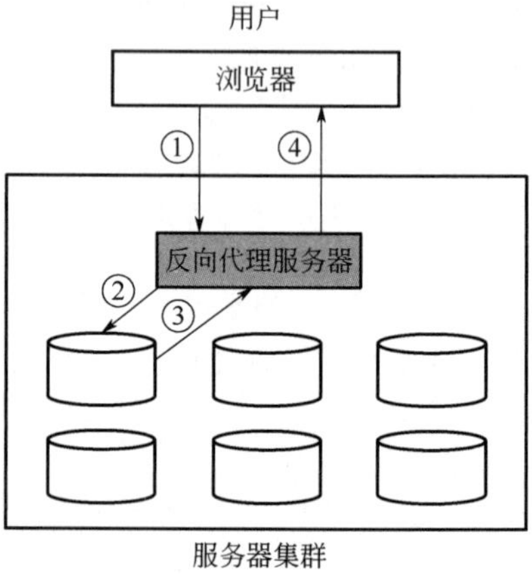

所有发送给我们网站的请求都首先经过反向代理服务器。那么,反向代理服务器就可以充当服务器集群的调度者,它可以根据当前后端服务器的负载情况,将请求转发给一台合适的服务器,并将处理结果返回给用户。

基于反向代理的负载均衡具有隐藏后端服务器、快速移除故障、合理分配任务等优点,但也存在调度者压力过大、制约扩展等缺点。

图 2.56 反向代理负载均衡原理

2.2.4.5 负载均衡组件

负载均衡在实际过程中是通过使用负载均衡的组件来实现的,负载均衡组件大致如表 2.14 所示。

表 2.14 负载均衡组件

序号	组件名称	说明
1	Apache	老牌的 Web 服务器。Apache 软件基金会的一个开放源代码的、跨平台的网页服务器,支持基于 IP 或域名的虚拟主机,支持代理服务器,支持安全 Socket 层(SSL)等,目前互联网主要用它作静态资源服务器,也可以作代理服务器转发请求,结合 tomcat 等 servlet 容器处理 jsp
2	Ngnix	俄罗斯人开发的一个高性能的 HTTP 和反向代理服务器,具有超越 Apache 的高性能和稳定性
3	LVS	Linux Virtual Server 的简写,是一个虚拟的服务器集群系统,可以实现 Linux 平台下的简单负载均衡
4	HAProxy	提供高可用性、负载均衡以及基于 TCP 和 HTTP 应用的代理,支持虚拟主机,是免费、快速并且可靠的解决方案。HAProxy 运行在当前的硬件上,完全可以支持数以万计的并发连接,并且它的运行模式使其可以很简单安全地被整合进架构中,同时可以保护 Web 服务器不被暴露到网络上
5	keepalived	可以实现 Web 服务器的高可用性,可以检测 Web 服务器的工作状态,如果该服务器出现故障被检测到,将其剔除服务器群,直至正常工作后,keepalive 会自动检测并加入到服务器群里面,实现主备服务器发生故障时 ip 瞬时无缝交接
6	memcached	是一个高性能分布式内存对象缓存系统。用于查询业务数据缓存,减轻数据库的负载
7	terracotta	由美国 Terracotta 公司开发的著名开源 Java 集群平台。它是在 JVM 与 Java 应用之间实现一个专门处理集群功能的抽象层,允许用户在不改变系统代码的情况下实现 java 应用的集群。支持数据的持久化、session 的复制以及高可用

2.2.4.6 负载均衡的算法

负载均衡算法可以分为两类:静态负载均衡算法和动态负载均衡算法。静态负载均衡算法包括:轮询、比率、优先权。动态负载均衡算法包括:最少连接数、最快响应速度、观察方法、预测法、动态性能分配、动态服务器补充、服务质量、服务类型、规则模式。

2.3 云计算

2.3.1 云计算概念

云计算(Cloud Computing)又称为网格计算,是分布式计算的一种,是指通过网络"云"将巨大的数据计算处理程序分解成无数个小程序,然后由多部服务器组成的系统处理和分析这些小程序,得到结果并返给用户。如果可以使用在线账户从其他设备访问信息和数据,那么使用的便是云计算服务。

云计算早期就是简单的分布式计算,解决任务分发,并进行计算结果的合并。通过这项技术,可以在很短的时间(几秒)内完成对数以万计的数据的处理,从而达到强大的计算服务。

2.2 节已详细介绍了虚拟化技术、分布式存储、并行计算和负载调度等技术,它们可以看作是云的关键技术,但并非云所独有,是技术发展到一定进程的技术探索与实践。比如:云计算和虚拟化没有必然的联系,实现云计算可以不需要虚拟化,但是目前的云,无论是阿里云还是华为云,要提高资源的利用效率和方便管理,还是需要用虚拟化来实现的。尽管如此,需要强调的是,虚拟化技术只是实现云计算的一种方式而已。

目前云计算越来越普及,行业门槛降低,云计算主要经历了四个阶段才发展到现在这样比较成熟的水平,这四个阶段依次是电厂模式、效用计算、网云计算和云计算。

2.3.2 云计算架构

由于云计算分为 IaaS、PaaS 和 SaaS 三种类型,不同的厂商又提供了不同的解决方案,目前还没有一个统一的云计算技术体系架构。我们试图找到一个云计算厂商比较通用的架构,以下是笔者基于对云计算原理的理解,构造的一个供参考的云计算体系结构。

云计算推荐架构由 5 部分组成,分别为应用层、平台层、资源层、用户访问层和管理层。云计算的本质是通过网络提供服务,所以其体系结构以服务为核心。云计算架构如图 2.57 所示。

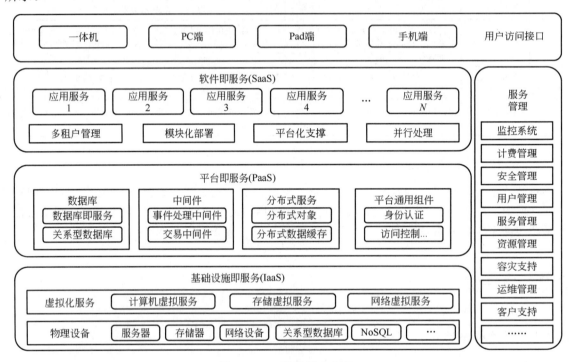

图 2.57 云计算推荐架构

云架构分为服务、管理和用户访问层三大部分,如图 2.58 所示。

（1）在服务方面

主要提供用户基于云的各种服务,共包含三个层次：软件即服务,这层的作用是将应用以基于 Web 的方式提供给客户；平台即服务,这层的作用是将一个应用的开发和部署平台作为服务提供给用户；基础设施即服务,这层的作用是将各种底层的计算（比如虚拟机）和存储等资源作为服务提供给用户。

云服务分类如图 2.59 所示。

为更直观地分辨出云架构的三种形态和传统架构的区别,进行图 2.60 所示的云架构比较。

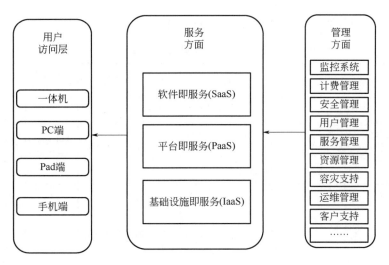

图 2.58　云架构三分法

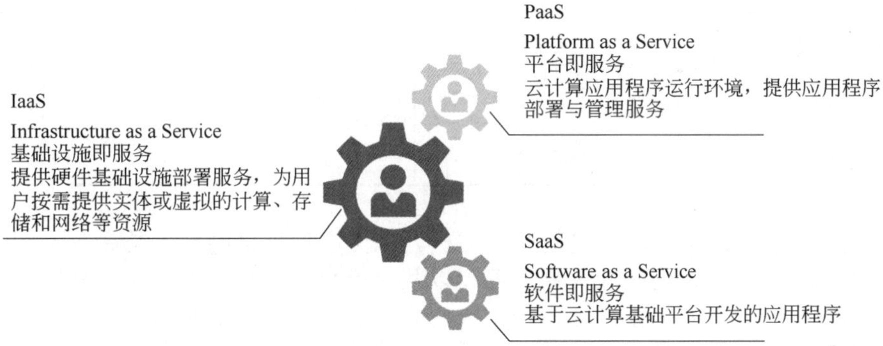

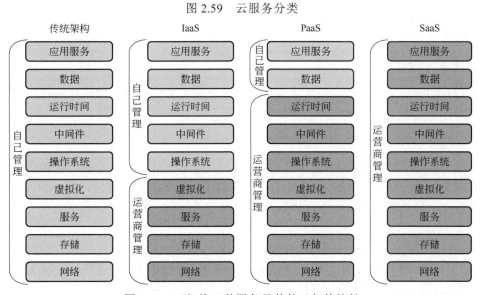

图 2.59　云服务分类

图 2.60　云架构三种服务及传统云架构比较

第 2 章　工业互联网核心技术

表 2.15 所示为云计算三种服务（IaaS、SaaS、PaaS）的具体比较。

表 2.15 云计算服务比较表

服务类型	特征	关键技术	优点	缺点和风险	不应该使用的场合	主要产品
基础设施即服务（IaaS）	常常独立于平台；分担基础设施成本，因此会降低成本；服务水平协议（SLA）；按使用量付费；自动伸缩	数据中心管理技术、虚拟化技术等	避免在硬件和人力资源方面花费资产费用；降低 ROI 风险；降低进入门槛；简化和自动化伸缩过程	企业效率和生产力很大程度上取决于厂商的能力；可能会增加长期成本；集中化需要新的、不同的安全措施	资产预算大于运营预算时	VMware vSphere 和 VMware Server，后者为免费版本，性能不如 vSphere
平台即服务（PaaS）	消费云基础设施；能够满足敏捷的项目管理方法	海量数据处理技术、资源管理与调度技术等	简化的版本部署	集中化需要新的、不同的安全措施	无	框架类服务：Tomcat、Websphere、Node.js、Ruby on Rails、Ruby on Rack；中间件服务：数据库（MySQL、mongoDB、Redis）、消息队列（RabbitMQ）、缓存（Memcache）
软件即服务（SaaS）	SLA；由"瘦客户机"应用程序提供 UI；云组件；通过 API 进行通信；无状态；松散耦合；模块化；语义性互操作能力	Web 服务技术、互联网应用开发技术等	避免在软件和开发资源方面花费资产费用；降低 ROI 风险；简化和迭代式的更新	数据的集中化需要新的、不同的安全措施	无	VMware ThinApp、VMware Workstation、VMware Fusion、Zimbra、VMware Player、VMware 移动虚拟平台（MVP）及 VMware ACE

从用户角度而言，这三层服务之间是独立的，因为它们提供的服务是完全不同的，而且面对的用户也不尽相同。它们之间的关系主要可以从两个角度进行分析：其一是用户体验角度，从这个角度而言，它们之间关系是独立的，因为它们面对不同类型的用户；其二是技术角度，从这个角度而言，它们并不是简单的继承关系（SaaS 基于 PaaS，而 PaaS 基于 IaaS），因为首先 SaaS 可以基于 PaaS 或者直接部署 IaaS 之上，其次 PaaS 可以构建于 IaaS 之上，也可以直接构建在物理资源之上。

（2）在管理方面

主要以云的管理层为主，功能是确保整个云计算中心能够安全和稳定地运行，并且能够被有效地管理。

（3）用户访问层

用户端与云端交互操作的入口，可以完成用户或服务注册、对服务的定制和使用。用户端可以是一体机、PC 端、Pad 端或手机端。用户交互接口向应用提供访问接口，获取用户需求。平台负责提供、管理和分配所有的可用资源，其核心是负载均衡。

2.3.3 云计算技术特点

① 超大规模　大多数云计算中心都具有超大规模,其通过整合和管理数目庞大的计算机集群来提供用户超强的、根据需要随时拓展的计算能力和存储能力。

② 抽象化　云计算支持用户获取应用服务，所请求的资源都来自云，而不是固定的有形的实体，即用户无需了解和关心应用实际运行的具体位置，虽然事实上应用是在云计算中心某处运行，而这些对用户而言却没有价值。

③ 高可靠性　云计算中心在软硬件层面采取数据多副本容错、心跳检测和计算节点同构可互换等措施来保障服务的高可靠性，同时在设施层面上采取冗余设计来进一步确保服务的可靠性，如在能源、制冷和网络连接等方面增强可靠性。

④ 通用性　云计算中心不是为某个特殊应用存在，而是可以有效支持大多数的业界主流应用的。云计算可以支撑数量众多、类型各异的应用同时运行，并保证这些服务高质量运行，很少为某个特定的应用存在。

⑤ 高扩展性　用户可以根据其应用的需要进行自由调整和动态伸缩所使用云资源（服务器、存储和网络等），云计算的高扩展性可以满足用户各类应用以及业务大规模增长的需要。

⑥ 按需服务　云是一个资源池，用户可以根据需要按需购买资源，并无需任何软硬件和设施等方面的前期投入。

⑦ 廉价　这是从总成本角度说的。首先，云计算中心本身规模巨大，会带来经济性和资源利用率的提升；其次，云资源大都采用廉价和通用的服务节点来构建，因此用户可以充分享受云计算所带来的低成本优势；最后，云运维方面采用统一运维和自动化运维方式，运维人员可以更为专业，运维成本更低，由于采用统一管理可以大大减少运维人员的投入。

⑧ 自动化　云中不论是应用、服务和资源的部署，还是软硬件的管理，都主要通过自动化的方式来执行和管理，从而极大地降低整个云计算中心庞大的人力成本。

⑨ 节能环保　云计算技术能将许许多多分散在低利用率服务器上的工作负载整合到云中，提升资源的使用效率，而且云由专业管理团队运维，所以其 PUE（Power Usage Effectiveness，电源使用效率值，PUE=数据中心总设备能耗/IT设备能耗）比普通企业的数据中心更为出色。云计算还能将云建设在水电厂、低温等洁净资源旁边，这样既节省能源开支，又保护了环境。

⑩ 完善的运维机制　云计算可以用专业的团队来帮用户管理信息，由分布式数据中心来帮用户保存数据。同时，严格的权限管理策略又可以保证这些数据的安全。这样，用户无需花费大成本即享受到更好的专业服务。

正是由于这些特点，云计算可以脱颖而出，被大多数业界人员所推崇。

2.3.4　云计算类别

虽然从技术或者架构角度看，云计算都是比较单一的，但是在实际情况下，为了适应用户不同的需求，它会演变为不同的模式，这种模式主要是从运营和使用对象的角度划分的，分别是：公有云、私有云、混合云。

云计算分类中公有云、私有云和混合云在技术上并没有本质的不同，只是运营和使用对象有区别。公有云即企业使用其他单位运营的云平台服务；私有云即企业自己运营并使用的云平台服务；混合云是介于前两者之间，内部云和外部云的混合。云计算分类如图 2.61 所示。

下面我们将从每种模式的概念、构建方式、优势、不足之处及其对未来的展望等方面进行具体对比，如表 2.16 所示。

图 2.61　云计算分类

表 2.16　云计算类别对比

序号	对比项	公有云	私有云	混合云
1	概念	公有云是一种对公众开放的云服务，能支持数目庞大的请求，而且因为规模的优势，其成本偏低，是现在最主流的云计算模式。公有云由云供应商运行，为最终用户提供各种各样的IT资源。云供应商负责应用程序、软件运行环境、物理基础设施等IT资源的安全、管理、部署和维护	私有云主要为企业内部提供云服务，不对公众开放，在企业的防火墙内工作，并且企业IT人员能对其数据、安全性和服务质量进行有效的控制。与传统的企业数据中心相比，私有云可以支持动态灵活的基础设施，降低IT架构的复杂度，使各种IT资源得以整合和标准化	混合云是把公有云和私有云结合到一起的方式，即它是让用户在私有云的私密性和公有云成本低廉之间做一定权衡的模式。比如，企业可以将非关键的应用部署到公有云上来降低成本，而将安全性要求很高、非常关键的核心应用部署到完全私密的私有云上
2	代表	国际上主要的公有云服务，包括Amazon的AWS、微软的Windows Azure Platform、Google的Google Apps与Google App Engine等，国内的阿里云、腾讯云、华为云和电信云等	政府部门目前一般采用私有云；大型企业也倾向于私有云	Amazon VPC（Virtual Private Cloud，虚拟私有云）和VMware vCloud
3	优势	规模大、价格低廉、灵活、功能全面	数据安全；服务质量（SLA）应该会非常稳定，不会受到远程网络偶然发生异常的影响；充分利用现有硬件资源；不影响现有IT管理的流程	通过使用混合云，企业可以享受接近私有云的私密性和接近公有云的成本，并且能快速接入大量位于公有云的计算能力，以备不时之需
4	劣势	虽然在安全技术方面，公有云有很好的支持，但是由于其存储数据的地方并不在企业本地，所以企业会不可避免地担忧数据的安全性	成本开支高。因为建立私用云需要很高的初始成本，特别是如果需要购买大厂家的解决方案时更是如此；其次，由于需要在企业内部维护专业的云计算团队，所以其持续运营成本也同样偏高	现在可供选择的混合云产品较少，而且在私密性方面不如私有云好，在成本方面也不如公有云低，并且操作起来较复杂
5	未来展望	云计算主流模式。但是在短期之内，因为信任和遗留等方面的不足会降低公有云对企业的吸引力，特别是大型企业	在将来很长一段时间内，私有云将成为大中型企业最认可的云模式，而且将极大地增强企业内部的IT能力，并使整个IT服务围绕着业务展开，从而更好地为业务服务	混合云比较适合那些想尝试云计算的企业和面对突发流量但不愿将企业IT业务都迁移至公有云的企业。混合云会有一定的市场空间

2.3.5 云计算核心技术

2.2 节已介绍了云计算的一些核心技术,如虚拟化技术、分布式存储、并行计算和负载调度等,本章对其他的技术也做一个介绍,如表 2.17 所示。

表 2.17 云计算一些其他核心技术

序号	核心技术	内容	代表产品
1	编程模式	MapReduce 是当前云计算主流并行编程模式之一。MapReduce 模式将任务自动分成多个子任务,通过 Map 和 Reduce 两步实现任务在大规模计算节点中的分配	MapReduce
2	大规模数据管理	云计算不仅要保证数据的存储和访问,还要能够对海量数据进行特定的检索和分析。由于云计算需要对海量的分布式数据进行处理、分析,因此数据管理技术必须能够高效地管理大量的数据	Google 的 BT(BigTable)数据管理技术和 Hadoop 团队开发的开源数据管理模块 HBase 是业界比较典型的大规模数据管理技术
3	分布式资源管理	资源管理包括负载均衡、资源监控、故障检测等。在多节点的并发执行环境中,各个节点的状态需要同步,并且在单个节点出现故障时,系统需要有效的机制保证其他节点不受影响	Google 内部使用的 Borg,另外,微软、IBM、Oracle/Sun 等云计算巨头都有相应解决方案提出
4	信息安全	在云计算体系中,安全涉及很多层面,包括网络安全、服务器安全、软件安全、系统安全等。具体的安全措施包括访问鉴权、身份验证、访问授权、日志审计、综合防护等	包括传统杀毒软件厂商、软硬防火墙厂商、IDS/IPS 厂商在内的各个层面的安全供应商都已加入到云安全领域
5	云计算平台管理	云计算系统的平台管理技术,需要具有高效调配大量服务器资源,使其更好协同工作的能力。其中,方便部署和开通新业务、快速发现并且恢复系统故障、通过自动化、智能化手段实现大规模系统可靠的运营是云计算平台管理技术的关键	包括 Google、IBM、微软、Oracle/Sun 等在内的许多厂商都有云计算平台管理方案推出
6	绿色节能技术	云计算具有巨大的规模经济效益,在提高资源利用效率的同时,节省了大量能源。绿色节能技术已经成为云计算必不可少的技术,未来越来越多的节能技术还会被引入云计算中来	

2.3.6 云计算的功能

云计算是一种新兴的共享基础架构的方法,将所有的计算资源集中起来,并由软件实现自动管理,无需人为参与。这使得企业无需为繁琐的细节而烦恼,能够更加专注于自己的业务,有利于业务与应用创新。云计算通常为一些大型服务器集群,包括计算服务器、存储服务器、网络资源等,它可以将巨大的系统连接在一起作为资源池来提供各种 IT 服务。云计算具体的功能如表 2.18 所示。

表 2.18 云计算功能

序号	功能	内容
1	强大的计算能力	云计算提供超强的计算能力给软件商,软件商只需要考虑应用程序而不用担心服务器运算能力,数据资源可以提交给云计算,利用云计算庞大资源和计算能力可以在最短的时间提供巨量负载的数据

续表

序号	功能	内容
2	资源分配优化	云计算的服务商往往拥有强大的网络优化与服务器资源优化能力，可以将有限的硬件资源优化到极限。云计算厂商的服务器配置并不高，却可以支撑极大的负载，他们的服务器资源优化能力超强。SaaS 用户租用云计算专业的硬件资源来运行应用服务，则可在同样的硬件运算资源基础上支持更多的用户访问
3	动态负载均衡	云计算具有强大的动态负载均衡能力，平时可以分配普通的资源，当并发用户猛增时，云计算可以动态、自动分配更多的资源和带宽以进行负载均衡，一旦事件过后，流量会迅速降低。这样既保障 SaaS 可以有效地在不同的负荷下工作，又避免大量购买资源形成巨大浪费
4	数据安全可靠	遇到黑客或病毒等攻击情况，在非云的情况下，软件开发商必须组织安全人员并付出额外的成本来进行安全防御，如购买防毒、杀毒软件、防火墙等，配备网络安全工程师来预防软件数据或者网络被攻击。实施云计算后，SaaS 供应商就可以依托云计算提供商的安全服务而无需再支付安全方面的成本。同时云计算提供商具有规模和专业的优势，专业的安全团队负责更具专业的网络安全管理，企业用户和 SaaS 供应商都可以高枕无忧了

2.4 工业大数据

工业互联网以数字化为基础，以网络化为支撑，以智能化为目标。通过物联网技术对工业制造过程中的人、物、环境和过程实施对象数字化，以数据为生产要素，通过网络实现数据的价值流动，以数据的智能分析为基础，实现智能控制和智能决策，保障工业过程智能优化和智能化运营，以创造经济价值和社会价值。

我们可以从三个方面来理解工业大数据：数据是工业的第五生产要素；数据是工业发展的动力源泉；数据是工业数字化转型的引擎。

2.4.1 工业大数据概念

工业大数据是指在工业领域中，围绕典型智能制造模式，从客户需求到销售、订单、计划、研发、设计、工艺、制造、采购、供应、库存、发货和交付、售后服务、运维、报废或回收再制造等整个产品全生命周期各个环节所产生的各类数据及相关技术和应用的总称。

从定义中可以看出，工业大数据是贯穿工业全生命周期的，即需求—供给—售后服务的全过程。在工业大数据的所有环节中，工业大数据以产品数据为核心，除围绕需求—产品—供给的数据之外，还包括工业大数据相关技术和应用。

我们可以归纳工业大数据的范围，即工业领域产品和服务全生命周期的数据，包括数据生产、数据收集、数据存储、数据治理、数据服务、数据安全，甚至是工业互联网平台中的数据。其典型架构如图 2.62 所示，数据架构各层级内容如表 2.19 所示。

2.4.2 工业大数据的来源

工业数据是指在工业领域信息化、智能化和外部联系等过程中产生的数据。工业大数据是基于工业数据的，运用先进大数据技术，贯穿于工业设计、工艺、生产、管理、服务等各个环节，运用大数据系统实现具体描述、诊断、预测、决策、控制等智能化功能的模式和结果。工业数据从来源上主要分为信息管理系统数据、机器设备数据和外部数据。工业大数据的数据来源如表 2.20 所示。

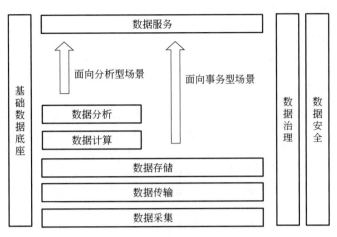

图 2.62　数据架构图

表 2.19　数据架构各层级内容

序号	数据层级	层级内容
1	基础数据	工业企业数据生产，包括设备数据（设备、传感器数据等）、生产数据（ERP、MES、PLM 数据等）和外部信息数据（供应链数据等）
2	数据采集	包含数据同步复制工具、消息中间件和数据传输服务，采集层具有实时性高及吞吐量大等典型特征
3	数据存储	包含 OLTP、OLAP、HTAP 存储引擎，湖仓一体异构数据融合存储，图数据库等类别，满足异构、海量、多类型数据存储要求
4	数据计算	包括图计算、数据可信计算、混合事务分析处理、流批数据融合计算和 HTAP 融合计算等内容，支持实时计算、批量计算等不同的业务场景算力要求
5	数据分析	采用数据分析引擎，通过合理的分析算法进行大数据关联分析和数据挖掘，或根据数据分析计算得到结果
6	数据服务	包括数据服务、能力服务和工具服务等，并通过服务编排支撑业务侧业务数据存取、详单查询、实时数据分析计算、批量数据分析计算、全文检索和数据挖掘等典型应用场景
7	数据治理	以元数据为基础，将数据标准、数据质量、数据集成、主数据、数据资产、数据交换、生命周期、数据安全等方面的产品集成至整个服务环境中
8	数据安全	提供数据加密、脱敏、模糊化处理、账号监控等各种数据安全策略，确保数据在使用过程中有恰当的认证、授权、访问和审计等措施

表 2.20　工业大数据的数据来源

序号	数据来源	描述
1	信息管理系统数据	即生产经营相关数据，如 ERP、MES、CAD、PDM、CRM 和 PLM 数据等，而且这些系统自 20 世纪 60 年代已开始被企业广泛使用了
2	机器设备数据	即机器设备数据或工况数据，是来源于工业生产设备、机器、产品等的数据，多由传感器、智能设备、仪器仪表等采集产生。这些数据通过物联网收集，又可以称为工业互联网数据，其构成了工业大数据的主体
3	外部数据	是指与外部联系的数据，主要包括来自供应链、市场、客户、物流等与生产、产品相关的外部数据，以及来自环境、政府等外部环境的信息和数据。这些数据多为跨领域的数据，分为公开数据和非公开数据

2.4.3 工业大数据的数据类型

工业大数据来源多样、异构,实际上其数据本身也是各式各样的。从数据特征来看,工业大数据可以分为结构化、半结构化或非结构化等类型。

2.4.3.1 结构化数据

结构化数据也称作行数据,是可以用二维表结构来逻辑表达和实现的数据,严格地遵循数据格式与长度规范,主要通过关系型数据库进行存储和管理,可以通过固有键值获取相应信息,且数据的格式固定。结构化数据便于输入、存储、查询和分析。结构化数据特点为:

① 结构化数据可以使用关系型数据库表示和存储,表现为二维形式的数据。
② 数据格式固定。结构化数据适合放在格式整齐的表格中,存储与排列是有规律的,因此相对容易管理和处理。
③ 数据以行为单位,一行数据表示一个实体的信息,每一行数据的属性是相同的,如设备设计参数、设备性能参数、设备供应商参数、MES 系统、CRM 系统、企业 ERP、财务系统和物料清单等。

举个结构化数据例子如表 2.21 所示。

表 2.21 结构化数据举例

id	name	age	gender
1	zhangsan	15	male
2	lisi	18	female
3	wangerma	16	male

2.4.3.2 非结构化数据

非结构化数据是数据结构不规则或不完整,没有预定义的数据模型,不方便用数据库二维逻辑表来表现的数据,不能通过关系数据库进行管理。非结构化数据包括所有格式的文档、文本、图片、HTML、各类报表、图像资料、音频资料和视频资料等数据。工业制造领域的非结构化数据有工业规程、生产流程、产品图片、现场图片、监控视频等。

非结构化数据格式多样,标准也是多样的,具有海量、分散、多样、异构的特点,在技术上非结构化信息比结构化信息更难标准化。所以,存储、检索、发布以及利用非结构化数据时需要更加智能化的 IT 技术,比如海量存储、智能检索、知识挖掘、内容保护、信息的增值开发利用等。

非结构化数据管理难,不仅因为其数量多、分散性高,还在于用户对非结构化数据的需求是多层次的。非结构化数据仅仅依靠数据分析技术难以解决问题,必须将计算机视觉、NLP、知识图谱等技术融入其中,借助深度学习等人工智能技术实现数据治理,进而实现知识复用与智能搜索。

非结构化数据特点如表 2.22 所示。

表 2.22 非结构化数据特点

序号	特点	内容
1	海量	在数据爆炸式增长的当下,企业中 80% 的数据都是非结构化数据,且每年都按 60% 增长。非结构化数据成为数据驱动型组织数据的增长主力。传统的非结构化数据管理的内容对象、元数据与索引是分离存储和独立管理的,难以同时灵活横向扩展,加剧海量非结构化数据的管理复杂性

续表

序号	特点	内容
2	分散	业务数据孤岛、知识数据孤岛、桌面数据孤岛使得文档数据分散存储,无法统一管理,难以快速准确地搜索,业务系统重建数据难以整合
3	非规	非结构化数据收集和使用合规体系及监管体系不完善,数据安全面临挑战,难以保障内容安全合规。非结构化数据内容泄密风险始终高居不下,同时内容审查对许多组织来说也是很大的挑战
4	多样	非结构化数据分散于多渠道、数据种类多样、数据量大、长期保存难、使用率低。对于非结构化数据而言,形式多样且关系复杂,基于常规单一算法技术很难识别、分析
5	异构	非结构化数据结构形式复杂,实体和关系分离,建立非结构化数据知识图谱体系以进一步挖掘深层次价值面临巨大挑战
6	低效	非结构化数据业务涉及数据繁杂,整理困难,耗时耗力,缺乏自动化能力,效率低,成本高

非结构化数据在组织业务的过程中无处不在,承担了业务数据留存以及再利用的主要责任。其应用场景与价值主要体现在以下层面:业务过程数据的承载;工作成果的承载;业务规则的承载与留痕;组织显性知识的主要载体。

2.4.3.3 半结构化数据

半结构化数据是结构化数据的一种,其格式不符合关系数据库或其他形式数据表关联的数据模型结构标准,但包含用于分隔语义要素的标记以及对记录和字段进行分层的其他记号,并且数据中明确了记录和字段层次结构,也被称为自描述的结构。简单说,就是非关系模型的、有基本固定结构模式的数据,例如日志文件、XML 文档、JSON 文档、Email 等。

半结构化数据来源主要有 3 个:在对存储数据无严格模式限制的情形下,常见的有 HTML、XML、SGML 文件;在电子邮件、电子商务、文件检索等中,存在大量的结构和内容不固定的数据;异构信息源集成情形下,信息源上的互操作要存取的信息源范围很广,包括各类数据库、知识库、电子图书和文件系统等。

半结构化数据是自描述的、"无模式"的。它携带了关于其模式的信息,并且模式可以随时间在单一数据库内任意改变。这种灵活性可能使查询处理更加困难,但它给用户提供了显著的优势。半结构化数据中结构模式附着或相融于数据本身,数据自身就描述了其相应结构模式,具有特征如表 2.23 所示。

表 2.23 半结构化数据特征

序号	特征	内容
1	数据结构自描述性	半结构化数据的结构与数据是相互交融的,在实际研究和应用中不需要区分元数据和一般数据,两者是合二为一的
2	数据结构描述的复杂性	半结构化数据的结构难以纳入现有的各种描述框架,在实际应用中不易进行清晰的理解与把握
3	数据结构描述的动态性	半结构化数据的数据变化通常会导致结构模式变化,整体上具有动态的结构模式。常规的数据模型例如 E-R 模型、关系模型和对象模型恰恰与上述特点相反,因此可以为结构化数据模型。相对于结构化数据,半结构化数据的构成更为复杂和不确定,从而也具有更高的灵活性,能够适应更广泛的应用需求

2.4.4 工业大数据的数据特点

工业大数据是一个体量特别大、数据类别特别多的数据集,并且这样的数据量级无法用传统软件工具对其内容进行抓取、管理和处理。大家都比较认可关于大数据的"4V"说法，具体如表 2.24 所示。

表 2.24 工业大数据的数据特点

序号	特征		内容
1	Volumes	体量大	大数据数据体量（Volumes）大，一般在 10TB 规模左右。但在实际应用中，很多企业用户把多个数据集放在一起，已经形成了 PB 级的数据量。据 IDC 预测，人类社会产生的数据一直都以每年 50%的速度增长，也就是说，每两年增加一倍，这被称为"大数据的摩尔定律"
2	Variety	类别多	数据类别（Variety）多，除了数据来源多样之外，数据异构，数据种类和格式丰富，其中结构化数据占 10%左右，主要指的是存储在数据库中的数据；非结构化数据占 90%，如邮件、文档、音频、视频、微信、位置信息等
3	Velocity	速度快	数据处理速度（Velocity）快，在工业场景海量数据情况下，也能够做到数据的实时处理。工业大数据数据处理的速度往往达到秒级、毫秒级响应，这与传统的非实时数据要求相差极大。大数据时代，很多场景需要即时生成数据，并给出实时分析结果，用于指导生产或生活实践
4	Veracity	真实性高	数据真实性（Veracity）高，工业大数据与互联网数据不同，需要确保其真实性及安全性。工业大数据强调数据全量、真实、精确与互联网大数据非全量、抽样、概率等有根本区别

2.4.5 工业大数据与互联网大数据的区别

工业大数据与互联网大数据还是有所不同的，主要体现如表 2.25 所示。

表 2.25 工业大数据与互联网大数据对比

分类	互联网大数据	工业大数据
采集	通过门户网站、购物交易平台、论坛等采集交易、偏好、浏览等数据；对数据采集的时效性要求不高	通过传感器与感知技术，采集物联设备、生产经营过程业务数据、外部互联网数据等；对数据采集具有很高的实时性要求
处理	数据清洗、数据归约，去除大量无关、不重要的数据	工业软件是基础，强调数据格式的转化；数据信噪比低，要求数据具有真实性、完整性和可靠性，更加关注处理后的数据质量
存储	数据之间关联性不大，存储自由	数据关联性很强，存储复杂
分析	利用通用的大数据分析算法，进行相关性分析；对分析结果要求效率，不要求绝对精确	数据建模、分析更加复杂；需要专业领域（如故障预测、主轴生命周期等）的算法，不同行业、不同领域的算法差异很大；对分析结果的精度和可靠性要求高
可视化	数据结果展示可视化	数据分析结果可视化及 3D 工业场景可视化；对数据可视化要求强，实现近乎实时的预警和趋势可视
闭环反馈控制	一般不需要闭环反馈	强调闭环性，实现过程调整和自动化控制

工业大数据和互联网大数据采集和运用的目的不同，综合起来看，工业大数据更强调数据的完整性、数据的准确性和数据的及时性。

（1）更强调数据的完整性

互联网大数据是在数据分析的基础之上，分析用户的使用习惯、兴趣爱好、关注特点、消费偏好和行为特征等相关数据，运用的是统计学的知识，对数据进行处理。互联网大数据的应用不需要数据的全体，只需要部分或抽样的数据，分析、归纳出数据的特征即可推断出相应的结论。工业大数据是通过对智能设备和仪器仪表等连续记载，根据设备运行的全部数据对设备监测，在多指标的逻辑算法上，基于数据分析的综合评估来指导设备的调整、检修、配件的更换、耗材的更换和预防性维护等，以保证生产的连续性。工业大数据强调数据的完整性，强调数据的全量。

（2）更强调数据的准确性

互联网大数据收集的数据大多是关联性的挖掘，是一种发散性的数据收集和分析，互联网大数据在进行预测和决策时，仅仅考虑两个属性之间的关联是否具有统计显著性。工业大数据具有非常强的目的性，更强调数据的正确性。工业大数据对预测和分析结果的容错率远远比互联网大数据低。如工业互联网中的故障预测基于装备真实健康状态和衰退趋势，结合用户决策活动的定制化需求，提供设备使用、维修和管理等活动相关的最优决策支持，并达成任务活动与设备状态的最佳匹配，以保障生产系统的持续稳定运行能力。还有很多特殊行业的工业企业，需要设备"近零故障"运行，否则会带来巨大的损失。

（3）更强调数据的及时性

互联网大数据大多采集的是相关的信息，在时效性方面没有特殊的要求，其数据是长期积累的，从中找出数据中的关键特性即可。与互联网大数据不同，工业大数据更看重数据的时效性。如工业设备的故障、产线的灾难性故障、厂区火灾、有害物质泄漏等，这些不仅仅需要事后的补救，更为重要的是，工业互联网需要在数据提供和采集的基础之上能给予提前预测，事前预警，在灾难发生之前采取措施避免灾难的发生。

2.4.6 工业大数据架构

（1）大数据平台架构

工业大数据平台从数据的全面性、准确性、多维度对数据进行深入挖掘和提炼，从管理和资源两个层级进行：管理层级通过大数据可视化系统进行及时的决策和创新；资源层级通过大数据对设备、零部件、工艺等进行预测预防，确保资源的充足供给，以达到数据驱动生产和管理创新的模式。典型的工业大数据平台架构如图2.63所示。

采集交换层：主要从传感器、SCADA、MES、ERP等内部系统以及企业外部数据源获取数据，并实现不同系统之间数据的交互。

集成处理层：从功能上，主要将物理系统实体抽象和虚拟化，建立产品、产线、供应链等各种主题数据库，将清洗转换后的数据与虚拟制造中的产品、设备、产线等实体关联起来。从技术上，实现原始数据的清洗转换和存储管理，提供计算引擎服务，完成海量数据的交互查询、批量计算、流式计算和机器学习等任务，并对上层建模工具提供数据访问和计算接口。

建模分析层：功能上主要是在虚拟化的实体之上构建仿真测试、流程分析、运营分析等模型，用于在原始数据中提取特定的模式和知识，为各类决策的产生提供支持。从技术上，主要提供数据报表、可视化、知识库、机器学习、统计分析和规则引擎等数据分析工具。

决策控制层：基于数据分析结果，生成描述、诊断、预测、决策、控制等不同应用，形成优化决策建议或产生直接控制指令，从而对工业系统施加影响，实现个性化定制、智能化生产、协同化组织和服务化制造等创新模式，最终构成从数据采集到设备、生产现场及企业运营管理优化的闭环。

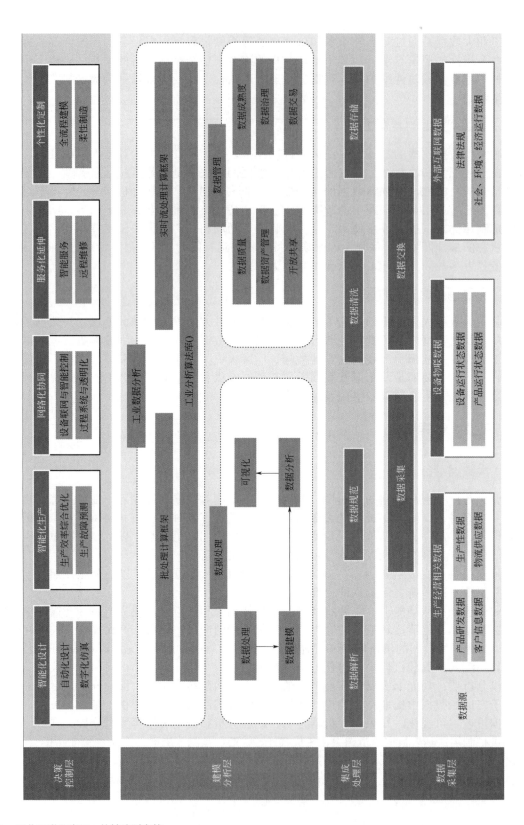

图 2.63 工业大数据平台架构

（2）大数据逻辑架构

大数据数据处理平台整体逻辑架构如图 2.64 所示。

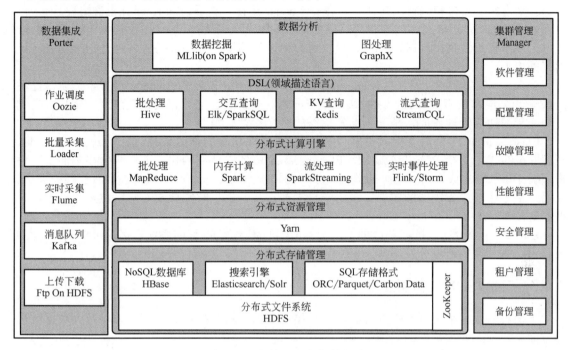

图 2.64 大数据逻辑架构推荐

大数据数据处理基础平台，通过对开源组件进行封装和增强，对外提供稳定的、大容量的数据存储、查询和分析能力。提供的组件及功能如下。

Manager：作为运维系统，为大数据平台提供高可靠、安全、容错、易用的集群管理能力，支持大规模集群的安装/升级/补丁、配置管理、监控管理、告警管理、用户管理、租户管理等。

HDFS：Hadoop 分布式文件系统，提供高吞吐量的数据访问，适合大规模数据集方面的应用。

HBase：提供海量数据存储功能，是一种构建在 HDFS 之上的分布式、面向列的存储系统。

Oozie：提供对开源 Hadoop 组件的任务编排、执行功能。以 Java Web 应用程序的形式运行在 Java servlet 容器（如 Tomcat）中，并使用数据库来存储工作流定义、当前运行的工作流实例（含实例的状态和变量）。

ZooKeeper：提供分布式、高可用性的协调服务能力，帮助系统避免单点故障，从而建立可靠的应用程序。

Yarn：Hadoop2.0 中的资源管理系统，是一个通用的资源模块，可以为各类应用程序进行资源管理和调度。

Mapreduce：提供快速并行处理大量数据的能力，是一种分布式数据处理模式和执行环境。

Spark：基于内存进行计算的分布式计算框架。

Hive：建立在 Hadoop 基础上的开源的数据仓库，提供类似 SQL 的 HiveQL 语言操作结构化数据存储服务和基本的数据分析服务。

Loader：基于 Apache Sqoop 实现大数据与关系型数据库、ftp/sftp 文件服务器之间数据批量导入/导出；同时提供 Java API/shell 任务调度接口，供第三方调度平台调用。

Hue：提供开源 Hadoop 组件的 Web UI，可以通过浏览器操作 HDFS 的目录和文件，调用 Oozie 来创建、监控和编排工作流，可操作 Loader 组件，查看 ZooKeeper 集群情况。

Flume：一个分布式、可靠和高可用的海量日志聚合系统，支持在系统中定制各类数据发送方，用于收集数据；同时，Flume 提供对数据进行简单处理，并写入各种数据接受方（可定制）的能力。

Solr：一个高性能、基于 Lucene 的全文检索服务器。Solr 对 Lucene 进行了扩展，提供比 Lucene 更为丰富的查询语言，同时实现了可配置、可扩展，并对查询性能进行了优化，提供了一个完善的功能管理界面，是一款非常优秀的全文检索引擎。

Elasticsearch：一个兼有搜索引擎和 NoSQL 数据库功能的开源系统，基于 Java/Lucene 构建，开源、分布式、支持 RESTful 请求。Elasticsearch 服务支持结构化、非结构化文本的多条件检索、统计和报表生成，拥有完善的监控体系，提供一系列系统、集群以及查询性能等关键指标，让用户更专注于业务逻辑的实现。多用于日志搜索和分析、时空检索、时序检索和报表、智能搜索等场景。

Kafka：一个分布式的、分区的、多副本的实时消息发布-订阅系统。提供可扩展、高吞吐、低延迟、高可靠的消息分发服务。

2.4.7 工业大数据的数据处理

下面将从数据采集、数据处理、数据存储、数据分析和挖掘、数据治理以及大数据可视化等方面来探讨工业大数据的数据管理。

2.4.7.1 数据采集

数据采集是工业互联网的第一步，工业互联网的价值很大程度上取决于采集数据的数量和质量。在工业企业中，只有少部分数据来自互联网，大部分是企业自身拥有的生产经营环节的数据，既包括企业的 OT 数据，又包括企业的 IT 数据，这些数据经过新技术如人工智能处理后，可使工业企业全面掌握自身的经营情况。

（1）数据采集的种类

生产车间是工业企业产生和运用数据的重要场所。这些数据既包括 MES 等信息化系统里运行与产生的数据，又包括生产设备产生的各种状态、制造参数、产线与车间等数据。工业互联网平台结合行业知识对这些数据进行进一步处理和挖掘，以量化、可视化等方式，定位生产中存在的问题并进行优化，可为企业智能制造提供源源不断的新动力，有效地提升企业竞争力。

制造数据的范围非常庞大，数据采集的方式多种多样，我们主要关注生产过程中的数据采集。不同行业对制造数据的分类不尽相同，但是大体可以分为三类，如表 2.26 所示。

表 2.26 制造数据分类

序号	类别	内容
1	设备/工艺数据	在离散行业中指设备运行状态实时工艺参数信息、故障信息、维修/维护信息等，在流程行业中指温度、压力、电流、电压等直接影响生产效率、产品质量的数据

续表

序号	类别	内容
2	生产过程数据	生产过程中使用或者产生的数据，比如物料、生产计划、生产节拍、产品加工时间、加工数量、加工人员、加工参数、产品完工率等
3	质量数据	产品质量信息、工艺质量信息、合格率等，还包括生产周期中的原料、半成品、成品的检验数据

（2）数据采集的方式

数据采集重点是原始数据的采集，制造数据的采集对象可分为两类，一类是本身就具备数字化功能的设备，如数控机床、热处理设备、机器人、AGV、自动化立体仓库等数字化设备；另一类是"哑设备"，就是本身不具有数字化功能，但可以通过改造或者借助信息化手段，使相关信息进入数字化系统的设备、设施、物料、人员等。制造数据的采集方式大体可以分为手动数据采集、设备非侵入式改造数据采集、设备网关转换数据采集和设备自动采集等，如表2.27所示。

表 2.27 工业互联网数据采集方式对比

序号	采集方式	功能说明	优势	缺点
1	手动数据采集	通过手动输入的方式将开工时间、完工时间、生产数量、检验项目、检验结果、产品缺陷情况、设备故障情况、设备备件情况等数据录入系统	对设备的要求低，适用场景广	受制于人的主动性，检查标准、录入数据的实时性、准确性等方面有欠缺
2	设备非侵入式改造数据采集	可以通过非侵入式改造的方式，如安装温度、湿度、振动、摄像头等一系列传感器进行数据采集	对设备影响较小，不影响设备的正常运转	采用外挂传感器的方式，数据采集误差较大
3	接口转换网关数据采集	通过接口转换网关（如串口服务器等），将接口进行转换，发送到服务器进行数据采集	适用于非TCP/IP协议栈的场景，应用场景广泛	需要在平台进行协议解析
4	边缘协议网关数据采集	通过边缘网关进行数据转换和设备端的数据采集	与接口转换网关相比，在边缘侧进行协议解析与数据采集	需要增加边缘网关硬件
5	设备自动采集	通过设备厂商提供的数据采集系统或者采用第三方厂商提供的成熟产品进行数据采集	由厂商或第三方数据采集	需要与设备厂商采集系统或第三方厂商系统对接

2.4.7.2 数据 ETL

ETL，是 Extract—Transform—Load 的缩写，是将业务系统的数据经过抽取、清洗转换之后加载到数据仓库或数据集市的过程。ETL 是数据集成的第一步，也是构建数据仓库最重要的步骤，目的是将企业中分散、零乱、标准不统一的数据整合到一起，为企业的决策提供分析依据，成为联机分析处理、数据挖掘的基础。数据 ETL 如图 2.65 所示。

图 2.65 数据 ETL

ETL 的实现有多种方式，常用实现方式有三种，具体如表 2.28 所示。

表 2.28 ETL 三种实现方式对比

序号	实现方式	工具	优点	缺点
1	借助 ETL 工具	Oracle 的 OWB、SQL Server 2000 的 DTS、SQL Server 2005 的 SSIS 服务、Informatic 等	屏蔽了复杂的编码任务，提高了速度，降低了难度	缺少灵活性
2	SQL 方式	SQL	灵活，提高了 ETL 运行效率	编码复杂，对技术要求比较高
3	ETL 工具和 SQL 相结合	ETL 工具和 SQL	综合了借助 ETL 工具和 SQL 方式的优点，会极大地提高 ETL 的开发速度和效率	

2.4.7.3 数据存储

大数据存储是将庞大的数据集持久化到计算机中。大数据存储利用分布式系统、数据仓库、关系数据库、NoSQL 数据库、云数据库和数据湖等，实现对结构化、半结构化和非结构化数据的存储和管理。存储方式一般有块存储、文件存储和对象存储，具体存储方式如表 2.29 所示。

表 2.29 存储方式

序号	存储形式		内容	场景
1	块存储	DAS	一台服务器一个存储，多机无法直接共享，需要借助操作系统的功能，如共享文件夹	共享文件夹
		SAN	金融电信级别，高成本的存储方式，涉及光纤和各类高端设备，基于以太网技术的存储网络	多主机共享
2	文件存储		一般指的就是 NAS，一套网络存储设备，通过 TCP/IP 进行访问，协议为 NFSv3/v4。由于通过网络，且采用上层协议，因此开销大，延时肯定比块存储高	服务器日志集中管理、办公文件共享
3	对象存储		有自己的 CPU、内存、网络和磁盘，比块存储和文件存储更上层，云服务商一般提供用户文件上传下载读取的 Rest API，方便应用集成此类服务	网盘

（1）大数据的存储

① 分布式系统 分布式系统包含多个自主的处理单元，通过计算机网络互连来协作完成分配的任务，其分而治之的策略能够更好地处理大规模数据分析问题。分布式系统主要包含两类：分布式文件系统和分布式键值系统。

② NoSQL 数据库 NoSQL 数据库可以支持超大规模数据存储，灵活的数据模型可以很好地支持 Web 2.0 应用，具有强大的横向扩展能力等。典型的 NoSQL 数据库包含键值数据库、列族数据库、文档数据库、搜索引擎数据库和图形数据库。

③ 云数据库 云数据库是基于云计算技术发展的一种共享基础架构的方法，部署和虚拟化在云计算环境中的数据库。云数据库极大地增强了数据库的存储能力，消除了人员、硬件、软件的重复配置，让软、硬件升级变得更加容易。云数据库具有易用、高性能、免维护、高安全、动态可扩展、高可用、较低的使用代价和支持资源有效分发等特点，是个性化数据存

储需求的理想选择。云数据库并非一种全新的数据库技术，而只是以服务的方式提供数据库功能。

④ 数据仓库（Data Warehouse） 数据仓库是面向主题的、集成的、稳定的和随时间变化的数据集合，是数据分析处理过程，而不仅仅是一个数据存储软件或产品。数据仓库其实就是为了进行 OLAP，把各个散落独立的数据库孤岛整合在一个数据结构里面。数据仓库的逻辑架构如图 2.66 所示。

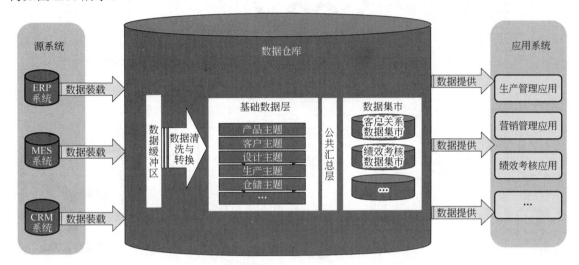

图 2.66 数据仓库逻辑架构

从源数据到数据仓库，需要对数据进行一定的操作和建模，这个过程即前面提到的 ETL（Extract—Transform—Load），主要是将源数据进行抽取、清洗转换之后加载到数据仓库，目的是将企业中分散、零乱、标准不统一的数据整合到一起，为企业的决策提供分析依据。

数据仓库将源数据放入数据缓冲区，并进行数据清洗与转换，成为技术层数据，即各种主题数据，并汇总到公共汇总层，将企业的各业务系统产生的基础数据，通过维度建模的方式，划分为多个主题或专题（数据集市）统一存储、统一管理，并提供给上层应用。

上层应用从数据仓库获取数据，并根据需求，提供各种应用解决方案，为企业运营和决策服务。

⑤ 数据集市（Data Mart） 数据集市可以理解为一种"小型数据仓库"，它是只包含单个主题，且关注范围为非全局的数据仓库。数据集市可以分为两种：独立数据集市和非独立数据集市。数据集市是数据仓库之上更聚焦的业务主题合集，更偏向于应对业务数据快速高效应用的需求，一般用于智能系统中探索式和交互式数据分析应用。

⑥ 数据湖（Data Lake） 数据湖是汇集了包括数据仓库、实时和高速数据流技术、数据挖掘、深度学习、分布式存储和其他技术的、可以存储所有结构化和非结构化任意规模数据，并可以运行不同类型的大数据工具，对数据进行大数据处理、实时分析和机器学习等操作的统一数据管理平台。数据湖架构为四层，分别为采集、存储、管理和应用，具体如图 2.67 所示。数据湖的核心能力包括数据集成、数据存储、数据搜索、数据治理、数据质量、数据安全和自助数据发现，具体如图 2.68 所示。

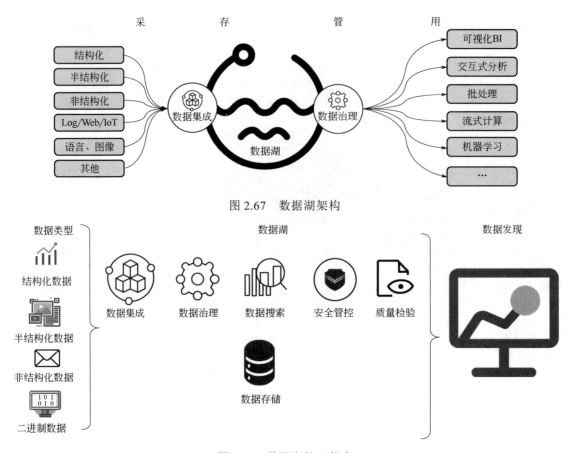

图 2.67 数据湖架构

图 2.68 数据湖核心能力

（2）大数据存储技术路线

① MPP（Massively Parallel Processing，大规模并行处理）架构的新型数据库集群　重点面向行业大数据，通过列存储、粗粒度索引等多项大数据处理技术，再结合 MPP 架构高效的分布式计算模式，完成对分析类应用的支撑，运行环境多为低成本 PC 服务器，具有高性能和高扩展性的特点，在企业分析类应用领域获得极其广泛的应用。MPP 架构的分布式数据库架构如图 2.69 所示。

MPP 架构具有任务并行执行、数据分布式存储、分布式计算、高并发（单个节点并发能力大于 300 用户）、横向扩展（支持集群节点的扩容）、Shared Nothing（完全无共享）架构等特征。

② 基于 Hadoop 的技术扩展　基于 Hadoop 的技术扩展和封装，围绕 Hadoop 衍生出相关的大数据技术，应对传统关系型数据库较难处理的数据和场景。目前最为典型的应用场景就是通过扩展和封装 Hadoop 来实现对大数据存储、分析的支撑。对于非结构、半结构化数据处理、复杂的 ETL 流程、复杂的数据挖掘和计算模型，Hadoop 平台更擅长。

③ 大数据一体机　一种专为大数据的分析处理设计的软、硬件结合的产品，由一组集成的服务器、存储、网络、软件等配置，通过标准化的架构简化了数据中心基础设施部署和运维管理的复杂的一体化设备，为数据查询、处理、分析用途而特别预先安装及优化的软件组成。高性能大数据一体机具有良好的稳定性和纵向扩展性。

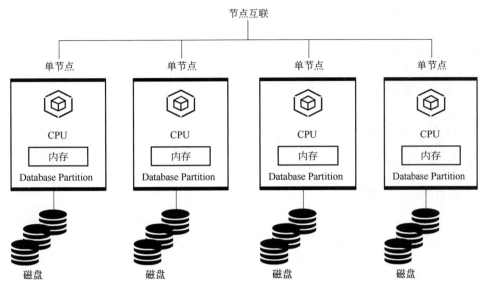

图 2.69　MPP 架构的分布式数据库架构示意

2.4.7.4　数据计算

大数据处理框架负责对大数据系统中的数据进行计算。数据包括从持久存储中读取的数据或通过消息队列等方式接入到系统中的数据，而计算则是从数据中提取信息的过程。

（1）大数据计算框架

大数据计算框架如图 2.70 所示。

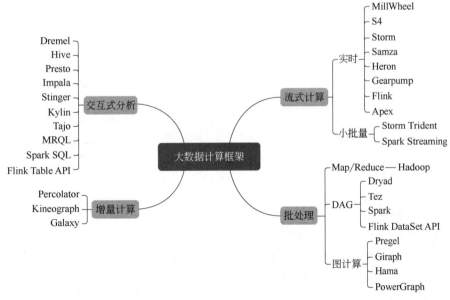

图 2.70　大数据计算框架

大数据的问题复杂多样，单一的计算模式无法满足不同类型的计算需求，大数据处理按处理时间的跨度要求分为：
① 基于实时数据流的处理，通常时间跨度在数毫秒到数秒之间。
② 基于历史数据的交互式查询，通常时间跨度在数十秒到数分钟之间。
③ 复杂的批量数据处理，通常时间跨度在几分钟到数小时之间。

数据计算主要有批处理框架、流处理框架、交互式分析框架三种。批处理框架以 Hadoop 为代表，以 MapReduce、Spark-RDD 为主要开发工具；流处理框架以 Flink、Storm 为代表；交互式分析框架的选择比较多，主要有 Google 开发的 Dremel 和 PowerDrill，Facebook 开发的 Presto，Cloudera 开发的 Impala，以及 Apache 项目 Hive、Drill、Tajo、Kylin、MRQL 等。

（2）数据计算的应用场景

在现实的工业大数据处理过程中，往往不是一种计算手段，而是多种手段、多种任务并行。大数据系统通常需要能够支持多种任务，包括处理结构化表的 SQL 引擎、计算关系的图处理引擎和进行数据挖掘的机器学习引擎，其中面向 SQL 的分析主要有交互式查询、报表、复杂查询、多维分析等。大数据各类计算引擎适用场景如表 2.30 所示。

表 2.30　各类计算引擎适用场景

类型	典型介质	适用场景
实时计算引擎	Storm、Spark Streaming、Flink	设备监控、实时诊断、实时控制等对时效性要求较高的场景
离线计算引擎	MapReduce、Spark、Hive	适用于对时效性要求不高的趋势性、大数据量、周期性的数据分析，例如产能分析、设备故障统计分析、能耗分析、销售量分析、利润率分析等
图计算引擎	国外的 NetworkX、Graphlab、GraphX、cuGraph；国内阿里的 GraphScope、腾讯的 Plato、字节的 ByteGraph	适用于事件及人之间的关联分析，比如建立用户画像进行个性化定制或营销
数据综合分析 OLAP	MPP	适用于综合的总量类分析，如产量分析、销量分析、能耗分析等综合报表分析
业务交互查询 OLTP	MySQL、SQL Server、Oracle、GaussDB	交互式查询分析
分布式数据库中间件	Cobar、TTDL、MyCAT	海量数据高并发时的弹性扩容解决方案
数据挖掘能力	Spark、TensorFlow	需要迭代优化的数据挖掘场景，如故障预测、设备生命周期预测、用户需求挖掘等

2.4.7.5　数据治理

（1）数据治理概念

数据治理是指将数据作为资产而展开的一系列的管理工作，是对数据的全生命周期管理，即对数据采集、数据清理、数据存储、数据计算、数据服务、数据应用和数据销毁全过程的数据建立统一标准，检核数据质量，准确描述元数据属性，并对数据进行关联分析，形成数据资源目录，实现数据快速检索，对数据全生命周期进行管理的整套流程和体系。数据治理架构如图 2.71 所示。数据治理贯穿数据全生命周期，如图 2.72 所示。

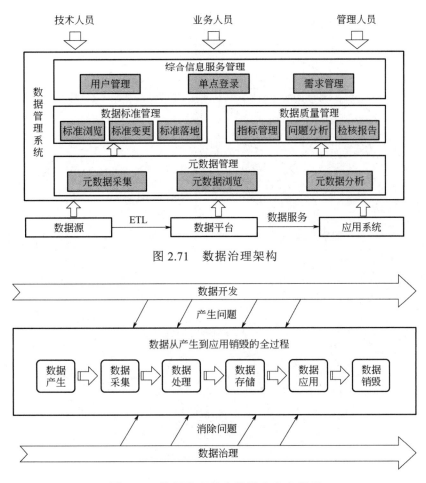

图 2.71 数据治理架构

图 2.72 数据治理贯穿数据全生命周期

（2）数据治理目标

数据治理的目标是提高数据的质量，保证数据的安全，实现数据资源在企业或组织各部门的共享，推进信息资源的汇聚、流通与共享，从而提升企业或组织的数据管理水平，充分发挥数据的作用，为企业或组织决策提供正确、完整、可用、易用、规范、统一的数据支撑。数据质量是数据治理的首要目标，通常数据质量评估和管理评估需经过维度衡量，常见九个维度如图 2.73 所示。

数据治理目标除数据质量外，还有保障数据质量和效率、保障数据标准规范、保障数据干净可信、保障治理有据可循等目标。

（3）数据治理体系

为了有效管理信息资源，必须建立企业数据治理体系。数据治理体系包含数据治理组织、数据架构管理、主数据管理、数据质量管理、数据服务管理及数据安全管理内容，它们既有机结合，又相互支撑。数据治理体系包含两个方面，一是数据质量核心领域，二是数据质量保障机制。两者内容及相互关系如图 2.74 所示。

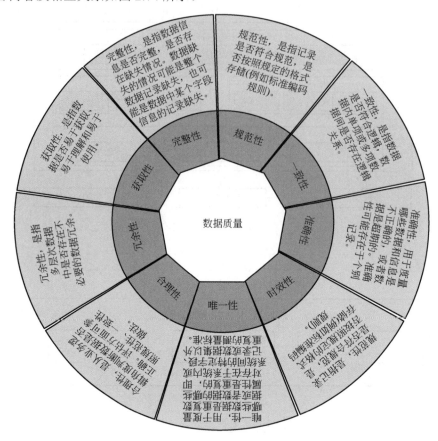

图 2.73　数据质量九个维度

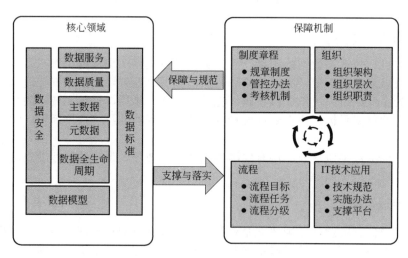

图 2.74　数据治理体系

（4）数据治理流程

数据治理的基本流程为：发现数据质量问题—定义数据质量规则—质量控制—质量评估—质量优化，具体如图2.75所示。

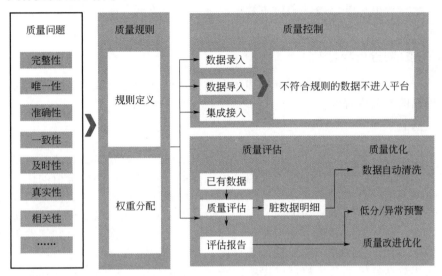

图2.75　数据治理流程

① 发现数据质量问题　数据治理的首要任务是发现数据质量问题。数据质量问题包括数据的完整性、唯一性、准确性、一致性、及时性、真实性、相关性等各种问题。

② 定义数据质量规则　在企业数字化转型过程中，对数据的共同理解与解释至关重要，业务需要规则，定义需要统一。数据质量问题需要将组织、技术和流程三者进行有机结合，从业务出发做问题定义，由数据模型等工具自动、及时地发现问题，并进行根因（根本原因）追溯，实时跟踪问题整改的方向与进度，根据根因分解建立相应的质量问题评估KPI（关键绩效指标）。根据业务属性、技术特点明确数据定义，制定业务规则和数据定义。数据规则包括数据质量规则要素的定义和各要素的权重分配。

③ 数据质量控制　基于数据质量评估模型，通过分析数据任务，找到发生数据质量问题的重灾区，执行数据质量分析，确定影响数据质量的关键因素。在整个数据质量监控的过程中，判断数据是否符合数据质量要求，是否符合数据质量规则逻辑约束要求。数据质量规则的好坏直接影响监控的效果。对于不符合规则的数据通过数据质量控制前置，控制该数据进入平台。监督数据治理的构建和运行过程，以保证数据治理实施方案与过程符合治理资源的可用性和治理活动的可持续性。

④ 数据质量评估　数据治理成效与目标是否符合，必要时可请外部机构来进行评估。从数据模型、数据标准、数据全生命周期、元数据、主数据、数据质量、数据服务和数据安全等各个维度对数据治理方案进行评估，为数据治理的改进和优化提供参考。数据质量评估需要日常化，需要定期评价数据治理实施的有效性、合规性，确保数据及建立在其上的应用符合法律法规和行业监管要求。

⑤ 数据质量优化　数据质量管理是一个持续优化不间断的过程，需要企业相关人员全员参

与，并逐步培养起数据质量意识和思维。数据质量优化需要从管理和业务入手，制定改进数据管理、数据业务流程、优化数据质量控制方案，做数据质量问题的根因分析，再找到具体的解决方案，消除数据质量问题，争取将数据质量问题带来的损失降低到最小程度。

总而言之，数据治理涵盖数据的整个生命周期，通过建立数据模型、做好数据清洗、把握好数据质量、统一数据标准。做编码对主数据清理，加强数据生命周期管理，做规格进行数据清理，做防范保证数据安全。

2.4.7.6 数据分析与挖掘

广义的数据分析包含狭义的数据分析和数据挖掘，通常所说的数据分析是狭义的，下面着重介绍数据挖掘的相关内容。

（1）数据挖掘

从科学定义分析，数据挖掘（Data Mining）是从大量的、有噪声的、不完全的、模糊的、随机的数据中，提取出隐含在其中的、人们事先未知的、具有潜在利用价值的信息和知识的过程。从技术角度分析，数据挖掘就是利用一系列的相关算法和技术，从大数据中提取出行业或企业所需要的有实际应用价值的知识的过程，其中知识表示形式可以是概念、规律、规则与模式等。准确地说，数据挖掘是整个知识发现流程中的一个具体步骤，也是知识发现过程中的核心步骤。数据挖掘具有应用性、工程性、集合性、交叉性等特性。

数据挖掘和数据分析都是从数据中提取一些有价值的信息，二者有很多联系，但是二者的侧重点和实现手法有所区别。数据挖掘和数据分析的不同之处如表2.31所示。

表2.31 数据分析与数据挖掘的对比

序号	对比	数据分析	数据挖掘
1	定义	简单来说，数据分析就是对数据进行分析。专业的说法，数据分析是指根据分析目的，用适当的统计分析方法及工具，对收集来的数据进行处理与分析，提取有价值的信息，发挥数据的作用	数据挖掘是指从大量的数据中，通过统计学、人工智能、机器学习等方法，挖掘出未知的、有价值的信息和知识的过程
2	作用	主要实现现状分析、原因分析、预测分析（定量）。数据分析的目标明确，先做假设，然后通过数据分析来验证假设是否正确，从而得到相应的结论	数据挖掘主要解决四类问题：分类、聚类、关联和预测（定量、定性），数据挖掘的重点是寻找未知的模式与规律
3	方法	主要采用对比分析、分组分析、交叉分析、回归分析等常用分析方法	主要采用决策树、神经网络、关联规则、聚类分析等方法进行挖掘
4	结果	数据分析一般都是得到一个指标统计量结果，如总和、平均值等，这些指标数据都需要与业务结合进行解读，才能发挥出数据的价值与作用	输出模型或规则，并且可相应得到模型得分或标签
5	应用工具	数据分析更多的是借助现有的分析工具进行	数据挖掘一般要通过编程来实现，需要掌握编程语言
6	行业知识	数据分析要求对所从事的行业有比较深的了解和理解，并且能够将数据与自身的业务紧密结合起来	数据挖掘不需要有太多的行业专业知识，更偏重利用模型来挖掘数据的价值
7	交叉学科	数据分析需要结合统计学、营销学、心理学以及金融、政治等进行综合分析	数据挖掘更加注重技术层面的结合以及数学和计算机的集合

（2）数据挖掘流程

整个数据流程中，数据挖掘是重要的一环，其流程如图 2.76 所示。

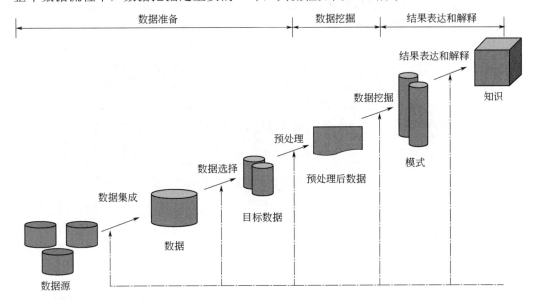

图 2.76　数据挖掘流程

数据清理用于消除噪声和删除不一致的数据。数据集成用于将多源异构的数据组合在一起。数据选择是从数据库中提取与分析任务相关的数据。预处理是通过汇总或聚集操作将数据变换、统一成适合挖掘的形式。数据挖掘是使用智能方法提取数据模式。模式评估是根据某种度量，识别代表知识的模式。知识表示是使用可视化与知识表示技术，向用户提供挖掘的知识。

（3）数据挖掘算法

数据挖掘中，数据是基础，算法是手段，而获得数据中所蕴含的知识是最终目的。数据挖掘是将数据库技术、统计学、运筹学、机器学习、数据检索技术、数据可视化和模式识别等从一个新的视角有机地结合起来，从中挖掘到有用的知识。数据挖掘常用的算法主要有描述统计、假设检验、信度分析、相关分析、方差分析、分类、回归分析、聚类分析、关联规则、特征、变化和偏差分析、判别分析、主成分分析、因子分析、时间序列分析、Web 页挖掘等，它们分别从不同的角度对数据进行挖掘。数据挖掘算法架构如图 2.77 所示。

（4）数据挖掘工具

根据适用的范围，数据挖掘工具分为两类：专用挖掘工具和通用挖掘工具。专用数据挖掘工具针对某个特定领域的问题提供解决方案，在涉及算法的时候充分考虑数据、需求的特殊性。常用的数据挖掘工具介绍如表 2.32 所示。

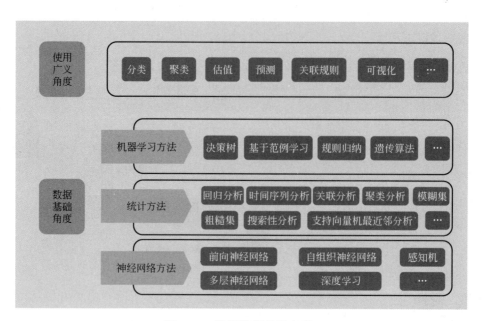

图 2.77 数据挖掘算法架构

表 2.32 常用数据挖掘工具

序号	数据挖掘工具	工具说明
1	Weka 软件	公开的数据挖掘工具平台,集成大量能承担数据挖掘的机器学习算法,包括对数据进行预处理、分类、回归、聚类、关联规则,以及交互式界面上的可视化
2	SPSS 软件	SPSS 软件采用类似 Excel 表格的方式输入与管理数据,数据接口较通用,能方便地从其他数据库中读入数据。其突出的特点是操作界面友好,输出结果美观
3	Clementine 软件	Clementine 软件提供出色、广泛的数据挖掘技术,确保用恰当的分析技术来处理相应的问题,得到最优的结果,以应对随时出现的问题
4	Rapidminer 软件	Rapidminer 软件并不支持分析流程图方式,当包含的运算符比较多时就不容易查看;具有丰富的数据挖掘分析和算法,常用于解决各种关键问题
5	其他数据挖掘软件	流行的数据挖掘软件还包括 Orange、Knime、Keel 和 Tanagra 等

(5)数据挖掘结果——知识

数据挖掘分为三层:提供数据源、数据准备的数据层;提供算法、引擎和界面的算法层;把数据挖掘结果应用于实践的应用层。数据挖掘结果根据数据的结构分为描述类知识和预测类知识,如图 2.78 所示。

2.4.7.7 大数据可视化

(1)数据可视化的发展方向

① 可视化技术与数据挖掘技术紧密结合。
② 可视化技术与人机交互技术紧密结合。
③ 可视化技术广泛应用于大规模、高维度、非结构化数据的处理与分析。

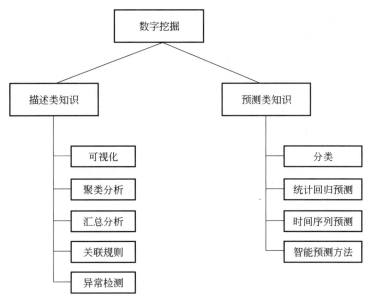

图 2.78 数据挖掘最终成果

（2）常用数据可视化工具

数据可视化工具随着科学技术的发展和数据需求的发展，也在不断地发展。总体来说，数据可视化工具分为入门级工具、信息图表类工具、地图类工具、高级分析工具等，如表 2.33 所示。

表 2.33 数据可视化工具类型及说明

序号	可视化工具	工具说明
1	入门级工具	Excel
2	信息图表类工具	D3、Flot、Echarts、Tableau 等
3	地图类工具	Polymaps、Modest Maps、Leaflet、OpenLayers 等
4	高级分析工具	Processing、Python、Gephi 等

（3）数据可视化流程

进行数据可视化时，首先要确定可视化分析的目标，然后获取相关有效的数据，将这些数据整理后，选择适合数据可视化工具，通过适合的图表等可视化方式将数据展示出来，最后将可视化的结果输出，作为企业决策的依据。我们将这个过程概括为三个阶段，数据准备、数据分析、分析结果输出。数据可视化流程如图 2.79 所示。

图 2.79 数据可视化过程

① 数据准备　数据准备阶段主要是采集进行可视化分析时需要用到的有效数据。这个阶段需要确定分析目标（分析目标的确定是进行可视化数据分析的前提，确定分析目标后才能知道是通过何种方式收集何种数据、数据采集的周期等），数据收集（确定分析目标后，对数据进行收集，可以通过数据库对接、业务系统接口对接、人工收集输入等方式来收集需要分析的数据），数据处理（收集到数据后，需要对数据进行预处理，对无效的数据和错误的数据进行筛选、删除），选择工具（数据准备好之后，根据数据的形式和数据需求选择合适的数据分析和可视化工具，将数据导入到工具中进行数据分析，选择的工具最好能支持多种数据接入方式，这样可以方便分析多种来源的异构数据）。

② 数据分析　根据需要分析的数据目标，选择易于体现、满足需求的合适的图表视觉类型，借助产品的多维分析能力，进行统计分析、筛选过滤、数据透视、高级计算等，实现数据的立体化呈现。

③ 分析结果输出　数据分析后得出的数据可视化结果，通过合适、合理的可视化方式呈现出来，给用户直观感受，可以从中发现数据特性与差异，提炼出有价值的数据信息，为公司决策提供依据。

2.4.8　工业大数据的作用

工业大数据作为一种新的资产、资源和生产要素，在制造业创新发展中的作用主要体现在三个方面。

（1）资源优化是目标

两化融合的主要动力和核心目标是不断优化制造资源的配置效率，就是要实现更好的质量、更低的成本、更快的交付、更高的满意度，就是要提高制造业全要素生产率。从企业竞争的角度来看，企业之间竞争的本质是资源配置效率的竞争，工业大数据是工业企业资源配置的一种有效方式，可以通过对企业数据分析，提供有效合理的资源配置解决方案。

（2）数据转化是关键

工业互联网将信息数据化，网络化让数据汇集和流动，智能化实现了数据转化，即能够把正确的数据在正确的时间以正确的方式传递给正确的人和机器，能够把海量的工业数据转化为信息，信息转化为知识，知识转化为科学决策，以应对和解决制造过程的复杂性和不确定性等问题，在这一过程中不断提高制造资源的配置效率。数据作为生产要素，只有对数据进行有效的转换，才能发挥出数据的价值。

（3）工业软件是核心

工业大数据的核心在于应用，在于优化资源配置效率，发挥数据的价值，其关键在于数据如何转化为信息，信息如何转化为知识，知识如何转化为决策，其背后都依赖于模型，软件构建了一套数据如何流动的模型，正是这套模型确保了正确的数据能够在正确的时间以正确的方式传递给正确的人和机器。工业软件作为一种工具、要素和载体，为制造业建立了一套信息空间与物理空间的闭环赋能体系，实现了物质生产运行规律的模型化、代码化、软件化，使制造过程在虚拟世界实现快速迭代和持续优化，并不断优化物质世界的运行。工业软件和工业APP为数据有效转换提供了重要的工具和载体。数据分析和处理后，通过工业软件和工业APP转化为工业应用，解决以复杂性和不确定性为特征的工业制造的资源配置、效率提高、管理透明、决策科学等现实问题。

2.4.9 工业大数据的价值

通过数据分析和数据挖掘实现数据赋能业务，赋能经营管理、赋能计划决策。工业大数据价值层次如图 2.80 所示。

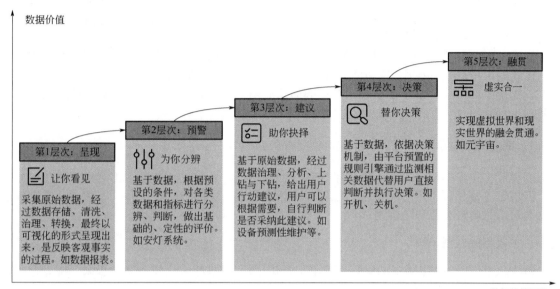

图 2.80 工业大数据价值层次图

2.4.10 工业大数据的应用场景

工业大数据除以上数据功能外，还有一些工业领域独特的典型的应用，如协同和仿真设计、现场监控和告警、设备预防性维护、生产过程持续优化、产品价值挖掘、提升服务型生产、企业决策与预测等，下面以协同和仿真设计为例进行介绍。

传统的研发设计需经历多次产品生产全周期的试制、修订和迭代，才能获得成品，工业大数据为研发设计带来新优势。传统产品研发设计过程中，研发设计的开始阶段，需要设计师从前期调查入手，以洞察客户的需求为出发点，进而利用发散思维找出市场漏洞以及相关链接点。而工业大数据下的产品研发设计，设计师可以在网上发布设计，喜欢的用户不仅可以通过同样的平台为这些设计买单，还可以加上自己的想法，形成个性化定制产品。如此，设计师可以兼顾消费者多样化需求来进行设计，可以设计出更贴合需求的产品，也可以提高设计效率，同时可以获得其设计思维的商业价值。

在新技术条件下，随着远程办公、元宇宙的到来，研发人员也不需要聚集在一起设计，可以远程参加设计工作，工业设计进入协同设计新阶段。除此之外，工业设计不再局限于本单位范围内，甚至个人也可以加入到设计组织中，共同设计某个产品。

随着孪生技术和仿真技术的发展，工业设计也进入了仿真设计阶段。真实产品中遇到的强度、变形、寿命预测、稳定性、振动、干涉等问题可以通过仿真技术模拟出来,设计人员可以节约新产品设计成本,缩短新产品上市时间,为企业提供强大的竞争力。

2.5 工业数据建模与分析

建模,即建立模型,是为了理解事物而对事物做出的一种抽象,是对事物的一种无歧义的书面描述,是研究事物的重要手段和前提。建立系统模型的过程称为模型化。数据建模可以看作是"数据集+目标+算法+优化迭代=数据建模"的过程。

如果说工业 PaaS 是工业互联网平台的核心,那工业 PaaS 的核心又是什么呢?智能制造从数字化开始,打造全流程数字化模型,这是工业 PaaS 平台的核心。工业互联网平台要想将人、流程、数据和事物结合在一起,必须有足够的工业知识和经验,并把这些以数字化模型的形式沉淀到平台上。

2.5.1 数字化模型

所谓数字化模型是将大量工业技术原理、行业知识、基础工艺、模型工具等规则化、软件化、模块化,并封装为可重复使用的组件。具体包括通用类业务功能组件、工具类业务功能组件、面向工业场景类业务功能组件。

(1)数字化模型来源

数字化模型既然在工业 PaaS 平台中如此重要,那么这些数字化模型从哪里来的呢?常见数字化模型来源如图 2.81 所示。

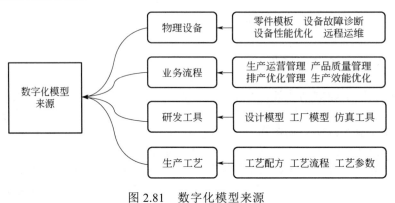

图 2.81 数字化模型来源

(2)数字化模型分类

① 机理模型 机理模型是数字化模型的一种,亦称白箱模型,是根据对象、生产过程的内部机制或者物质流的传递机理建立起来的精确数学模型。其优点是参数具有非常明确的物理意义,模型参数易于调整,所得的模型具有很强的适应性。机理模型往往需要大量的参数,这些参数如果不能很好地获取,也会影响模型的模拟效果。机理模型分类比较复杂,就工业领域的应用场景,可以分为基础理论模型、流程逻辑模型、部件模型、工艺模

型、故障模型、仿真模型等。

② 非机理模型 非机理模型（黑箱或灰箱、数据模型），是指不分析实际过程的机理，而是对从实际得到的与过程有关的数据进行梳理统计分析，按误差最小原则归纳出该过程各参数与变量之间的数学关系式，即只考虑输入和输出，与过程机理无关。

随着大数据技术的发展，一些大数据分析模型也被广泛使用，包括基本的数据分析模型（如对数据做回归、聚类、分类、降维等基本处理的算法模型）、机器学习模型（如利用神经网络等模型对数据进行进一步辨识、预测等）以及智能控制结构模型，大数据分析模型更多的是从数据本身出发，不过分考虑机理原理，更加强调相关关系，对相关的数据进行整合和提炼，在数据的基础上经过训练和拟合，形成自动化的决策模型。

（3）数字化模型开发

所有的技术、知识、经验、方法、工艺都将通过不同的编程语言、编程方式固化成一个个数字化模型。建模工具有 Python 数据抓取、MySQL 数据整理统计、Excel 图表制作、SPSS 数据建模可视化等。这些模型一部分是由具备一定开发能力的编程人员，通过代码化、参数化的编程方式，直接将数字化模型以源代码的形式表示出来，但对模型背后所蕴含的知识、经验了解相对较少；另一部分是由具有深厚工业知识沉淀但不具备直接编程能力的行业专家，将长期积累的知识、经验、方法通过"拖拉拽"等形象、低门槛的图形化编程方式，简易、便捷、高效地固化成一个个数字化模型。数字化建模过程如图 2.82 所示。

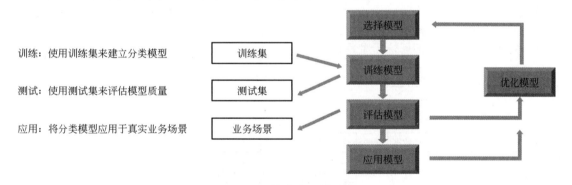

图 2.82　数字化建模过程

数据建模一般包括选择模型、训练模型、评估模型、应用模型和优化模型五个阶段。正如数据挖掘标准流程一样，建模的这五个步骤并不是单向的，而是一个循环的过程。当发现模型不佳时，就需要优化，就有可能回到最开始的地方重新思考。即使模型可用了，也需要定期对模型进行维护和优化，以便让模型能够继续适用新的业务场景。

（4）数字化模型技术架构

这些技术、知识、经验、方法等被固化成一个个数字化模型沉淀在工业 PaaS 平台上时，主要以两种方式存在：一种是整体式架构，即把一个复杂大型的软件系统直接迁移至平台上；另一种是微服务架构，传统的软件架构不断碎片化成一个个功能单元，并以微服务架构形式呈现在工业 PaaS 平台上，构成一个微服务池。目前两种架构并存，但随着时间的推移，整体式架构会不断地向微服务架构迁移。

2.5.2 数字化模型的价值

一旦所有的数据都汇聚到工业 PaaS 平台上，所有的工业技术、知识、经验和方法也都以数字化模型的形式沉淀在 PaaS 平台上，当把海量数据加入到数字化模型中，进行反复迭代、学习、分析、计算之后，可以解决物理世界四个基本问题：描述物理世界发生了什么；诊断为什么会发生；预测接下来会怎样；决策应该怎么办。决策完成之后就可以驱动物理世界执行，最终实现制造资源的优化配置。数字模型的价值概括起来讲，就是状态感知（发生了什么）、实时分析（为什么会发生、怎么做）、精准预测（下一步会发生什么）、决策执行（该怎么办）。

总而言之，数据是为决策做服务的，有什么样的决策会执行什么样的行动，在执行过程中不断地修正决策的知识，使数据更好地服务决策，形成一个不断螺旋式的上升。

2.5.3 数字化模型建立流程

数字化模型建立流程如图 2.83 所示，其中关键点如下。
① 目标定义：任务理解，目标确定。
② 数据采集：建模抽样，质量把控，实时采集。
③ 数据整理：数据探索，数据清洗，数据变换。
④ 构建模型：选择变量，选择算法，加载算法，测试结果，模式发现，输出规则，加载模型，验证模型。
⑤ 模型评价：设定标准，模型对比，模型优化。
⑥ 模型发布：模型部署，模型重构。

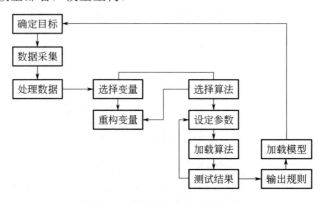

图 2.83　数字化模型建立流程

2.5.4 数据+模型=服务

随着新一代信息技术与制造业的深度融合，工业企业的运营管理越来越依赖工业大数据，工业大数据的潜在价值也日益呈现。随着越来越多的生产设备、零部件、产品以及人力物力不断接入工业互联网，工业大数据呈现出爆炸式增长的趋势。

大数据的核心和本质是应用、算法、数据和平台 4 个要素的有机结合，如图 2.84 所示。大数据是以应用驱动的，海量的、多样的、高速的和有价值的工业大数据来源于工业实践，海量数据产生于实际应用中。

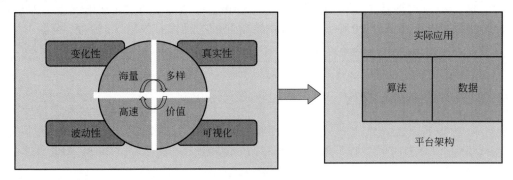

图 2.84　大数据核心

工业互联网对企业的信息系统、控制系统等过程数据进行采集,将采集到的数据进行加工,关键数据导入到工业化算法模型以实现业务功能的软件化、自动化,最终把正确的数据以正确的方式、在正确的时间传递给正确的人和机器,以优化制造资源配置效率。

工业互联网本质是"数据+算法=服务"。通过"数据+模型"优化资源配置效率,提供更为优质的服务。数据源于实践中的实际应用需求,以具体的应用数据为驱动,以算法、工具和平台为支撑,最终将发现的知识和信息用到实践中去。

2.6　工业APP

所谓工业APP是指面向特定工业应用场景,为了解决特定问题、满足特定需要而将工业领域的各种流程、方法、数据、信息、规律、经验、知识等工业技术要素,通过数据建模与分析、结构化整理、系统性抽象提炼,并基于统一的标准封装固化后所形成的一种可高效重用和广泛传播的工业应用程序。工业APP是工业技术软件化的重要成果,是一种与原宿主解耦的工业技术经验、规律与知识沉淀、转化和应用的载体。工业APP可以调用工业互联网云平台的资源,推动工业技术、经验、知识和最佳实践模型化、软件化。

2.6.1　工业APP概念

工业APP是基于工业互联网,承载工业知识和经验,满足特定需求的工业应用软件,是工业技术软件化的重要成果。其本质是企业知识和技术诀窍的模型化、模块化、标准化和软件化,能够有效促进知识的显性化、公有化、组织化、系统化,极大地便利了知识的应用和复用。对工业APP理解要明确以下几点。

① 工业APP具有轻量化、可复用等特点　与传统工业软件相比,工业APP具有轻量化、定制化、专用化、灵活和复用等特点。用户复用工业APP可快速赋能,机器复用工业APP可快速优化,工业企业复用工业APP可实现对制造资源的优化配置,从而创造和保持竞争优势。

② 工业APP不依赖于特殊的平台　工业APP所依托的平台,可以是工业互联网平台、公有云或私有云平台,也可以是大型工业软件平台,还可以是通用的操作系统平台。

③ 工业 APP 解决的是具体的工业问题。

④ 工业 APP 是工业技术知识的载体　工业 APP 是一种特殊的工业应用程序，是可运行的工业技术知识的载体，工业 APP 中承载了解决特定问题的具体业务场景、流程、数据与数据流、经验、算法、知识等工业技术要素。每一个工业 APP 都是一些具体工业技术与知识要素的集合与载体。

2.6.2　工业 APP 的体系架构

工业 APP 既具有工业属性，又具备软件属性，是工业技术知识与最佳实践的软件形态载体，其核心是工业技术知识，是工业技术与信息技术的融合。图 2.85 为工业 APP 的参考体系架构。

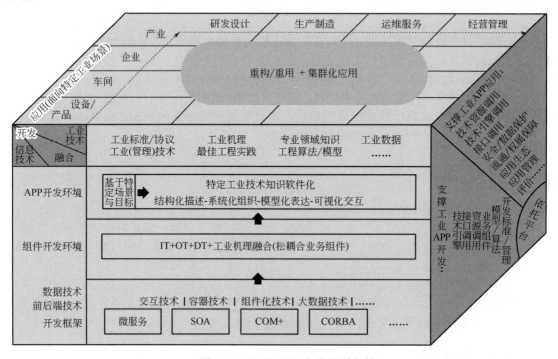

图 2.85　工业 APP 参考体系架构

2.6.3　工业 APP 的特征

工业 APP 作为一种新型的工业应用程序，一般具有以下 6 个典型特征。

① 完整地表达一种或多种特定功能，解决特定问题　每一个工业 APP 都是一个解决特定问题的工业应用程序，是具有一种或多种特定功能的应用程序。

② 特定工业技术的载体　工业 APP 中封装了解决特定问题的流程、逻辑、数据与数据流、经验、算法、知识等工业技术。一个工业 APP 是一种或几种特定工业技术的集合与载体。

③ 小轻灵，可组合，可重用　工业 APP 只解决特定的问题，相对来说目标单一，不需要考虑功能普适性，工业 APP 之间耦合度比较低。当然，虽然单个工业 APP 一般小巧灵活，但

不同的工业 APP 可以通过一定的逻辑与交互进行组合，解决更复杂的问题。同时，因为工业 APP 集合与固化了解决特定问题的工业技术，所以工业 APP 可以重复应用到不同的场景，解决相同的问题。

④ 结构化和形式化　工业 APP 是流程与方法、数据与信息、经验与知识等工业技术进行结构化整理和抽象提炼后的一种显性表达，一般以图形化方式定义这些工业技术及其相互之间的关系，并提供图形化人机交互界面，以及可视的输入输出。

⑤ 轻代码化　工业 APP 的开发主体是具备各类工业知识的开发人员。工业 APP 具备轻代码化的特征，以便研发人员快速、简单、便捷地将工业技术知识进行沉淀与积累。

⑥ 平台化可移植　工业 APP 集合与固化了解决特定问题的工业技术，因此，工业 APP 可以在工业互联网平台中不依赖于特定的环境运行，这样，工业 APP 就可以很方便地进行移植。

2.6.4　工业软件与工业 APP 的区别

工业 APP 是工业软件开展的新形态，但工业 APP 和工业软件之间还存在差异，二者的差异如表 2.34 所示。

表 2.34　工业软件与工业 APP 对比

序号	比较项	工业软件	工业 APP
1	目的	解决抽象层次的通用问题：解决一类或多类问题，满足一类或多类需求，面向多种不同的应用场景，具有普适性，是一种更抽象的工业应用软件	只解决特定的具体的工业问题：面向特定行业，面向特定需求，解决特定问题，是一种满足特定需要的应用软件
2	本质	工具属性：提供人们应用工业知识、实践经验与规律的支撑框架，是通用工业原理、基础建模计算、仿真、控制与执行等要素的集合，不以提供工业技术知识为主，也就是说，有了工业软件，如果缺少工业技术知识，也不一定能完成相应的工业技术工作。必要说明的是，工业软件云化并没有改变工业软件的实质，因而也就不能说工业软件云化后就变成了工业 APP	知识属性：工业 APP 本质上具有知识属性。工业 APP 是工业技术知识、实践经验、工业运行规律的载体。工业 APP 要沉淀各种工业技能常识，把这些工业技能常识变成工业运用程序
3	体量	工业软件需要独立提供全面的要素（建模、数据库等），体量大，操作使用复杂，需要具备某些专业领域知识才能使用	工业 APP 具有小轻灵的特征，易操作
4	部署方式	通常本地化安装部署	多种部署方式
5	开发主体	工业人和 IT 人协作完成，IT 人对工业技术知识的软件表达	工业 APP 需要对产品目标进行精确描绘，需要多专业、多范畴的建模引擎和常识支撑，需要以工业人为主，是工业人对工业技术知识的表达
6	开发模式	大量的代码开发工作，通常由一个组织协同完成	轻代码化，可以由个人完成，不需要大量的代码工作，通过简单的拖拉拽等操作和定义完成工业 APP 开发，便于工业人沉淀工业知识
7	建模能力	具备行业的领域建模引擎，完成复杂的创造性模型构造	具备通用的数学建模能力，缺乏专业的领域建模引擎。通常各专业范畴的工业软件的适配器接入工业互联网，作为建模引擎资源供工业 APP 调用
8	软件依赖度	包含完整工业软件要素，如技术引擎、数据库等	必须依托平台提供的技术引擎、资源、模型等完成开发与运行
9	耦合性	可以分模块运行，不可多层级解耦	可以多层级解耦

2.6.5 工业 APP 与消费 APP 的区别

工业 APP 借鉴了消费 APP 的一些概念和经验,工业 APP 在体量小轻灵、易操作、易推广重用等方面充分借鉴了消费 APP 的特性,但是工业 APP 与消费 APP 两者具有明显的区别,如表 2.35 所示。

表 2.35 工业 APP 与消费 APP 比较

序号	对比项	消费 APP	工业 APP
1	用户范围不同	用户范围广,用户是消费者,非专业用户	用户是产品设计者,生产、经营者,为专业用户
2	服务对象不同	消费者	工业企业
3	服务基础不同	基于信息交换	基于工业机理
4	服务目的不同	介绍类、告知类,解决生活问题	监测类、告警类,解决工业问题

2.6.6 工业 APP、组件、微服务的关系

(1)工业 APP 开发的三个层次

在工业 APP 开发过程中,经常会出现工业 APP、组件、微服务、云原生、容器等关键词,从工业 APP 开发与技术实现的角度来看,工业 APP 开发至少包含如图 2.86 所示的三个层次。

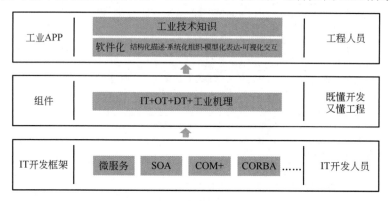

图 2.86 工业 APP 开发的三个层次

第一层是 IT 实现层,包括传统的 SOA、CORBA、COM+ 等技术,以及微服务技术架构。IT 实现层主要关注各种 IT 实现技术,是 IT 技术的集中汇聚与应用。第二层是工业技术与信息技术融合的组件层,是工业 APP 开发的关键,体现了信息技术(IT)与运营技术(OT)、数据技术(DT)、工业机理的融合,组件层的开发需要既懂工业技术又懂 IT 技术的人来完成。组件层也是工业 APP 开发平台的核心。第三层是面向工程技术人员的 APP 开发层,工程技术人员使用各种组件,通过低代码、可视化方式,快速完成工业 APP 开发。

(2)工业 APP 与工业机理模型关系

工业机理模型是根据工业领域对象、生产过程的内部机制或者物质流的传递机理建立的精

确数学模型。机理模型可以是工业 APP 所包含业务逻辑的核心组成，但模型本身并不是 APP，而工业 APP 可以封装某一个机理模型解决某一工业问题。使用机理模型解决某问题的过程是业务逻辑，与明确的输入输出、可视化交互界面一起封装后，就成为了工业 APP。

可以说，工业 APP 是应用，工业机理模型是方法，是解决应用的某个问题的业务逻辑。

（3）工业 APP 与工业微服务关系

工业微服务架构为工业互联网平台的知识转化和复用提供了最佳技术手段，算法、模型、知识等模块以组件、微服务方式被调用和编排，实现低门槛、高效率的工业 APP 开发。微服务是一种软件架构，工业微服务本身可能就是一个工业 APP，可以解决工业应用中的某个问题；同时工业微服务也可能只是提供一个组件，支撑工业 APP 的开发工具，在需要的时候被调用或编排。

2.6.7 工业 APP 的应用场景

工业 APP 面向特定工业场景，解决具体的工业问题。由于我国工业基础能力、企业分布结构以及制造企业数字化、网络化和智能化水平各不同，工业互联网赋能工业制造的路径不同，应用场景各异。

（1）面向设计领域的工业 APP

工业设计大数据主要用于提高研发人员的研发创新能力、研发效率和质量，支持协同设计，具体的 APP 设计集中在以下几个方面。

① 基于模型和仿真的研发设计　数字化技术环境下的产品设计开发，从概念设计就以数字化模型为载体，不受时间和空间等的限制，对产品模型修改和完善，并通过生产设备将最终方案的数据制作成产品。通过数字化模型的显示、仿真、快速成型、虚拟现实交互，可及时发现设计缺陷，优化产品，克服以往多种缺点，而无需投入真实的生产，避免损失。同时，虚拟仿真技术也在不断进化，不断提高系统的智能型，逐步解决产品创新设计中的不确定性与模糊性。

② 基于产品生命周期的设计　运用大数据相关技术（如数据检索技术、数据分析技术、大数据挖掘技术、大数据解释技术等），将产品生命周期设计所需的大数据与设计过程集成，实现设计高度有序化，并以可视化的方式展示产品生命周期与设计大数据的关系；另外，在设计中也可以集成设计人员在设计中产生的新知识数据，使产品设计大数据得以进一步丰富。

③ 融合消费者反馈的设计　利用工业数据平台获取企业所关注的用户或消费者反馈、产品反馈、市场需求、消费者或用户购买习惯、消费者或用户关注点等信息，结合消费者、市场、微观环境、宏观形势等各维度的数据信息，达到生产者和用户、消费者之间"信息黏性"的效果，利用这些关联数据信息，通过大数据挖掘分析技术，构建大量的相关性标签体系去匹配产品需求，对客户精细画像、细分客户类型、分析兴趣爱好、挖掘关注点，实现客户全面洞察，面向细分市场，改进、创新设计产品的功能和款式。

（2）面向生产制造的工业 APP

① 生产工艺优化　在生产过程中使用大数据，就能分析整个生产流程，有助于制造商改进其生产流程。

② 生产能耗优化　在设备生产过程中利用传感器集中监控所有的生产流程，优化能源的消耗。

③ 生产质量控制　利用工业大数据技术,挖掘产品质量特性与关键工艺参数之间的关联规

则,抽取过程质量控制知识,为在线工序质量控制、工艺参数优化提供指导性意见。

④ 生产计划与排程　大数据给予企业更详细的数据信息,发现历史预测与实际的偏差概率,通过数据的关联分析及监控,企业能更准确地制定计划。

(3) 面向需求预测的工业 APP

在产品开发方面,分析当前需求变化和组合形式,通过消费人群的关注点进行产品功能、性能的调整,设计制造更加符合核心需要的新产品,针对每一个群体策划并推送针对性的营销。

(4) 面向供应链的工业 APP

供应链环节工业大数据的应用主要体现在供应链优化,即通过全产业链的信息整合,使整个生产系统达到协同优化,让生产系统更加动态灵活,进一步提高生产效率和降低生产成本。主要应用有供应链配送体系优化和用户需求快速响应。

(5) 面向运营服务的工业 APP

新一代信息技术通过对产品的配方、工艺及原材料采购、生产制造、仓储、运输、使用、大修和报废的全过程进行监控和管理,保证企业更好地运营和提供给用户更好的服务。

2.7　多租户技术

2.7.1　多租户技术概念

多租户技术(Multi-tenancy Technology)或称多重租赁技术,是一种软件架构技术,探讨与实现如何于多用户的环境下共用相同的系统或程序组件,并且仍可确保各用户间数据的隔离性。在多租户技术中,租户(Tenant)是指使用系统或计算资源的用户,包含在系统中可识别为指定用户的一切数据,比如在系统中创建的账户与统计信息(Accounting Data),以及在系统中设置的各式数据和用户所设置的客户化应用程序环境等,都属于租户的范围。多租户管理如图 2.87 所示。

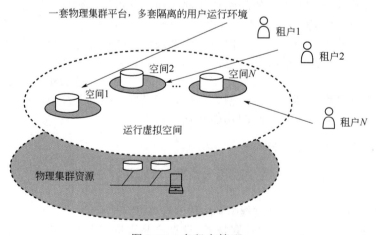

图 2.87　多租户管理

多租户的资源是按照服务请求动态创建的。租户租借计算资源，是和服务提供商签订服务协定的，有一定的时间限制（租户可以任何时间、任何地点来申请或取消对计算资源的使用）。服务提供商必须按照协定动态地进行部署，满足租户的需求。租户间共享资源越多，基础资源的利用率越高，单位资源成本越低，租户间隔离性越差。多租户平台架构如图 2.88 所示。

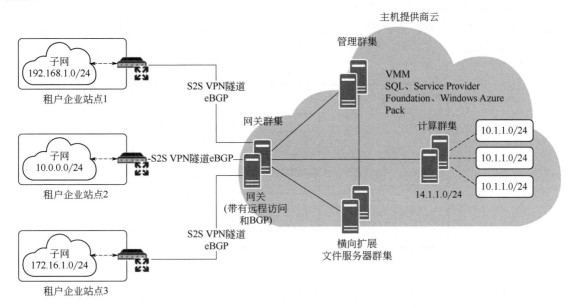

图 2.88　多租户平台架构

2.7.2　多租户技术要求

多租户管理技术是云平台使能技术之一，通过虚拟化、数据库隔离、容器化等技术实现不同租户应用和服务的隔离，保护其隐私与安全。统一租户管理，创建不同的租户和租户资源，既满足资源集约管理要求，又满足各个用户对数据处理的安全隔离要求，实现集群内租户间物理资源或逻辑资源的动态配置和管理、权限管控、资源隔离、资源使用统计等功能，为用户提供安全可靠的多租户服务。

多租户管理是面向客户需求的，用于提高底层资源利用率，满足租户基础资源需求，同时满足数据、设备的安全性要求的管理功能。因此多租户管理需具备以下技术要求。

① 租户管理　针对计算和存储资源，租户可以按需申请资源配额，独立管理自己的资源。针对数据，租户可以独立管理自有的数据，实现与其他租户间彼此隔离，确保数据安全。对于各个租户的不同应用需求，平台通过统一的集群管理，可以动态创建和销毁集群，灵活部署业务，适合对非 7×24 不间断业务（例如周期性统计业务）动态部署。

② 资源隔离　支持数据隔离、SLA 隔离（性能 SLA 隔离、故障 SLA 隔离）、安全隔离。隔离的租户在物理资源上，统一按虚拟资源池的要求部署，在租户隔离的基础上实现物理资源池的共享与弹性伸缩，实现资源利用率的最优化。支持对计算和内存资源的管理，避免占用内存资源多的集群之间争抢内存资源。

③ 动态配置　申请资源配额后，如果当前用户的资源紧张或受限，可以动态调配其他用户的闲置资源加入，当其他用户使用时再归还，以动态的方式更好地利用平台计算资源。

④ 权限管控　为租户生成租户管理员，并赋予租户管理员权限。对不同租户的操作员进行分组分类分级管理，对租户应用授权，支持对计算资源和内存资源的管理能力，避免占用内存资源多的集群之间争抢内存资源，对租户的数据访问能力进行设置，实现数据隔离。多租户管理的权限管控如图 2.89 所示。在系统运行时，任何一个用户在使用系统资源时，都需要进行授权校验，也就是看这个用户关联的所有角色囊括的资源是否包涵当前要访问的资源。作业提交后，租户管理员通过管控界面，根据用户所能申请资源的额度以及能提交作业的最大个数等，实现计算资源的用户权限管控。

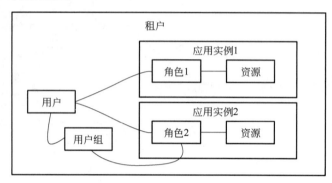

图 2.89　权限管控

⑤ 资源使用统计　提供租户信息总览以及租户的资源配置使用情况、性能监控、任务监控、运行监控、日志监控等，并以图形化方式展示集群下的租户使用 CPU、内存、HDFS 等资源的信息。根据租户需求动态划分硬件、网络和计算资源，对不同租户的应用程序运行环境和数据资源进行有效隔离，在保证应用程序互不干扰、用户数据安全不泄密情况下，对各租户使用的资源量、服务调用次数进行记录、统计和计费。

⑥ 安全管控　需要建立全方位的安全体系，设定安全等级，提供"事前可管、事中可控、事后可查"的安全服务，避免数据泄露风险，为用户数据、用户平台、用户应用保驾护航。

2.7.3　虚拟网络拓扑

在云计算中，服务器虚拟化将传统的物理服务器虚拟化成若干个虚拟服务器，每个虚拟服务器运行独立的操作系统。每个租户拥有虚拟服务器资源池中的一个虚拟服务器或一组虚拟服务器。多租户网络必须能够满足虚拟机之间的隔离需求，每个租户在虚拟的资源环境中，必须有自己的独立标识，即租户 ID，同时每个租户都必须有自己独立的网络链路，即虚拟网络拓扑，如图 2.90 所示。

在多租户网络中，每个租户有不同的应用，所以云服务提供商必须确保每个租户的服务质量，如在流量拥塞的时候确保最低带宽，避免网络拥塞等。所以，在多租户网络中，每个用户的 QoS 策略及流量策略非常重要。在多租户网络中，租户的虚拟服务器并不一定集中部署在一个数据中心，大部分情况是分布在不同的数据中心，有的需要跨越城域网甚至广域网。在这种情况下，多租户网络必须能够跨越互联网，实现租户的互联互通。

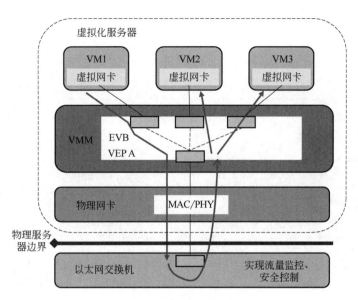

图 2.90　虚拟网络拓扑

2.7.4　多租户技术

从技术角度看，多租户技术可以通过许多不同的方式来切割用户的应用程序环境或数据。

数据层面，供应商可以利用切割数据库、切割存储区、切割结构描述或表格来隔离租户的数据，必要时需要进行对称或非对称加密以保护敏感数据，但不同的隔离做法有不同的实现复杂度与风险。

程序层面，供应商可以利用应用程序挂载环境，于进程上切割不同租户的应用程序运行环境，在无法跨越进程通信的情况下，保护各租户的应用程序运行环境，但供应商的运算环境要够强。

系统层面，供应商可以利用虚拟化技术，将实体运算单元切割成不同的虚拟机，各租户可以使用其中一台至数台虚拟机作为应用程序与数据的保存环境，但对供应商的运算能力有更高要求。

2.7.5　多租户技术实现方式

多租户技术的实现重点在于不同租户间应用程序环境的隔离以及数据的隔离，以保证不同租户间应用程序不会相互干扰，同时数据的保密性也够强。

① 应用程序部分　通过进程或是以支持多应用程序同时运行的装载环境来做进程间的隔离，或是在同一个伺服程序进程内以运行的方式隔离。

② 数据部分　通过不同的机制将不同租户的数据隔离，Force 是采用中介数据来切割，微软 MSDN 的技术文件是使用结构描述的方式隔离。

多租户的隔离技术有三类，分别为逻辑隔离、资源隔离和运行隔离，如图 2.91 所示。

① 逻辑隔离　从租户的角度出发，每个租户都有自己独立的逻辑模型，拥有自己独立的资源以及基于相同的逻辑模型实现的统一授权模型。利用虚拟化技术，可以让用户在一台计算机上打开一个或多个虚拟桌面,每个虚拟桌面以及该计算机的真实操作系统之间都可以互相隔离，

数据不能相互传输。

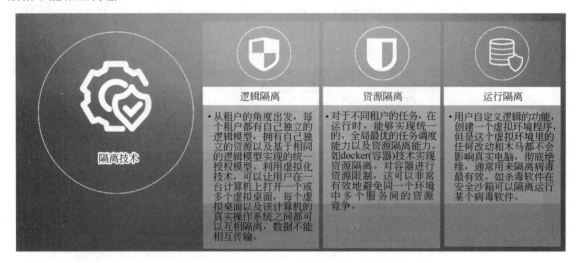

图 2.91　多租户隔离技术

② 资源隔离　对于不同租户的任务，在运行时，能够实现统一的、全局最优的任务调度以及资源隔离，如利用 docker（容器）技术实现资源隔离。对容器进行资源限制，可以非常有效地避免同一个环境中多个服务间的资源竞争。

③ 运行隔离　用户自定义逻辑的功能，创建一个虚拟环境程序，但是这个虚拟环境里的任何改动和木马都不会影响真实电脑，彻底绝缘，通常用来隔离病毒最有效，如杀毒软件在安全沙箱可以隔离运行某个病毒软件。

2.7.6　多租户方式的选择

（1）多租户隔离的三种方式

在当下云计算时代，多租户技术在共用的数据中心以单一系统架构与服务提供给多数客户端相同甚至可定制化的服务，且可以保障客户的数据隔离。目前各种各样的云计算服务就属于这类技术范畴。多租户在数据存储上存在三种隔离方式，如图 2.92 所示

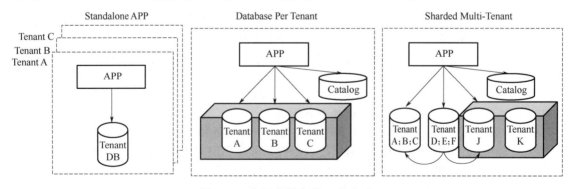

图 2.92　多租户隔离的三种方式

① 每个租户一个独立应用程序模式（Standalone APP）　使用单个租户应用程序，并且每个租户有一个数据库。每个租户的应用，包括其数据库，均部署到单独的资源组。可在服务提供商的订阅或租户的订阅中部署资源组，并提供程序代表租户进行管理。每个租户一个独立应用程序模式提供了最佳的租户隔离，但其经济成本通常较高，因为无法跨多个租户共享资源。此模式非常适合较复杂并部署到较小数量的租户的应用程序。相较其他模式，使用独立部署，能够更轻松地为每个租户自定义应用程序，如图2.93所示。

② 每个租户一个数据库模式（Database per Tenant）　适用于注重租户隔离并想要运行集中式服务以经济高效地使用共享资源的服务提供商。将为每个场所或租户创建数据库，并集中管理所有数据库。数据库可以托管在弹性池中，以便均衡无法预测的租户工作负载模式，轻松并经

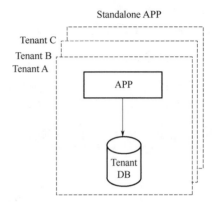

图 2.93　每个租户一个独立应用程序模式示意图

济高效地进行性能管理。目录数据库将保管租户与其数据库之间的映射。使用弹性数据库客户端的分片映射管理功能管理此映射，从而为应用程序提供高效的管理功能。典型的，当在 IaaS 云平台时，一台物理机可以虚拟化为多台虚拟云主机供给不同的租户使用，虚拟机可以做到计算、网络、存储等资源的逻辑隔离。每个租户一个数据库模式为每个租户分配一个独立的数据库，其在 SID 层就是完全独立的，如图 2.94 所示。

③ 分片式多租户数据库模式（Sharded Multi-tenant）　多租户数据库适用于希望降低每个租户的成本并可接受租户隔离性降低的服务提供商。此模式可将大量租户封装到单个数据库，从而降低每个租户的成本。可以通过跨多个数据库将租户分片来实现几乎无限制的缩放，目录数据库将租户映射到数据库，如图 2.95 所示。此模式还可实现混合模型，在混合模型中可以通过将多个租户置于一个数据库中来优化成本，或通过将单个租户置于他们自己的数据库中来优化隔离。在预配租户时或在此之后，可以根据租户做出选择，并且不会影响此应用程序。如果需要以不同的方式处理不同租户组，使用此模式可获得良好效果。例如，可将低成本租户分配到共享数据库，而将高级租户分配到其自己的数据库。

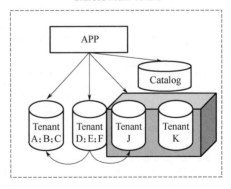

图 2.94　每个租户一个数据库模式示意　　图 2.95　分片式多租户数据库模式示意图

完全共享数据库，SID 和 Schema 都只有一套，在这种模式下核心是所有数据库表都需要增加租户 ID 字段对数据进行多租户隔离，以保障某一个租户登录系统只能够看到自己租户下的相关信息。如果是一个完整的多租户应用，还需要考虑按用户、组织、角色群组等进行数据隔离，以满足业务系统的使用需求。

（2）选择合理的实现模式

选择多租户方式时需要考虑多种因素，包括成本因素、安全因素和技术因素等，且要对三者综合考虑，做出适合企业的选择，考虑因素如图 2.96 所示。

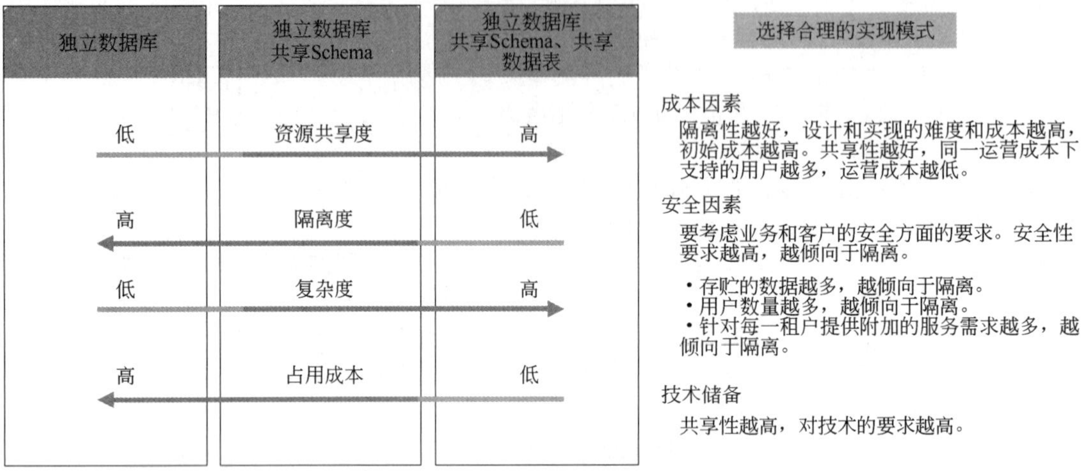

独立数据库	独立数据库共享Schema	独立数据库共享Schema、共享数据表	选择合理的实现模式
低	资源共享度	高	**成本因素** 隔离性越好，设计和实现的难度和成本越高，初始成本越高。共享性越好，同一运营成本下支持的用户越多，运营成本越低。
高	隔离度	低	**安全因素** 要考虑业务和客户的安全方面的要求。安全性要求越高，越倾向于隔离。 ・存贮的数据越多，越倾向于隔离。 ・用户数量越多，越倾向于隔离。 ・针对每一租户提供附加的服务需求越多，越倾向于隔离。
低	复杂度	高	
高	占用成本	低	**技术储备** 共享性越高，对技术的要求越高。

图 2.96　多租户隔离的三种模式对比

权衡不同的多租户实现方式时，需要考虑因素如表 2.36 所示。

表 2.36　多租户实现方式选择考虑因素

序号	考虑因素	考虑内容
1	扩展性	租户情况（租户数目、每个租户的存储量、总存储量、工作负荷）以及未来发展趋势
2	安全性	要考虑租户之间数据隔离级别要求，安全性要求越高，越倾向于隔离
3	灵活性	不同租户可能有不同的需求，对特定租户需求的扩展能力
4	开发复杂性	架构更改和查询更改（模式所需）
5	操作复杂性	监视和管理性能、架构管理、还原租户、灾难恢复
6	资源共享	多租户通常有某种形式的资源共享，需要避免某个租户糟糕的 SQL 吃掉系统资源，影响其他租户的响应时间。 ① 系统要支持租户数量　可能的租户越多，越倾向于共享； ② 租户存储数据空间平均大小　存储的数据越多，越倾向于隔离； ③ 租户同时访问系统的最终用户数量　需要支持的越多，越倾向于隔离； ④ 租户提供附加的服务　这方面的需求越多，越倾向于隔离
7	跨租户分析和优化	对全部租户或者多个租户的数据和行为进行分析的能力
8	运维和管理	运维管理的复杂度和便宜性，包括监控、修改数据库模式、创建索引、收集统计数据、数据加载等

续表

序号	考虑因素	考虑内容
9	成本	总体拥有成本，包括方案实现成本、运维成本等。隔离性越好，设计和实现的难度和成本越高，初始成本越高；共享性越好，同一运营成本下支持的用户越多，运营成本越低
10	技术储备	共享性越高，对技术的要求越高
11	可自定义性	易于支持租户特定的或租户类特定的架构自定义

（3）云计算下的多租户

云计算的发展，在 SaaS 平台化中，使多租户的问题已解。在当前云原生和容器下，动态部署和持续交付都更加容易，那么为了更好地进行资源隔离，完全可以为单独的大租户动态地扩展一套独立的容器集群为该租户服务，即实现该租户能够单独使用一组容器资源池而非共享。

SaaS 化使原本的甲方转变成了用户，SaaS 化重要问题之一就是用户在使用服务时的数据隔离问题，多租户的使用实际上也是一种经济的解决方案，由于共享开发的服务和维护成本，导致一个平台在多租户的情况下可以多个人使用，大大减少了人力和物力。

在 SaaS 实施过程中，隔离性越好，设计和实现的难度、成本越高，初始成本越高。共享性越好，同一运营成本下支持的用户越多，运营成本越低，要在数据的共享、安全隔离和性能之间取得平衡。

2.8 安全技术

工业互联网包括网络、平台、安全三大体系，其中网络体系是基础，平台体系是核心，安全体系是保障。建设满足工业需求的安全技术体系和管理体系，增强设备、网络、平台、数据和应用的安全保障能力，识别风险，抵御安全威胁，化解各种潜在或显现的安全风险，构建工业智能化发展的安全可信环境。

在建设工业互联网平台过程中，选择适应新形势的安全架构，不仅要保证设备的安全、网络的安全、平台的安全，还要保证应用的安全。工业互联网平台的安全是一个系统的工程，要建立全方位、立体化的安全防控环境。

2.8.1 工业互联网的安全威胁

近年来，工业互联网、5G、云计算和大数据等技术日趋成熟，在此过程中，从单一的工业以太网到工业互联网实质上发生了变化：从相对封闭的工业生产控制网络转变为相对开放的工业互联网平台、从流入工业企业本地孤立的业务系统转变为流向外部的云端平台、从工业企业自身实施优化到依托工业互联网平台优化配置。

早期的工业控制系统都是在相对独立的网络环境下运行，在产品设计和网络部署时，基本只考虑了功能性和稳定性，对安全性考虑不足。工业控制系统的漏洞数量每年都在快速增加，这些漏洞会成为攻击工业控制网络的主要途径。通过攻击这些漏洞可以完成获取系统权限、修改工程数据和控制流程、非法关闭现场设备等操作，造成重大的生产事故和经济损失。随着工业控制系统网络之间互联互通的不断推进，接入互联网的工业控制系统和工业设备数量越来多，通过互联网对工业控制系统实施攻击的可能性越来越高，这些都为工业互联网带来巨大的安全隐患。

工业互联网面临着诸多的安全威胁，主要体现在以下方面。

① 来自外部网络的渗透　工业互联网会有较多的开放服务，攻击者可以通过扫描发现开放服务，并利用开放服务中的漏洞和缺陷登录到网络服务器获取企业关键资料，同时还可以利用办公网络作为跳板，逐步渗透到控制网络中。通过对办公网络和控制网络一系列的渗透和攻击，最终获取企业重要的生产资料、关键配方，严重的是随意更改控制仪表的开关状态、恶意修改其控制量，造成重大的生产事故。

② 账号口令破解　企业有对外开放的应用系统（如邮件系统），在登录开放应用系统时需要进行身份认证，攻击者通过弱口令扫描、Sniffer 密码嗅探、暴力破解、信任人打探套取等手段获取用户的口令，直接获得系统或应用权限，获取了用户权限就可以调取相关资料，恶意更改相关控制设施。

③ 利用移动介质攻击　当带有恶意程序的移动介质连接到工程师站或操作员站时，移动介质病毒会利用移动介质自运行功能自动启动，对控制设备进行恶意攻击或恶意指令下置。网络病毒在企业各个网络层面自动传播和感染，造成业务系统和控制系统性能的下降，从而影响企业监测、统筹、决策能力；另外会针对特定控制系统或设备进行恶意更改其实际控制量，造成事故。

④ PLC 程序病毒的威胁　通过对工程师站及编程服务器的控制，感染（替换）相关程序，当 PLC 程序下发时，恶意程序一起被下发到 PLC 控制设备上。恶意程序一方面篡改 PLC 的实际控制流，另一方面将运算好的虚假数据发给 PLC 输出，防止报警。通过这种方式造成现场设备的压力、温度、液位失控，但监测系统不能及时发现，造成重大的安全事故。

⑤ 利用工业通信协议的缺陷　Modbus、DNP3、OPC 等传统工业协议缺乏身份认证、授权以及加密等安全机制，利用中间人攻击捕获和篡改数据，给设备下达恶意指令，影响生产调度，造成生产失控。

⑥ 利用无线网络入侵　控制网络通过 DTU 无线设备和 802.11b 协议连接到管理区的网络，收集网络无线信息，侦测 WEP 安全协议漏洞，破解无线存取设备与客户之间的通信，分析出接入密码，从而成功接入控制网络，控制现场设备，获取机要信息，更改控制系统及设备的控制状态，造成重大影响。

⑦ 其他安全威胁　如窃取、截取、伪造、篡改、拒绝服务攻击、行为否认、非授权访问、传播病毒等。

2.8.2　我国信息安全法律

工业互联网是互联网在工业领域的应用与延伸，我国网络和数据等信息安全的法律法规也一样适用于工业互联网领域，工业互联网平台搭建和应用也需要遵守国家相关法律、法规的要求。

2017 年 6 月 1 日以网络安全为主体的《中华人民共和国网络安全法》正式实施，从此宣告我国网络空间安全进入信息安全的法制时代。该法律是为保障网络安全，维护网络空间主权和国家安全、社会公共利益，保护公民、法人和其他组织的合法权益，促进经济社会信息化健康发展而制定的。《中华人民共和国网络安全法》指出：建设、运营网络或者通过网络提供服务，应当依照法律、行政法规的规定和国家标准的强制性要求，采取技术措施和其他必要措施，保障网络安全、稳定运行，有效应对网络安全事件，防范网络违法犯罪活动，维护网络数据的完整性、保密性和可用性；国家鼓励开发网络数据安全保护和利用技术，促进公共数据资源开放，推动技术创新和经济社会发展。

2021年9月1日，为了规范数据处理活动，保障数据安全，促进数据开发利用，保护个人、组织的合法权益，维护国家主权、安全和发展利益，《中华人民共和国数据安全法》颁布，标志着数据安全与网络安全并行。《中华人民共和国数据安全法》将数据定义为任何以电子或者其他方式对信息的记录；将数据处理定义为收集、存储、使用、加工、传输、提供、公开等过程；将数据安全定义为通过采取必要措施，确保数据处于有效保护和合法利用的状态，以及具备保障持续安全状态的能力。

2021年11月，为了保护个人信息权益，规范个人信息处理活动，保障个人信息依法有序自由流动，促进个人信息合理利用而制定了《中华人民共和国个人信息保护法》。该法律坚持和贯彻以人民为中心的法治理念，牢牢把握保护人民群众个人信息权益的立法定位，对人脸信息等敏感个人信息的处理作出规制，明确不得过度收集个人信息、大数据杀熟，还完善了个人信息保护投诉、举报工作机制，聚焦个人信息保护领域的突出问题和人民群众的重大关切。

2.8.3 工业互联网安全与网络安全的比较

工业互联网安全是传统网络安全的延伸，但二者又有所区别，如在防护对象方面，工业互联网比传统网络更宽广；在连接范围方面，工业互联网也比传统的网络更广；在安全防护方面，工业互联网的危害性更严重。工业互联网安全与传统网络安全的差异如表2.37所示。

表2.37 工业互联网与传统网络安全对比

序号	比较项	传统网络安全	工业互联网安全
1	防护对象	传统互联网安全更多关注网络设施、信息系统软硬件以及应用数据安全	工业互联网安全扩展延伸至工厂内部，包含设备（工业智能装备及产品）安全、控制（SCADA、DCS等）安全、网络（工厂内、外网络）安全、应用（平台应用、软件及工业APP等）安全以及数据（工业生产、平台承载业务及用户个人信息等数据）安全
2	连接范围	传统互联网安全中，攻击对象为用户终端、信息服务系统、网站等	工业互联网连通了工业现场与互联网，使网络攻击直达生产制造现场一线
3	网络架构	简单，网络层级少	复杂，泛在连接
4	通信协议	TCP/IP，安全机制较完善	控制协议多于1000种，大多缺乏安全机制
5	网络时延	要求低，响应时延为秒级	连续性、实时性要求高，控制网络时延为微秒级，控制周期20～500毫秒
6	应用范围	保障传统行业网络平台、信息系统	关注工业互联网平台安全，保障范围广、环节多、难度大
7	保护数据	信息数据/网络数据	工业数据，流动方向和路径较复杂
8	接入设备	传统网络设备	多种工业设备，防护需求多样化
9	安全后果	安全建设相对较成熟，安全后果在可控范围内。安全事件大多表现为利用病毒、木马、拒绝服务等攻击手段造成信息泄露或篡改、服务中断等，影响工作生活和社会活动	部分行业安全建设较落后，严重时会触发物理安全、人身安全等，危害更严重。工业互联网一旦遭受攻击，不仅影响工业生产运行，甚至会引发安全生产事故，给人民生命财产造成严重损失，若供给发生在能源、航空航天等重要领域，还将危害国家总体安全

2.8.4 工业互联网平台安全架构

工业互联网安全主要包括设备安全、控制系统安全、网络安全、数据安全、平台安全、应用安全等。工业互联网平台典型安全架构如图 2.97 所示。

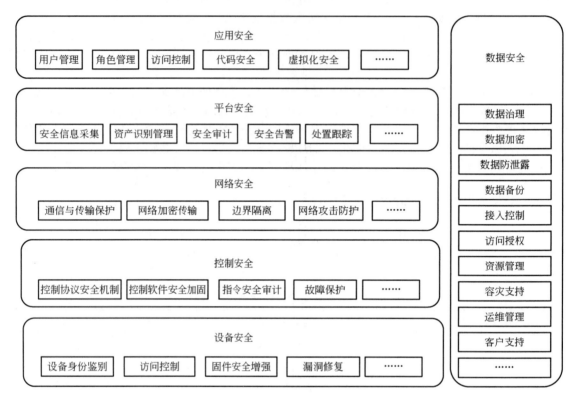

图 2.97 工业互联网平台典型安全架构

（1）设备安全

工业互联网中的前端设备是工业互联网的基础设施，是数据产生和收集的前端。随着工业自动化、网络化、数字化的发展，智能设备、仪器仪表、智能机床等使用量日渐庞大，由于设备终端厂商并不是安全技术专家，且安全手段薄弱、安全意识欠缺，将导致许多智能设备直接暴露于互联网，可能导致设备遭到攻击或非法控制，为承载 DDoS 功能的恶意样本进行扫描和传播提供了便利。工业互联网智能设备固件安全风险增加，更易成为工业互联网其他系统和网络的突破口。值得一提的是，许多智能设备的安全问题与厂商在开发生命周期中忽略公开漏洞的排查和修复密切相关，产品质量良莠不齐容易导致各智能设备系统与应用暴露出各种漏洞并被攻击者恶意利用。

为保证工业互联网平台设备端的安全，需要增强固件安全，对访问设备进行控制，并对设备身份进行鉴别，防止接入非法设备；同时要加强设备的漏洞修复，保证设备接入时安全。

（2）控制安全

控制安全是指在边缘侧与设备相近的 OT 系统安全，包括控制协议安全、控制软件安全及控制功能安全。

工业互联网使生产控制由分层、封闭、局部的状态逐步向扁平、开放、全局方向发展。在控制环境方面表现为 IT 与 OT 融合，控制网络由封闭走向开放；在控制布局方面表现为控制范围从局部扩展至全局，并伴随着控制监测上移与实时控制下移。也正是由于上述的变化改变了传统生产控制过程封闭、可信的特点，造成安全事件危害范围扩大、危害程度加深，以及网络安全与功能安全问题交织等，因此工业互联网下的控制安全更需要引起重视。对于工业互联网控制安全，可以从控制协议安全、控制软件安全、控制功能安全、指令安全审计等方面考虑，可以采用的安全机制包括协议安全加固、软件安全加固、恶意软件防护、补丁升级、漏洞修复和安全监测审计。

（3）网络安全

工业互联网的核心是连接和互联，工业互联网打通了工业领域 IT 系统和 OT 系统，消除了信息孤岛，因此会面临网络连接过程中的安全风险。

如前所述，工业领域网络包括工业网络、企业内部网络和内外之间的网络。在工业互联网打通 IT 系统和 OT 系统的背景下，攻击者在研发、生产、管理、服务等环节都可能实现对工业互联网的网络攻击和病毒传播。可以通过 SSL 保证网络传输数据信息的机密性、完整性与可用性，实现工业现场设备与工业互联网平台之间、工业互联网平台中虚拟机之间、虚拟机与存储资源之间以及主机与网络设备之间的数据安全传输，并为平台的维护管理提供数据加密通道，防止网络攻击和保障维护管理过程的数据传输安全。

网络安全防护面向工厂内部网络、外部网络及标识解析系统等，具体包括网络结构优化、边界安全防护、接入认证、通信与传输保护、通信内容防护、通信设备防护、网络加密传输、网络边界隔离、网络攻击防护和安全监测审计等多种防护措施，构筑全面高效的网络安全防护体系。

（4）数据安全

工业互联网数据种类和保护需求多样，数据流动方向和路径复杂，设计、生产、操控等各类数据分布在边缘侧、云平台、用户端、生产端等多种设备设施上，依托单点、离散的数据保护措施已经难以有效地保护工业互联网中数据的安全。而工业互联网事关企业、生产体系，涉及社会经济运行主动脉乃至国家安全，工业数据一旦被窃取、篡改或流动至境外，会给企业带来巨大的损失，甚至会严重威胁和影响国家安全。

数据安全从类型上看包括生产管理数据安全、生产操作数据安全、平台数据安全、工厂外部数据安全，涉及产生、采集、传输、存储、处理和运用等各个环节及用户信息的数据的安全。

对于工业互联网的数据安全防护需要覆盖从数据采集、传输、存储到处理在内的全生命周期的各个环节。数据安全需要采取用途明示、数据加密、传输加密、访问控制、内外隔离、接入鉴权验证、数据脱敏等多种防护措施。

（5）平台安全

工业互联网平台安全的风险主要来自平台与企业接入过程中的数据采集、协议转换、边缘计算等，容易遭受数据篡改、数据窃取、终端漏洞被攻击等。目前工业互联网平台面临的安全风险主要包括数据泄露、篡改、丢失、权限控制异常、系统漏洞利用、账户劫持和设备接入安全等。对于工业互联网平台，可采取的安全措施包括接入鉴权、输出鉴权、内外隔离、安全审计、API 授权、DDoS 攻击防护、安全审计等。

（6）应用安全

随着工业互联网不断催生新的智能设备应用、个性化定制和商业模式变革，工业互联网相关应用数量和种类都在迅速增长。支撑工业互联网智能化生产、网络化协同、个性化定制、服务化延伸等服务的应用软件程序也面临着安全防护与检测要求，包括支撑各种应用的工业软件、工业 APP 和其他 Web 应用等。对软件而言，最大的风险来自安全漏洞，包括开发过程中编码不符合安全规范而导致的软件本身的漏洞，以及由于使用不安全的第三方库而出现的漏洞等。对于应用安全，要从软件全生命周期进行安全防护：加强软件开发过程中的代码审计，并对开发人员进行培训，减少软件漏洞发生；对运行中的软件进行日常或定期漏洞排查，对其内部流程进行审核和测试，并对公开漏洞和后门加以修补；对软件的行为进行实时监测，发现可疑行为应立即阻止，从而降低未公开漏洞带来的危害。

2.8.5　工业互联网安全目标

工业互联网安全贯穿设备、控制系统、网络、数据、平台和应用等各个层级，其安全目标如图 2.98 所示。

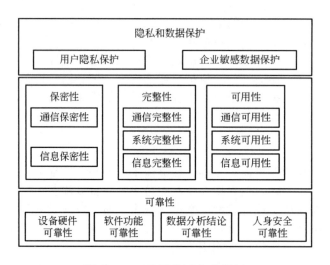

图 2.98　工业互联网安全目标

2.8.6　安全能力评估

2.8.6.1　C2M2 模型概述

网络安全能力成熟度模型（C2M2）由美国能源部（DOE）、电力分部门协调委员会（ESCC）、石油和天然气分部门协调委员会（ONG SCC）资助的公共和私营部门组织共同开发。C2M2 网络安全能力模型的主要特点是快速、落地、普适。

快速：可以作为安全能力评估工具快速对企业安全现状进行评估，了解差距。

落地：模型贴近实践，看似简单，但确确实实可以帮助企业落地，不会过于复杂。

普适：适用于大多数大中小企业的网络安全体系建设，可自行根据能力选择对应的级别。

2.8.6.2 C2M2 模型组成

网络安全能力成熟度模型用于评估组织及其产品的安全态势现状，建立安全目标，说明当前状态、现有风险和业务战略以及确定当前状态和目标之间差距的优先次序，并确定解决这些差距所需的安全活动。该模型提出了一个整体的方法来确保工业互联网系统及其组件在整个生命周期中的安全，从早期设计到实现、部署、维护和退役，包括对特定安全技术的评估以及使用这些技术的管理和商业环境。C2M2 包含 10 个安全活动域：

① 资产、变更和配置管理　资产、变更和配置是 IT 和 OT 资产的管理，包括硬件、软件以及与关键基础设施和组织目标的风险相应的信息资产。

② 威胁和漏洞管理　建立和维护计划、程序和技术，以检测、识别、分析、管理和响应网络安全威胁及漏洞，并与组织的基础设施和组织目标的风险相适应。

③ 身份访问管理　身份访问管理的目标是为可能被授予逻辑或物理访问组织资产的实体创建、管理身份。

④ 风险管理　风险管理涉及风险管理计划的建立、运行和维护，以识别、分析和解决与组织、业务单位、子公司、相关基础设施和利益相关者相关的安全风险；威胁和脆弱性管理的目标是建立和维护计划、程序、技术，以检测、识别、分析、管理和应对安全威胁和脆弱性。

⑤ 态势感知　建立和维护各类活动和技术，以收集、分析、预警、报告，以及利用运营、安全和威胁信息，构建组织运营状态和网络安全状态的态势感知。态势感知是对相关环境的理解，包括来自其他 C2M2 域的状态摘要；信息共享和通信建立并维持与内部和外部实体的关系，以收集和提供安全信息，包括威胁和脆弱性，以减少风险和提高业务弹性。

⑥ 事件响应与持续运营　建立并维护计划、程序和技术，以检测、分析和响应安全事件，并在整个安全事件期间维持行动。

⑦ 第三方风险管理　供应链和外部依赖关系管理建立和维护控制，以管理与依赖外部实体的服务和资产相关的安全风险，包括第三方组件和服务提供商以及开源组件。

⑧ 员工管理　劳动力管理创造了一种安全文化，并确保所有人员的持续适用性和能力。

⑨ 网络安全架构　建立并维护组织网络安全架构的结构和行为，包括控制、流程、技术和其他元素，与关键基础设施和企业目标一致。

⑩ 网络安全计划　建立和维护企业网络安全计划，该计划为组织的网络安全活动提供治理、战略规划和支持，使网络安全目标与企业战略目标一致。

2.8.6.3 C2M2 成熟度指标级别

网络安全能力成熟度模型定义了四个成熟度指标级别（Maturity Indicator Level，MIL），从 MIL0 到 MIL3，独立应用于模型中的各个领域。MIL 定义了成熟度的双重进程：方法演进和管理演进。MIL 特点如表 2.38 所示。

表 2.38 MIL 特点

序号	级别	特点
1	MIL0	未执行实践
2	MIL1	初步开始实践，但可能是临时性的
3	MIL2	管理特点：记录实践，有足够资源支持这个过程； 方法特点：实践变得完善或高于 MIL1 标准
4	MIL3	管理特点：由政策（或其他组织）指引活动实践，执行人员具备相应的技能和知识，定义了执行相关的义务、职责和权力评估，并跟踪活动的有效性 方法特点：实践变得完善或高于 MIL2 标准

2.8.7 工业互联网安全技术体系

工业互联网安全技术体系是支撑功能架构实现、实施架构落地的整体技术结构。工业互联网安全技术体系如表 2.39 所示。

表 2.39 工业互联网安全技术体系

防护维度	技术手段	技术措施	防护维度	技术手段	技术措施
设备安全	设备身份鉴别与访问控制	设备接入认证	控制安全	控制软件安全加固	协议安全加固
		设备访问鉴权、认证			软件安全加固
		通信加密		安全检测审计	安全检测审计
		指令审计		漏洞修复	漏洞修复
		访问设备控制		指令安全审计	协议深度解析
		设备身份鉴别			攻击异常检测
		设备接入鉴权			无流量异常检测
	固件安全增强	固件安全增强			重要操作行为审计
	漏洞修复	设备漏洞修复			告警日志审计
		恶意软件防护		故障保护	合理可预见误操作
		补丁升级			恶意攻击操作
		安全检测审计			智能设备对环境的抵抗或切断
控制安全	控制协议安全机制	身份认证			异常扰动或中断的检测与处理
		基于角色访问控制	网络安全	网络通信加密	网络通信加密
		加密			网络传输加密

续表

防护维度	技术手段	技术措施	防护维度	技术手段	技术措施
网络安全	通信和传输保护	通信与传输保护	应用安全	漏洞修复	漏洞修复
		通信内容防护		审核测试	审核测试
		通信设备防护	数据安全	数据防泄露	工业设备与工业互联网平台之间网络传输数据防泄露
	边界隔离	工业防火墙			工业互联网平台中虚拟机之间交互数据
		工业网闸			数据库生命周期管理
	网络攻击防护	访问网络设备和标识解析节点做身份认证			数据库加固
		源地址限制			数据库权限管理
		网络攻击防护			虚拟机与存储之间交互数据防泄露
		访问失败审计			主机或虚拟机与网络设备交互数据防泄露
平台安全	用户授权与管理	租户资产隔离		维护通道加密	维护通道加密
		租户数据资产共享保护		数据加密	分级加密存储数据
		登录口令保护			按国家密码管理规定生成、使用和管理密钥
		认证管理			工业互联网平台不能解密客户数据
		输入校验		数据备份	发生个人信息泄露，及时采取补救措施和告知用户并向主管部门报告
		管理面与用户面隔离			签订数据备份策略服务协议
	虚拟化安全	不同层次隔离			对重要系统进行灾难备份。存储备份类型包括镜像快照、块存储、分布式文件系统和云存储等
		不同用户隔离		数据存储安全	数据存储的物理特性安全、存储系统安全、存储数据安全，主要通过硬件和软件的安全来保障
		虚拟化加固		数据传输安全	数据传输过程的安全控制，包括数据加密传输和数据网络协议安全、网络控制安全，主要通过网络传输中软件加密进行规范设计、安装和运维
应用安全	代码安全（源代码审计）	代码审查		数据应用安全	需要加强从业务系统应用层面进行控制，实行基础数据的保存、访问和权限管理，包括单点登录问题及用户名、数据和应用的访问授权统一管理
	漏洞修复	漏洞排查			

2.8.8 工业互联网平台安全的要求

工业互联网实现了设备、工厂、人、产品的全方位连接，因此工业互联网安全建设必须从综合安全防护体系的视角进行统筹规划。从工业互联网的整体架构来看，应该在各个层面实施相应的安全防护措施，并通过入侵检测、边界防护、协议分析、行为分析、安全审计、容灾备份、态势感知等各种安全技术与安全管理相结合的方式实现工业互联网的安全防护，形成对工业互联网安全的"监测、报警、处置、溯源、恢复、检查"工作闭环，如图2.99所示。

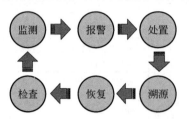

图2.99 工业互联网安全工作闭环

（1）监测

监测预防是工业互联网安全的主要目标，基于入侵监测、协议分析、大数据、态势感知等技术实时感知和获取外部网络攻击行为，对生产控制区、生产监控区、办公区等进行入侵监测、操作行为分析、监测审计等，记录攻击类型、IP地址、路径等信息，并据此设计预防措施。监测感知需采取相应的监测措施，主动发现来自系统内外部的安全风险，具体措施包括数据采集、收集汇聚、特征提取、关联分析、状态感知等。

（2）报警

工业互联网面临安全隐患时，实时报警至关重要，因此需要的安全解决方案既要尽可能接近实时监测和潜在威胁报警，又要能够有效地管理和缓解这些威胁，并将该危险上报给安全管理部门。对于监测到的重要攻击行为，按照攻击特征，对攻击行为进行协议分析、行为分析、日志分析等，实时做出信息通报和报警提示，根据危害程度启动相应级别的应急预案。

（3）处置

处置恢复机制是工业互联网系统与服务持续运行的保障，确保落实工业互联网信息安全。需预先制定相应的处置策略，针对不同风险等级制定相应预案，在工业互联网灾难恢复过程中快速决策与响应。根据应急预案，采取各种安全防护技术和补救措施进行行为阻断、漏洞修复、病毒库升级、病毒查杀、安全策略优化等处理，加强访问控制、边界防护、数据保护、主机保护、云平台防护等手段，将网络安全事件的危害降到最低。

（4）溯源

安全事件发生前的预警、发生中的处置固然重要，但事后对安全事件溯源是加强工业互联网平台安全的重要保障。基于大数据技术对攻击IP、链路方式、攻击行为、攻击路径等进行证据留存，对攻击现场进行分析，并对整个攻击过程还原，对整个网络攻击应急处置过程进行溯源、总结和分析，完善应对预案，以便后续企业日常经营时能对工业互联网更有效的防护。

（5）恢复

安全响应中心一旦监测到系统遭受攻击，立即开启系统恢复功能，防止数据丢失、应用错误，尽量降低给工业系统带来的损失。状态恢复包括数据备份恢复、服务重启、软硬件联调测试等，在系统基础设施、服务器、虚拟机、数据库、工业设备、工业网络等受到网络攻击时进行状态恢复，确保在安全防护体系正常情况下进行工业互联网应用。

（6）检查

检查就是要总结执行计划的结果，分清哪些对了、哪些错了，明确效果，找出问题；对于安全问题，也可以借鉴戴明的 PDCA 循环，根据安全特性和工作特征对安全进行定期、不定期或实时的检查。为确保遭受网络安全攻击的工业互联网运行正常，在状态恢复完毕后，需要从安全控制区、安全监管区、办公区、平台等诸多方面进行检查，进一步评估现有防护措施的合理性和有效性。

对工业互联网平台和工业应用程序进行实时的行为监测，通过静态行为规则匹配或者机器学习发现异常行为，及时发出警告，并阻止高危行为，从而降低平台和系统的安全隐患。

2.9 运维技术

运维管理是工业互联网平台使能技术之一，其地位极其重要。随着云计算和互联网的高速发展，大量应用需要横跨不同网络终端，并广泛接入第三方服务，平台系统架构越来越复杂。快速迭代的产品需求和良好的用户体验，需要运维管理者时刻保障核心业务稳定可用。运维监控平台是工业互联网平台运维工作中不可或缺的一部分。

2.9.1 运维管理的发展

运维管理的发展经历了四个阶段：

第一阶段：人工运维 现在还有很多企业处于这个阶段，该阶段的主要特点是运维完全靠人工，缺少自动化和智能化的手段，其数据主要是手工录入、手工维护，基础需求是满足基础的硬件资源管理及监管要求。

第二阶段：自动化运维 运维管理主要面向 IT 基础资源的配置管理、各类资源信息和关联关系，主要关注各类软、硬件资源的全生命周期管理。自动化运维支持脚本执行、文件分发、定时作业等基本运维任务，具备流程化任务编排能力，可以满足复杂的运维场景，可以标准化运维操作，降低运维的人力成本，减少人为的运维风险，提高企业运维效率。

第三阶段：数字化运维 通过工业互联网、数字集成、数字孪生技术，对设备数据、业务数据、互联网数据全连接，并通过建立虚实相生的数字孪生体，与实体一一对应，相互映射，实时监控运维态势，当发生告警时及时处置，以达到对平台的全面可视化掌控。

第四阶段：智能化运维 基于物联网、云计算、大数据、微服务等技术，满足自动化、智能化运维的需求，面向应用的全生命周期运维管理重点关注从应用的创建、研发测试、上线、变更、迁移、下线回收整个过程，同时重点关注应用之间、应用内各组件以及组件的关系信息。基于大数据技术和机器学习算法，运维人也开始着手研究如何将 AI 与运维两者相结合，让运维实现真正自我智能化、自动化管理。对来自各种监控系统的告警消息与数据指标进行统一的接入与处理，利用 AI 和机器学习支持告警事件的过滤、通知、响应、处置、定级、跟踪以及多维分析，实现问题事件全生命周期的管控。

2.9.2 运维管理的痛点

工业互联网平台的运维管理与其他 IT 系统运维类似，在日常的运维中面临相同的压力。运维管理的痛点主要体现在以下三个方面。

(1) 被动"救火式"管理

① 缺乏有效的监控管理工作，难以及时、准确地定位故障及原因；
② 虚拟化提升了运维管理的复杂度；
③ 虚拟化、分布式、多租户等技术发展，资源、业务和管理高度集中，问题错综复杂。

(2) 技术、流程、人员难以有效协作

① 云计算的应用要求响应速度加快，周期变短；
② 技术、流程、人员等不能有效协作，需以不断优化的工作方式和工作流程为主要目标。

(3) 缺乏运维绩效的评估手段与方法

① 难以制定企业业务绩效的 KPI 及衡量手段；
② 无法衡量哪些业务能够满足对企业业务提升的支持。

2.9.3 运维监控的设计思路

构建一个智能的运维监控平台，必须以运行监控和故障报警为重点，将所有业务系统涉及的网络资源、硬件资源、软件资源、数据库资源等纳入统一的运维监控平台中，并通过消除管理软件的差别、数据采集手段的差别，对各种不同的数据来源实现统一管理、统一规范、统一处理、统一展现、统一用户登录、统一权限控制，最终实现规范化、自动化、智能化的运维管理。

智能的运维监控平台设计架构从低到高可以分为六层、三大模块，如图2.100所示。

图 2.100 运维管理的架构

① 数据收集层　位于最底层，主要收集网络数据、业务系统数据、数据库数据、操作系统数据等，然后将收集到的数据进行规范化并存储。

② 数据展示层 主要是将数据收集层获取到的数据进行统一展示,展示的方式可以是曲线图、柱状图、饼状图等,通过将数据图形化,可以帮助运维人员了解一段时间内主机或网络的运行状态和运行趋势,并作为运维人员排查问题或解决问题的依据。

③ 数据提取层 主要是对从数据收集层获取到的数据进行规格化和过滤处理,提取需要的数据到监控报警模块,这部分是监控和报警两个模块的衔接点。

④ 报警规则配置层 主要是根据第三层获取到的数据进行报警规则设置、报警阈值设置、报警联系人设置和报警方式设置等。

⑤ 报警事件生成层 位于第五层,主要是对报警事件进行实时记录,将报警结果存入数据库以备调用,并将报警结果形成分析报表,以统计一段时间内的故障率和故障发生趋势。

⑥ 用户展示管理层 位于最顶层,是一个 Web 展示界面,主要是将监控统计结果、报警故障结果进行统一展示,并实现多用户、多权限管理,实现统一用户和统一权限控制。

这六层从功能实现划分,又分为三个模块,分别是数据收集模块、数据提取模块和监控报警模块,每个模块完成的功能如下。

① 数据收集模块 此模块主要完成基础数据的收集与图形展示。数据收集的方式有很多种,可以通过 SNMP 实现,也可以通过代理模块实现,还可以通过自定义脚本实现。常用的数据收集工具有 Cacti、Ganglia 等。

② 数据提取模块 此模块主要完成数据的筛选、过滤和采集,将需要的数据从数据收集模块提取到监控报警模块中。可以通过数据收集模块提供的接口或自定义脚本实现数据的提取。

③ 监控报警模块 此模块主要完成监控脚本的设置、报警规则设置,报警阈值设置、报警联系人设置等,并将报警结果进行集中展现和历史记录。常见的监控报警工具有 Nagios、Centreon 等。

2.9.4 运维管理的体系

（1）运维管理服务对象

运维服务管理对象包括基础设施、应用系统、环境、人员（用户、供应商以及 IT 运维部门）、监控、告警响应、性能优化、系统高可用和 SLA 保障等。运维管理对象具体内容如表 2.40 所示。

表 2.40 运维管理服务对象

序号	对象	内容
1	基础设施	网络、服务器、操作系统、存储/备份系统、终端系统、安全系统以及机房动力系统等
2	应用系统	内部 OA 系统、CRM 系统、ERP 系统、MES 系统、SCM 系统、PHM 系统、物联网平台以及其他应用系统等
3	环境	将应用或系统部署至不同的环境,包括开发环境、测试环境、生产环境等
4	人员	包括用户、供应商、运维部门。用户包括使用应用系统的用户;供应商包括基础设施和应用系统的供应商以及运维服务的供应商;运维部门包括内部参与运维活动的相关部门,以及提供运维服务的企业和相关人员
5	监控	对基础设施、应用或系统进行监控
6	告警响应	对告警通知的响应及处理

续表

序号	对象	内容
7	性能优化	对系统及相关组件性能进行优化
8	系统高可用	对应用系统中的单点进行高可用升级
9	SLA 保障	保证业务系统的可用性，可根据 SLA 实现自动扩/缩容

（2）运维管理框架

根据运维管理业务开展需要，运维管理维度一般分为 9 个具体组成部分，分别为服务台、事件管理、工单管理、问题管理、变更管理、配置管理、工程师考核、知识库管理、统计及工作报告、系统管理，如图 2.101 所示。具体运维流程将以此为依据开展工作。

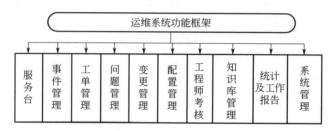

图 2.101　运维系统功能框架

（3）运维管理流程

运维管理流程如图 2.102 所示。

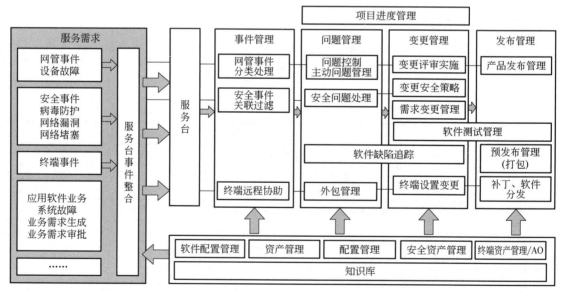

图 2.102　运维管理流程

① 服务台　服务台是接收各种服务请求和相关信息反馈的入口和出口，是一般请求、通过知识库（历史事件）能够解决的请求的入口，也是解答相关问题和需求的入口，并提供相应的支持人员，对接复杂问题处理。

② 事件管理　事件管理流程的主要目标是尽快恢复提供运维服务，包括事件的监测和记录、事件的分类、事件的调查和诊断、事件的解决、危机恢复以及事件的关闭等流程，减少事件对业务的不利影响，保证运维服务质量，保持可用性等级。事件管理是给服务台和事件管理者提供事件记录、处理、查询、审核、派发等功能，而运维管理将所有服务请求和报警归结为事件。事件包括运维系统发现的请求和报警，还包括通过和第三方监控系统对接，对方发送的报警。

③ 工单管理　工单是运维管理的重要部分，是管理运维任务的载体，提供运维工程任务和运维人员工单任务，以便进行运维工作。工单管理功能一般包括工单创建、变更、查询、派发、监督、核销等。对于错误的任务工单，仅提供关闭功能，一般无删除功能，起到存档、查阅和溯源的作用。

④ 问题管理　问题管理是对发生在生产和运行环境中的问题进行管理，找出产生这些问题的原因，进行根因分析，找出解决问题的办法，并通过预案来消除，防止事件再次发生，扫清深层次根源，建立稳定、可靠、可用的系统服务和运行环境。问题管理流程的核心目标是预防事件再次发生，并将未能或暂时未能解决的事件影响降低到最小。问题管理流程包括诊断事件根因分析和确定问题解决方案所采取的措施，经过合适的控制过程，尤其是变更管理和发布管理，确保解决方案的实施。问题管理范围是生产环境和运行环境中发生的服务事件，包括硬件、系统、网络、安全、平台、数据、应用、环境等各类运维服务相关问题。需要指出的是，问题管理针对已处理事件的遗留问题或处理事件的方案，本质上治标不治本，并不能彻底解决问题。问题的完全解决还需要根据事件调查、诊断、方案推演，找出最终解决方法。问题管理应借助管理工具，做到所有问题被识别并记录、审核与分派、分析与诊断、解决后关闭，并定期提交问题分析报告。

⑤ 变更管理　变更管理是对重大新增、变更、升级等运维活动进行审核，目的是有效掌控运维服务过程中的各类风险，提高系统的安全性、有效性，确保系统的持续性。变更管理既可以是生产和运行环境中发生的变更请求以及用户提出的变更需求，也可以是经由事件管理、问题管理、配置管理和发布管理等流程触发的变更请求。变更管理应做到所有变更有记录、评审、分类、优先级、变更计划和审计等。变更管理对所有变更要求进行分类，评估变更请求的风险、影响和业务收益。变更管理主要目标是以对服务最小的干扰实现有益的变更，以免变更行为对现有资源的可用性造成没有必要的影响和破坏。

⑥ 配置管理　配置管理本质上是对全部资源统一管理，包括资源整个生命周期的参数或配置变化记录的管理，其目的是通过对用户组织、信息、关系进行集中统一管理，为服务过程提供基础的数据支持。配置管理流程负责核实运维管理基础设施、工业互联网平台和工业应用系统中实施的变更以及配置项之间的关系是否被正确记录下来，确保配置管理数据库能够准确地反映现存配置项的实际版本状态。配置管理范围是客户生产和运行环境中的硬件、软件、应用系统、信息资源、服务包以及组织人员等，涉及分类、型号、版本、位置、状态等基本信息及核心参数等。

⑦ 知识库管理　知识库是提供给运维人员的重要技术资料，汇集在工作中遇到的典型案例，归纳、总结、升华为知识要点或实用资料手册。知识库管理提供便于使用的人机接口、快速查询的技术手段和维护手段。

⑧ 统计及工作报告　运维管理系统提供一线问题解决率统计、二线问题解决率统计、客户满意度统计、按分类的事件汇总统计、工作报告生成等功能，根据事件数据、工单数据、问题数据、配置数据、变更数据等，运维管理者把运维的工作内容以工作报告的形式清晰地罗列出来。

（4）运维管理的功能

运维管理系统涉及对物理资源和虚拟资源的管理，主要包括监控管理、权限管理、告警管理、拓扑管理、日志管理、软件管理、统计报表管理、资产管理、工单管理、计费管理、安全管理、备份管理和自动运维管理等，具体见表2.41。

表2.41　运维管理功能

序号	管理目录	管理内容
1	监控管理	对各种物理资源（如服务器、CPU、内存、交换机、网络等）、虚拟化资源监控。统一管理、监测其管辖范围内的物理设备（包括服务器、存储设备、交换机）及其组网关系；对各种资源进行池化管理，提供给应用管理使用
2	权限管理	可以创建和管理系统中的用户账号、设置角色和管理权限，实现系统的分权分域管理。通过权限管理功能对用户进行访问控制，支持用户分组、分权、分域、密码管理，便于维护管理范围内分职责共同有序地维护系统
3	告警管理	当系统出现非正常状态（如条件触发、事件触发和阈值触发等）时，将告警信息上传给管理平台，以确保系统正常运行，该活动包括系统故障预防设计、故障检测和预案处理等。告警管理的一项重要功能是帮助运维人员进行故障定位，快速响应，以保证系统稳定运行
4	拓扑管理	提供一个可视化界面，呈现全系统的所有资源信息和相互关系。支持常用设备自动发现和识别，系统还对网络类型有很好的兼容性，可以很好地发现VPN、VLAN网络拓扑，还支持按照规则识别不同的设备类型（如三层交换机），方便更准确地呈现拓扑
5	日志管理	日志（如系统日志、告警日志、安全日志等）记录、日志查看和日志审计
6	软件管理	支持云操作系统软件预安装和配置、软件自动批量安装、软件升级和补丁更新等
7	统计报表管理	可以让管理员查看虚拟机登录、分配以及运行状态信息，有助于系统优化，调整提升。报表可以根据要求定制，主要包括之前描述的监控内容，常见的有CPU、内存、网络流量、数据库性能、中间件性能等各类性能报表和故障报表
8	资产管理	运维管理的核心功能，能够实现对平台、应用相关的软硬件信息的全面管理，同时对资产信息进行实时监控、变更管理、告警管理等，满足平台对资产管理的需要
9	工单管理	提供完整的工单管理功能，支持创建工单的流转流程；支持手工创建工单，也可以在告警响应动作中创建工单；支持以工单方式实现对告警事件的应急响应、工作任务分配、工作任务管理，可以进行流程定制和流程查看，工作流可以跨多个中心进行联动
10	计费管理	不同的云服务按照各自的计费项计量并收费
11	安全管理	对数据、账号等IT资源采取全面保护，使其免受犯罪分子和恶意程序的侵害，并保证云基础设施及其提供的资源能被合法访问和使用
12	备份管理	对系统数据均实现多副本保存或其他冗余备份机制
13	自动运维管理	可实现云服务运维管理系统的自动化管理

（5）运维管理的要素管理

① 运维管理的人员要素管理　包括人员储备与连续性管理、人员能力评价与管理、人员绩效管理、人员培训计划执行等。

② 运维管理的技术要素管理　包括技术研发规划、研发预算和研发成果的运行与改进等。
③ 运维管理的资源要素管理　包括工具管理、知识管理、服务管理和备件管理等。
④ 运维管理的过程要素管理　包括服务等级管理、服务报告管理、事件管理、问题管理、配置管理、变更管理、发布管理、安全管理、连续性和可用性管理、容量管理等。
⑤ 运维管理的质量要素管理　包括基础模型、数据质量定义模型、数据质量控制模型、数据质量评价模型、数据质量辅助模型等。

（6）运维管理的关键考核指标

运营管理涉及人员、技术、资源、过程、质量等工业互联网平台建设和运营的方方面面。构建运维成为一个有机的小闭环，包括运维工具、流程等的需求、设计、开发、测试、部署、运营、反馈、改进等整个生命周期过程。运营管理的关键考核指标如表2.42所示。

表2.42　运营管理关键考核指标

序号	考核类别	考核指标
1	人员	① 关键岗位人员储备率； ② 人员招聘达成率； ③ 人员培训次数； ④ 人员绩效考核合格率
2	技术	① 研发成果数量； ② 产品安全基线执行情况； ③ 编码规范执行情况； ④ 测试自动化率； ⑤ 项目开发完成率； ⑥ 代码一次通过率
3	资源	① 备件可用率； ② 新增知识条目； ③ 服务台一次派单成功率； ④ 服务台录入事件的完整性
4	过程	① SLA达成率； ② 事件解决率； ③ 变更管理成功率； ④ 服务报告交付及时率； ⑤ 信息安全事件数量； ⑥ 安全事件解决及时率
5	质量	① 客户满意度； ② 管理评审次数； ③ 质量内审次数

第 3 章

工业互联网与智能制造的关系

3.1 工业互联网是制造企业 IT 和 OT 连接的纽带

工业互联网打破了企业内部的信息孤岛,实现了 IT 数据和 OT 数据的跨系统互联互通,促进了各种数据的充分流动和无缝集成,在物联网、传感技术、云计算、大数据、数字孪生等新技术的基础上,实现了工业的自动化、数字化和智能化。

3.1.1 工业领域网络连接现状

工业领域内广泛存在各种网络连接技术,这些技术分别针对工业领域的特定场景进行设计,并在特定场景下发挥巨大作用,但在数据的互操作和无缝集成方面,往往不能满足工业互联网日益发展的需求。

我国工厂的 IT 网络主要是基于互联网的网络应用。IT 网络由管理业务数据、支撑管理流程的技术、系统和应用程序组成。这些应用程序包括 ERP、MES、EAM、WMS 等。图 3.1 所示是一个典型的工业企业 IT 网络架构。

OT 网络由管理生产资产、保持顺畅运营的技术、系统和应用程序组成。这些应用程序包括 PLC、PCD、SCADA、SIS、数据历史和网关等。典型的 OT 网络架构如图 3.2 所示。

(1)工业网络连接的"两层三级"

IT 网络和 OT 网络,在工业互联网和数字化转型之前分属不同的管理者管理,呈现技术异构的"两层"网络;"三级"则是指根据目前工厂管理层级将网络划分为现场级、车间级、工厂级/企业级三个层次,各层之间的网络配置和管理策略独立。工厂内"两层三级"网络架构如图 3.3 所示。

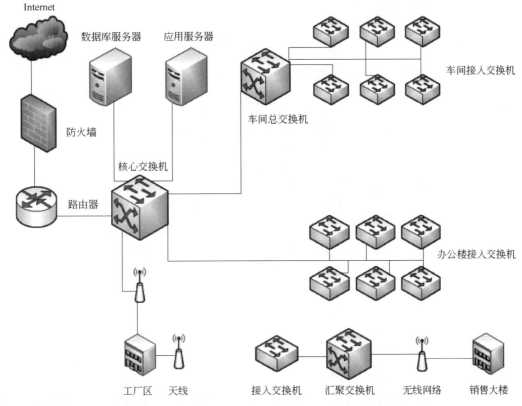

图 3.1　IT 网络架构示意

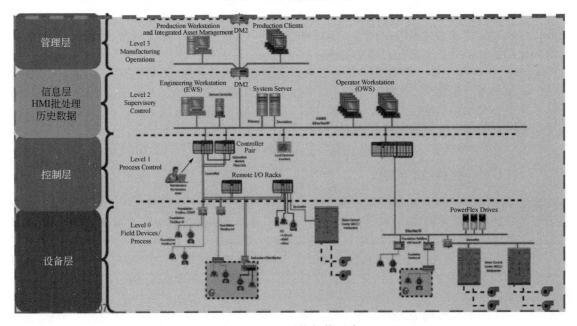

图 3.2　OT 网络架构示意

第 3 章　工业互联网与智能制造的关系　119

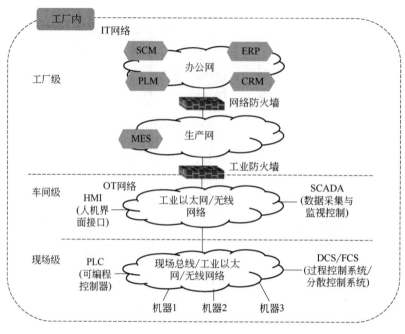

图 3.3 工厂内"两层三级"网络架构

(2) 工厂内网络三个层级的连接

① 现场级网络连接　工业现场总线被大量用于连接现场检测传感器、执行器与工业控制器。近年来，虽然已有部分支持工业以太网通信接口的现场设备，但仍有大量的现场设备依旧采用电气硬接线直连控制器的方式连接。在现场级，无线通信只在部分特殊场合被使用，存量很低。这种现状造成工业系统在设计、集成和运维各个阶段的效率都受到极大制约，进而阻碍着精细化控制和高级工艺流程管理的实现。

② 车间级网络连接　车间级网络通信主要是完成控制器之间、控制器与本地或远程监控系统之间、控制器与运营级之间的通信连接。这部分主流是采用工业以太网通信方式，也有部分厂家采用自有通信协议进行本厂控制器和系统间的通信。当前已有的工业以太网因协议间的互联性和兼容性限制了大规模网络互联。

③ 工厂级网络连接　工厂级的网络通常采用高速以太网以及 TCP/IP 进行网络互联。

(3) 工厂内网络连接的问题

① "两层三级"网络架构严重影响着信息互通的效率　基于大数据分析和边缘计算业务对现场级实时数据的采集需求，OT 网络中的车间级和现场级将逐步融合（尤其在流程行业），同时 MES 等向车间和现场延伸，推动 IT 网络与 OT 网络的融合。

② 传统工业网络依附于控制系统　传统工业网络基本上依附于控制系统，主要实现控制闭环的信息传输，而新业务对工业生产全流程数据的采集需求，促使工厂内网络将控制信息和过程数据传输并重。

③ "三层两级"架构中间仍是隔离的　为了信息安全，IT 和 OT 两层之间会采用物理防火墙隔离，甚至在 OT 内部即现场和车间还采用一层物理隔离，这导致现在工厂中互联网仅用于商

业信息交互，企业信息网络难以延伸到生产系统，大量的生产数据沉淀、消失在工业控制网络。

3.1.2 工业互联网将 IT 和 OT 融合

随着传感技术、物联网、云计算、大数据和人工智能等的发展，OT 与 IT 技术之间的融合正不断深入。在传统模式下，出于安全性考虑，工厂自动化设备是被严格隔离保护起来的。IT 技术的发展，使得对自动化设备的数据采集、分析、存储开始向外部转移，如将数据上传到各种工业互联网平台，再提供给上层应用服务。近几年，云计算也被越来越多的工业企业接受，工业互联网平台逐渐向云端发展，通过工业物联网平台，IT 与 OT 在工业领域的边界变得模糊，逐步走向深入融合。工业互联网将 IT 和 OT 融合，其架构如图 3.4 所示。

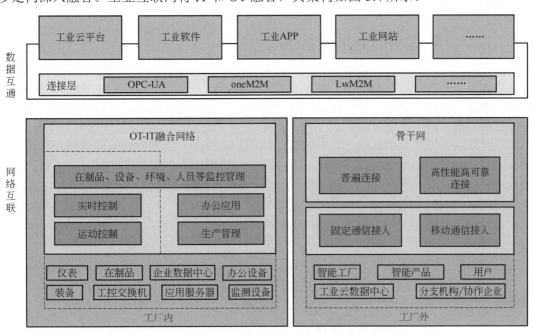

图 3.4 工厂内外网络组网

3.2 智能制造是工业互联网的现实落脚点

3.2.1 打通各个系统，消除信息孤岛

ICT 信息技术的飞速发展不仅改变着我们的日常生活，而且也改变着企业的管理方法、范围和模式。稍有规模的企业都是由多个部门组成的，或多或少都与企业信息系统相关，如 PLM（产品生命周期管理）、ERP（企业资源计划）、APS（高级计划与排程）、MES（制造执行系统）等。

工业互联网重要功能之一是互联互通，将物与物、物与人连接起来，打破原有的 IT 与 OT、IT 之间信息碎片化格局，消除信息孤岛现象。

3.2.2 工业大数据挖掘，实现"数据+模型=服务"

随着新一代信息技术与制造业的深度融合，工业企业的运营管理越来越依赖工业大数据，工业大数据的潜在价值也日益呈现。随着越来越多的生产设备、零部件、产品以及人力物力不断加入工业互联网，工业大数据呈现出爆炸性增长的趋势。

大数据的核心和本质是应用、算法、数据和平台 4 个要素的有机结合。大数据来源于实践，以应用为驱动，海量数据产生于实际应用中，也为实际应用服务。数据挖掘源于实践中的实际应用需求，以具体的应用数据为驱动，以算法、模型为支撑，将知识和信息应用到实践中去，为应用提供量化、合理、可行、有价值的信息。

3.3 工业大数据驱动制造业的转型升级

以物联网、大数据、云计算、人工智能等为代表的新一轮 ICT 信息技术革命席卷全球，正在构筑信息互通、资源共享、能力协同、开放合作的制造业新体系，为制造业创新、发展和转型升级提供了极大的想象空间。

工业互联网的发展驱动制造业迈向转型升级的新阶段——数据驱动的新阶段，这是新的技术条件下制造业生产全流程、全产业链、产品全生命周期的数据可获取、可分析、可执行的必然结果，也是制造业隐性知识显性化不断取得突破的内在要求。

工业大数据驱动企业数字化转型价值效应如图 3.5 所示。

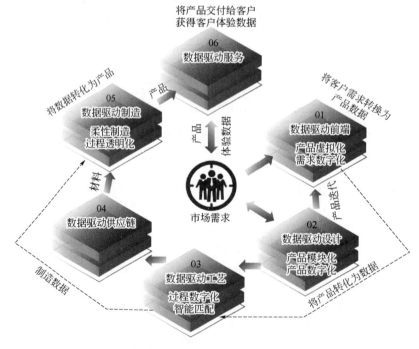

图 3.5 工业大数据驱动企业数字化转型价值效应

工业互联网驱动企业数字化转型，其价值效应如表 3.1 所示。

表 3.1 企业数字化转型带来的价值效应

序号	价值效应	分类	说明
1	生产运营优化	质量提高	① 设计质量提升； ② 生产/服务质量提升； ③ 采购及供应商协作质量提升； ④ 全要素全过程质量提升
		成本降低	① 研发成本降低； ② 生产成本降低； ③ 管理成本降低； ④ 交易成本降低
		效率提升	① 提高规模化效率，提升单位时间价值产出； ② 提高多样化效率，提升单位用户价值产出
2	产品/服务创新	新技术/新产品	① 通过融合创新，研制和应用新技术； ② 创新智能产品和高体验产品或服务
		服务延伸与增值	① 依托智能产品/服务提供延伸服务； ② 拓展基于原有产品的增值服务
		主营业务增长	① 提升主营业务核心竞争力； ② 推动主营业务模式创新
3	业态转变	绿色可持续发展	将以物质经济为主的业务体系转变为以数字经济为主的业务体系，重构绿色产业生态
		数字新业务	① 将数字资源、数字知识、数字能力等进行模块化封装并转化为服务； ② 形成数据驱动的信息生产、信息服务新业态，实现新价值创造和获取
		生态合作与赋能	① 增强用户黏性，利用"长尾效应"满足个性化需求，创造增量价值； ② 利用"价值网络外部性"快速扩大价值空间边界，实现价值效益指数级增长

3.4 数据带来的智能制造发展趋势

3.4.1 数据可视化——提高管理决策效率

数据可视化将企业经营所产生的所有有价值数据（包括企业的 ERP 分析、ASP 分析、MES 分析、供应链分析、销售分析、生产分析、质量分析、能源能耗分析、环境分析和客户关系分析等数据）集中在一个系统里集中体现，可用于智能决策、客户服务、市场营销等领域。

通过工业互联网采集相关数据，进行数据 ETL 加工，提取数据中有商业价值的信息，并将数据提供给应用层，服务于企业决策层、管理层、业务层、现场层的管理者，指导日常操作与经营管理决策。数据分析可视化可实现数据与决策者直接交互，决策人从中获取决策依据、进行科学的数据分析、辅助进行科学决策。因此，数据分析可视化对于提升组织决策的判断力、整合优化企业信息资源和服务、提高决策人员的工作效率都具有显著的意义。

通过丰富的可视化元素，选择合适的图表形式，展示制造企业销售、财务、绩效、质量、设备、生产管理、供应链等不同业务主题的数据，进行企业数据可视化分析，并将分析结果通过车间看板、管理驾驶舱进行展示，供生成车间基层管理者和中高层管理者使用。

（1）管理看板

看板管理是协调管理全公司的一个生产信息系统，就是利用看板在各工序、各车间、各工厂以及协作厂之间传送作业命令，使各工序都按照看板所传递的信息执行，以保证在规定时间制造规定数量的规定产品，最终达到准时化生产的目的。

管理看板通过各种形式（如标语、现况板、图表、屏幕等）把现场情报揭示出来，以便工人及管理者等及时掌握管理现状和必要的情报，从而快速制定并实施应对措施。因此，管理看板是发现问题、解决问题非常有效且直观的手段，是优秀的现场管理必不可少的工具之一。看板管理有以下作用。

① 指示作用　通过生产管理看板，管理人员、现场工作人员可以及时了解现场什么物品（WHAT）、物品在何处（WHERE）、什么时候（WHEN），怎么做（HOW TO）或是数量多少（HOW MUCH）以及是通过哪种方式（WHICH）来生产等信息。作业现场的管理人员通过看板对生产的优先顺序一目了然。

② 目视管理　起到物料标识，自动控制生产过量、搬运过量，反映生产线进度的作用。

③ 改善作用　看板管理可以让工作人员了解现场物品情况及分析物品现场工作情况，了解是否有需要改善的地方。正确使用看板，能够发现物品生产中存在的问题，从而寻找正确的解决方案和措施及时加以修正，减少事故发生或及时解决异常问题。

（2）管理驾驶舱

管理驾驶舱（Management Cockpit，MC）是一个为企业高级管理者提供指标分析的管理系统，呈现出企业关键业务的数据指标 KPI 以及执行情况。管理驾驶舱系统提供的指标可以囊括企业所有的业务环节，通过详尽的指标体系，实时反映企业的运行状态，管理驾驶舱的数据形象化、直观化、具体化，便于企业高层管理者对企业各个方面总体把握。

管理驾驶舱通过工业互联网平台的数据采集系统，打破数据与数据、系统与系统之间的隔离，消除信息孤岛，实现数据分析、指标呈现及决策场景落地。

驾驶舱的展示大多有一个特定的主题或分类，按不同层级大致分为战略型驾驶舱、分析型驾驶舱、操作型驾驶舱。

① 战略型驾驶舱　战略型驾驶舱的作用主要是快速掌握企业的运营总体情况，反映企业经营态势，管理者据此制定企业的战略决策和经营决策。战略型驾驶舱使用者通常是企业高层老总，根据业务需求开发出高管层所需的通用的管理驾驶舱，从宏观上满足日常管理、经营分析、专项业务分析的需要，还可使高管对所负责的整体业务、KPI 和财务（资产、负债、成本、利润、营收等）数据结果进行查看。

② 分析型驾驶舱　分析型驾驶舱重点在于分析，除关注核心指标数据之外，还深入探究企业日常经营产生问题的原因。技术上通过钻取、联动、过滤等操作，从现象出发，沿着数据的脉络去溯源，寻找问题的根源。因此，分析型驾驶舱使用者更多是为落实战略到战术执行层面的中层管理人员服务，需要更加关注问题直接显性化、工作优先级排序以及关联直接采取行动的方式推进等。

③ 操作型驾驶舱　操作型驾驶舱面向某一领域管理者或企业底层的管理者。该驾驶舱强调持续、实时的信息汇报，对数据的时效性要求比较高。操作性驾驶舱，用于监控每日进度和产出，以保证预期计划和实际达成业绩相符，也就是保证战略目标分解到每一天的完成度，具体可以分为进度监控、阈值监控和关键指标监控等。

3.4.2 趋势可视化——有效支撑判断依据

趋势可视化是在特定环境中,对随时间推移而不断动作并跟随变化的目标实体进行觉察、认知、理解,最终展示整体运行态势。

趋势大数据可视化应用通过建立复杂的仿真环境和积累大量多维度数据,直观、灵活、逼真地展示宏观态势,从而让决策者很快掌握某一领域的整体态势、特征,做出科学判断和决策。

趋势可视化可用于设备故障预测、设备维护预测、产品销售预测等,可以帮助企业透过数据更加深刻地看清本质规律,提前做好预案,避免损失。

3.4.3 生产可视化——智能制造的核心竞争力

生产可视化将虚拟现实技术、数字孪生技术和仿真技术有机融入了工业监控系统,系统展示界面以生产厂房、车间的仿真场景为基础,对制造现场、生产产线、机器设备的运行状态进行复原,在视频当中直接显示作业流转状态;对机械设备的运行模式直接以仿真动画的形式展现,通过图像、三维动画以及计算机程控技术与实体模型相融合,实现对设备的可视化表达,使管理者对所管理的设备有形象具体的概念。同时,设备运行中产生的所有参数精细显示,可以让管理者一目了然,从而大大减少管理者的劳动强度,提高管理效率和管理水平。

制造企业生产线处于高速运转状态,工业设备所产生、采集和处理的数据量远大于企业中计算机和人工产生的数据量,生产线的高速运转对数据的实时性要求很高。工业生产可视化系统是企业在新一轮制造革命中赢得竞争力的钥匙,是工业制造业向智能化发展的必然选择。

生产可视化系统集成架构如图 3.6 所示。生产可视化数据流如图 3.7 所示。

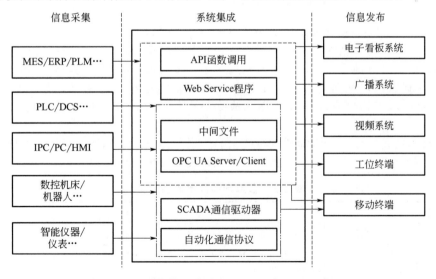

图 3.6 生产可视化系统集成架构

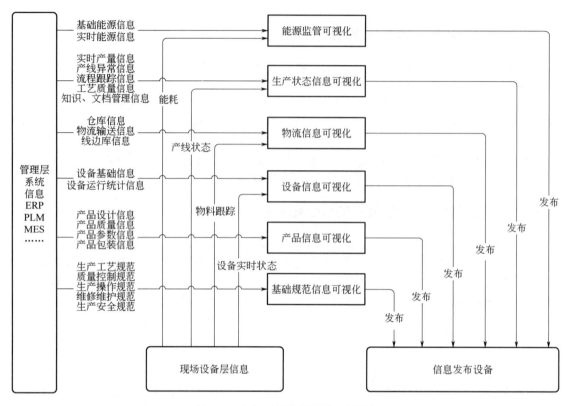

图 3.7　生产可视化数据流示意图

3.4.4　制造虚拟化——智能制造的新模式

虚拟制造技术（Virtual Manufacturing Technology，VMT）是由多学科先进知识形成的综合系统技术，以计算机仿真技术为基础，对设计、工艺、制造等生产过程进行统一建模，在产品设计阶段实时地、并行地模拟出产品未来制造全过程及其对产品设计的影响，预测产品性能、制造成本、可制造性，从而更有效、更经济、更灵活地组织制造生产，使工厂和车间的资源得到合理配置，以达到产品开发周期和成本最小化、产品设计质量最优化，生产效率最高化的目的。

从制造技术的角度看，可将虚拟制造技术的体系分为三大主体技术群，即建模技术群、仿真技术群和控制技术群。虚拟制造技术体系分类如表 3.2 所示。

表 3.2　虚拟制造技术体系分类

序号	虚拟技术	二级	内容
1	建模技术群	产品级	产品级模型是制造过程中各类实体对象模型的集合，包括产品模型和工艺模型等
2		车间级	车间级模型包括设备模型、车间布局模型、生产调度模型、制造过程模型、过程监控模型等
3		企业级	企业级模型包括经营决策模型、生产决策模型、产品决策模型，以及决策评价模型、市场预测模型、成本分析模型、效益风险评估模型等

续表

序号	虚拟技术	二级	内容
4	仿真技术群	产品性能仿真	对产品参数、机械结构、电路设计模拟,确保产品设计可靠性,缩短研发周期
5		生产规划仿真	对生产资源、计划和系统设计等仿真,用于各类资源的配置、业务过程的规划、系统性能和计划结果的评价、风险预测等
6		制造过程仿真	对生产过程的仿真,用于对生产制造和工艺的控制、测试
7	控制技术群		建模过程、仿真过程所用到的各种管理、组织与控制技术和方法,包括模型部件的组织、调度策略及交换技术,仿真过程的工作流程与信息流程控制,成本估计技术,动态分布式协作模型的集成技术冲突求解及基于仿真的推理技术模型及仿真结果的验证和确认技术

制造虚拟化具有缩短产品开发周期、提高产品质量、提高产品的适销性、降低资源消耗、提高柔性生产能力、提高决策水平等突出优势,已成为智能制造的新模式。

虚拟制造可分为以设计为中心的虚拟制造、以生产为中心的虚拟制造、以控制为中心的虚拟制造。面向设计的虚拟制造,其主要目标是优化产品设计、优化工艺和加工方案;面向生产的虚拟制造,其主要目的是优化资源,对工艺进行验证和评价;面向控制的虚拟制造,其目标为优化生产控制的制造过程。三者侧重点如表3.3所示。

表3.3 三类虚拟制造对比

类别	特点	主要目标	主要支持技术	应用领域
面向设计的虚拟制造	在设计阶段为设计人员提供制造信息;使用基于制造的仿真优化产品和工艺的设计;通过"在计算机上制造"产生多个虚拟样机	评价可制造性	特征造型;面向数学模型设计;加工过程仿真技术	造型设计;热力学分析;运动学分析;动力学分析;容差分析;加工过程仿真
面向生产的虚拟制造	将仿真能力用于制造过程模型,可低费用、快速地评价不同的工艺方案。用于资源需求规划、生产计划的产生及评价	评价可生产性	虚拟显示;嵌入式仿真	工厂或产品的物理布局,传统制造主要考虑空间,虚拟制造考虑总体协调、优化动态过程,人、环境和效率,生产计划的编排
面向控制的虚拟制造	将仿真加到控制模型和实际处理中,可"无缝"的仿真使实际生产周期中不间断地优化		对离散型制造:基于仿真的实时动态调度;对连续型制造:基于仿真的最优控制	

(1)面向设计的虚拟制造

市场竞争的全球化,使用户有了更多的选择,用户需求向多样化、个性化方向发展,导致产品呈现出多品种、小批量、定制化特点,订单方式呈现出大规模定制的趋势。虚拟设计可以有效地、经济地、柔性地组织生产,增强决策与控制水平,降低由于前期设计给后期制造带来的回溯更改成本,达到产品的开发周期和成本最小化、产品设计质量的最优化、生产效率的最大化。

虚拟设计包括从概念设计、详细设计到数字样机,可对设计的各种性能进行分析和仿真,实现产品设计阶段的虚拟化。虚拟设计的推荐架构如图3.8所示。

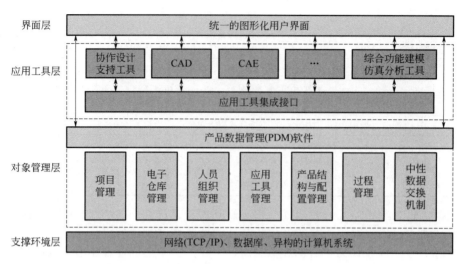

图 3.8 虚拟设计推荐架构图

（2）面向生产的虚拟制造

虚拟生产是整合虚拟现实及数字智能机床的制造系统，利用计算机和相关软件模拟生产的全过程。虚拟加工可以在生产线没有实际测试的情形下，让产品模拟正常环境生产。围绕生产过程中的关键工序，建立与现实生产一致的虚拟生产环境，进行产品仿真和产品三维动态模拟，在计算机中验证生产过程执行，并产生可指导现实制造的控制参数。虚拟生产分为三部分：虚拟加工、虚拟装配和虚拟检测。

（3）面向控制的虚拟制造

面向控制的虚拟制造是将仿真加入到设备控制模型中，提供实际生产过程中的虚拟环境，使企业在考虑车间控制行为的基础上对制造过程进行优化控制。主要的支持技术包括离散制造——基于仿真的实时动态调度；连续制造——基于仿真的最优控制。

面向控制的虚拟制造应用智能生产单元、可穿戴设备、移动终端 APP 等进行现实生产过程参数反馈；应用虚拟技术集成控制系统对关键控制参数统计分析，实现闭环反馈，结合大数据技术和知识库管理，指导工艺和制造过程的持续优化。将关键生产过程的控制要素参数化，并与智能生产单元、控制单元和移动终端等集成，实现对关键控制参数的实时监控和闭环控制。

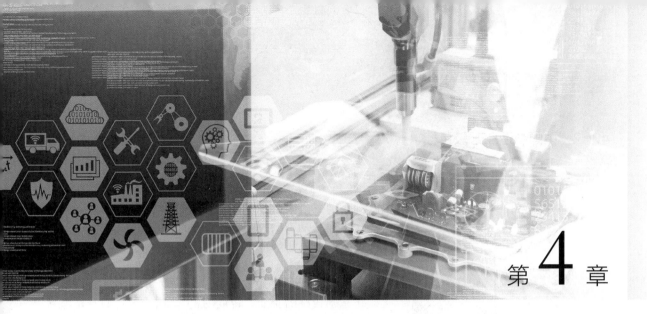

第 4 章 工业互联网在制造业中的应用

4.1 中国制造业现状

4.1.1 中国制造业 SWOT 分析

SWOT 分析是一种企业竞争态势分析方法,是小到企业竞争,大到国家层面竞争的一种基础分析方法。我们运用 SWOT 分析方法对我国制造业自身的优势、劣势,外部竞争上的机会和威胁进行全面、系统、准确的研究,根据研究结果提供制定相应的发展战略、计划以及对策的建议。

图 4.1 所示为我国制造业总体的 SWOT 分析图。

	优势	劣势
内部能力	制造优势:工业制造总产量第一;工业门类齐全;产业链优势明显;人才优势:人口红利向人才红利转变;世界上规模最大的科技和专业技能人才队伍;市场优势:中国社会消费品零售总额已居世界首位;进出口贸易总额长期保持世界第一	产业环境:价值链的中低端地位;客户需求:产品需求多样性、迭代速度提升;产业政策:尚未形成标杆路径;技术基础:与发达国家差距仍然较大,卡脖子现象仍然存在;人才发展:劳动力红利减弱,新型人才和组织转型或成为障碍
外部因素	战略层面:"一带一路"倡议;"中国制造2025";双循环战略;国内统一大市场;区域合作:中国与东盟及其他地区的区域经济合作	竞争环境:美国制造业对华遏制政策;卡脖子的关键技术;经济围堵:印太经济框架将中国排除在外;中欧投资协定被无限期搁置;产业转移:美国重构制造业分工;中低端制造业向东盟和印度转移;对高端产业的替代
	机会	威胁

图 4.1 中国制造业 SWOT 分析图

4.1.2 中国制造业升级目标

（1）中国制造业升级改造的主要动因

当前中国经济增长进入中速平台和高质量驱动的阶段，处在转变发展方式、优化经济结构、转换增长动力的攻关期。2020年，一场突如其来的"疫情"让中国的制造企业接受了一次"抗震测试"，暴露出经营管理、研发管理等多方面的问题，在经历了人员不足、原材料短缺、复工复产缓慢等困境后，数字化基础较好的企业"转危为机"，让决策者们开始重新审视数字化转型对企业的价值与意义，并且用实际行动加速企业数字化转型的进程。数字化转型已经成为中国制造企业发展的"大势"。

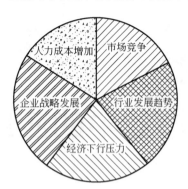

图4.2　制造业推进数字化转型的主要动因

我国制造业升级转型的主要动因如图4.2所示。

（2）中国制造业升级改造的主要方向

制造业升级改造的重点和方向对不同的企业而言是不同的，但所有的转型措施都围绕降本、增效、提质、创新和模式改变两个方向。

① 业务模式创新　业务模式围绕制造型企业生产、经营等主要环节，对制造全流程、产品全生命周期、订单全流程管控等创新。业务模式创新如图4.3所示。

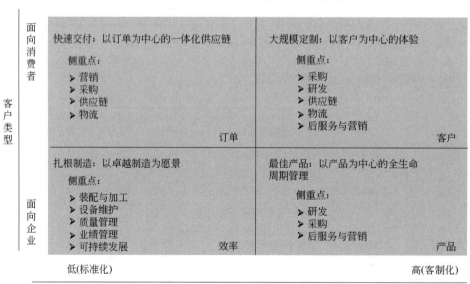

图4.3　业务模式创新图

② 降本、增效、提质、创新　降本、增效、提质、创新内容如表4.1所示。

表 4.1　降本、增效、提质、创新内容

类型	项目	内容
增效	提高生产效率	提升单位产出，提升 OEE，降低运营成本
增效	提升资产效率	提高机器、设备和其他工业资产的可用性、可靠性和性能
增效	提升敏捷性	降低库存，缩短交货时间，减少换线时间
增效	提升员工生产力	提升新员工的入职培训效率；精简现有人员，并充分授予组装、保养、维护和服务等任务权限，以提高整体劳动效率
提质	提升产品质量	不断创造高品质定制产品；减少制造废料和返工，降低对客户工作的影响，包括降低产品缺陷和召回概率
提质	改善客户体验	将产品、功能或服务融入现有的客户交付模式中，以改善客户体验和用户关系
提质	提升服务质量	实现更加可靠、响应迅速、富有同理心的服务运营
降本	减少商品销售成本	减少直接成本，包括生产企业所售商品所需的材料和人工成本
降本	降低运营和制造成本	减少维持生产连续性和产品生产过程中产生的直接和间接成本，包括人工、材料、电力、供应和资本支出
降本	降低服务成本	降低服务周期中的人工、资产、零件和客户成本；提升服务团队质量，提升首次修复率，降低资产（设备）停机时间
创新	加快上市速度	减少设计迭代时间，缩短新产品上市时间；缩短向客户提交新产品和现有产品的时间，包括缩短产品开发时间（即减少设计迭代时间）和制造时间（即扩大产量，缩短生产周期）
创新	引入新产品	减少产品开发流程所需时间，包括提升新产品的引入和开发速度
创新	引入新的经营模式	引入新的经营模式扩大收入来源，例如引入产品即服务的概念
创新	实现定制化	实现多品种、小批量的定制化生产
创新	可持续发展	提升企业可持续发展能力；减少资源浪费，提升能源效率

4.1.3 "工业 4.0"和"中国制造 2025"的关系

"中国制造 2025"与德国"工业 4.0"都是在新一轮科技革命和产业变革背景下，针对制造业发展提出的重要战略举措。比较两个战略可以看出各有特点，除了技术基础和产业基础不同之外，还存在战略思想等方面的差异。

"工业 4.0"和"中国制造 2025"对比如表 4.2 所示。

表 4.2　"工业 4.0"与"中国制造 2025"比较

序号	对比项	"工业 4.0"	"中国制造 2025"
1	战略思想不同	立足点并不是单纯提升某几种工业制造技术，而是从制造方式基础层面上进行变革，从而实现整个工业发展质的飞跃	强调的是在现有的工业制造水平和技术上，通过工业互联网等工具的应用，实现结构的变化和产量的增加
2	战略目标不同	通过"工业 4.0"战略的实施，德国希望成为新一代工业生产技术（信息物理系统）的供应国并主导市场，提升全球竞争力	"中国制造 2025"的根本目标在于改变中国制造业"大而不强"的局面，使中国成为制造强国

续表

序号	对比项	"工业4.0"	"中国制造2025"
3	战略基础差异	德国是由制造强国向超级强国发展。德国已经从"工业3.0"阶段一步步走向"工业4.0"阶段,由生产自动化向智能化迈进	中国是由制造大国向制造强国发展。中国还处于"工业2.0"的后期阶段,中国处于"工业2.0"要补课、"工业3.0"要普及、"工业4.0"要示范跟上的处境
4	战略定位不同	提出实现智能化工厂和智能制造,由数字化向智能化迈进	提出创新驱动、绿色发展、结构优化、人才为本的发展战略
5	战略措施差异	德国为了有效实施"工业4.0",比较重视对技术、政策和环境等进行评估调整	将在坚持创新驱动、智能转型、强化基础和绿色发展上走出自己的特色,加快建设制造业强国

4.2 智能制造的体系架构

4.2.1 智能制造总体架构

物联网的发展使计算机读懂了物的信息,深刻感知了这些信息的内容,利用云计算提取信息中的相关部分,采用信息技术和原有工业软件系统,形成了智能制造的行业应用,赋能制造业。智能制造总体架构如图 4.4 所示。

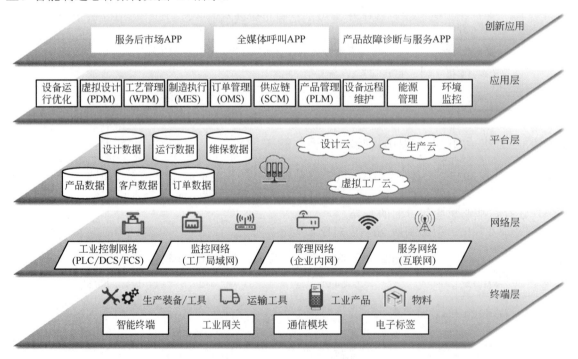

图 4.4 智能制造总体架构

智能制造体系架构分终端层、网络层、平台层和应用层,应用层之上还可以有一个创新应用层。终端层主要是制造业的终端设备、工业网关等智能传感或智能设备层,是智能制造的物理基础。网络层是连接终端与平台的中间层,包括工业控制网络、监控网络(工厂局域网)、管理网络(企业内网)和服务网络(互联网)等。平台层是制造体系的核心,是为应用提供支撑的数据平台和业务平台的集合体,向应用层提供统一的数据信息服务。应用层是智能制造的各种应用集合,既有制造领域的设计、工艺、制造执行、供应链管理等,又有产品全生命周期管理和智能制造的过程控制等。

4.2.2 智能制造的五个特征

智能制造主要特征为:互联、优化、透明、前瞻和敏捷。这些特征均有助于进行明智的决策,并协助企业改进生产流程。

(1)互联

互联是智能制造最重要的特征,同时也是其价值所在。智能制造须确保基本流程与物料的互联互通,获取实时决策所需的各项数据。在真正意义的智能工厂中,传感器遍布,因此系统可不断从新兴与传统渠道抓取数据,确保数据持续更新,并反映当前情况。

(2)优化

通过整合来自运营系统、业务系统以及供应商和客户的数据,全面掌控供应链上下游流程,从而提高供应网络的整体效率。经过优化的智能工厂可实现高度可靠的运转,最大程度上降低人工干预。智能工厂具备自动化工作流程,可同步了解资产状况,同时优化追踪系统与进度计划,能源消耗亦更加合理,可有效提高产量和质量、运行时间,并降低成本、避免浪费。

(3)透明

通过实时数据可视化,对从流程与成品或半成品获取的数据进行处理,并转变为切实可行的洞见,从而协助人工以及自动化决策流程。透明化网络还将进一步扩大对设备情况的认识范围,并通过基于角色的观点、实时警告与通知以及实时追踪与监控等手段,确保企业决策更加精准。

(4)前瞻

智能制造能够基于历史与实时数据预测未来成果,从而提高正常运行时间、产量与质量,同时预防安全问题。在一个前瞻性体系中,员工与系统可预见即将出现的问题或挑战,并提前予以应对,还可以设置好预案,由机器自响应。前瞻和预案还包括识别异常情况、储备并补充库存、发现并提前解决质量问题以及监控安全与维修问题。在智能工厂中,制造企业可通过创建数字孪生等实现数字化运营,在自动化与整合的基础上,进一步培养预测能力。

(5)敏捷

智能制造具备敏捷的灵活性,可快速适应进度以及产品变更,并将其影响降至最低。先进的智能工厂还可根据正在生产的产品以及进度变更,自动配置设备与物料流程,进而实时掌控这些变更所造成的影响。此外,灵活性还可使智能工厂在进度与产品发生变更时,最大程度降低调整幅度,从而提高运行时间与产量,确保灵活的进度安排。

值得注意的是，世界上没有两个一模一样的智能工厂，制造企业可依据其特定需求，重点发展智能工厂的不同领域和特征。这也是工业互联网和商业互联网最大的不同点。

4.2.3 智能制造的智能特性

智能制造的智能特性表现为设计的虚拟化、生产的自动化、制造的协同化、运营的可视化、产品的全生命周期可追溯以及决策的智能化，如图4.5所示。

图4.5 智能制造特征

（1）设计的虚拟化

及时开发出适应市场需求的高质量、高性能和低成本产品，已成为现代企业保持竞争力的关键，而建立高效、低成本的新产品快速响应开发体系则是实现这一目标的保证。虚拟产品开发技术正迅速发展，设计的虚拟化为企业带来了一个全新的发展空间。虚拟制造架构如图4.6所示，虚拟产品设计是其中的重要环节。

虚拟产品开发技术将CAD\CAE\仿真等技术、设计过程管理、虚拟现实技术等集成起来，形成一个交互式环境，以支持产品设计过程中的并行工程方法。同时，通过标准化和规范化管理提高数据的重复使用率，从而大大缩短研发周期，提高开发质量，降低开发成本。

（2）生产的自动化

生产自动化是通过在工厂各个区域安装传感器，对各种智能设备、机床、仪器仪表、控制装置、电子计算机等采集温度、湿度、压力、位移、重力、方向和流速等数据，通过工业互联网对这些数据进行储存和分析，再直观地把处理后的数据显示到控制室的大屏幕上。操作人员只要观察大屏幕就可以监控整个工厂的设备，甚至自动化生产系统自动调节各种设备，优化生产。生产自动化如图4.7所示。

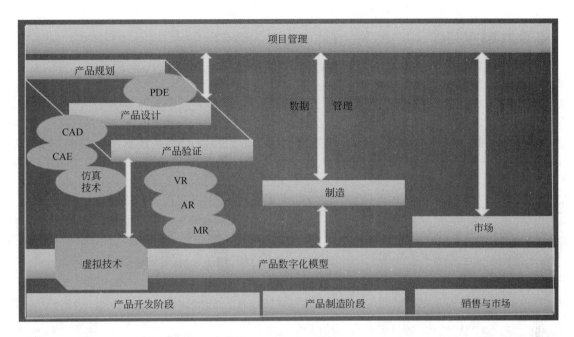

图 4.6　虚拟制造架构图

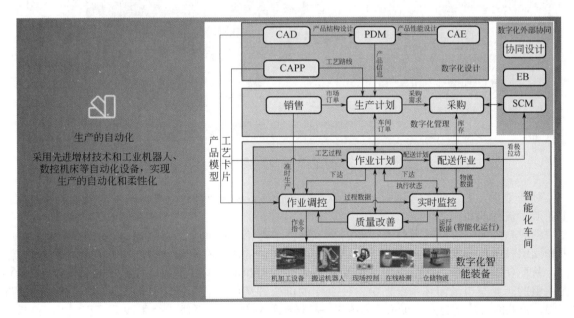

图 4.7　生产自动化

生产自动化通过对整个生产过程自动感知、检测、监督、告警和控制，达成各种最优的技术经济指标，提高经济效益和劳动生产率，实现节约能源、改善劳动条件、保护生态环境等目标。

（3）制造的协同化

协同制造是指基于敏捷制造、虚拟制造、网络制造、全球制造等生产模式，打破时间、空间的约束，通过互联网使整个供应链上的企业和合作伙伴共享客户、设计、生产经营信息。从传统的串行工作方式转变成并行工作方式，从而最大限度地缩短新品上市的时间，缩短生产周期，快速响应客户需求，提高设计、生产的柔性。通过面向工艺的设计、面向生产的设计、面向成本的设计、供应商参与设计，大大提高产品设计水平和可制造性、成本的可控性，有利于降低生产经营成本，提高质量，提高客户满意度。协同制造模式如图 4.8 所示。

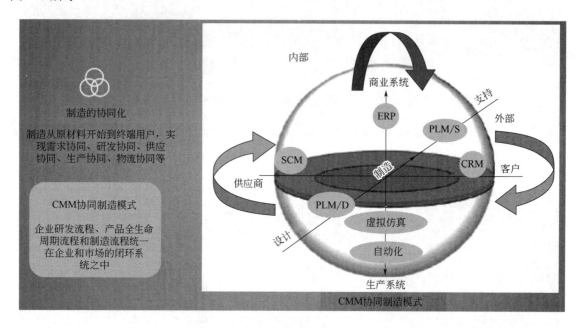

图 4.8　协同制造

制造型企业的协同通常包括三个层次：生产管理系统流程协同；产品全生命周期流程协同；企业研发流程的协同。

CMM 协同制造模式为制造行业的变革提供了理论依据和行之有效的方法。它利用信息技术和网络技术将研发流程、企业管理流程与生产产业链流程有机地结合起来，形成协同制造流程，从而使制造管理、产品设计、产品服务生命周期和供应链管理、客户关系管理有机地融合在完整的企业与市场闭环系统之中，使企业的价值链从单一的制造环节向上游设计与研发环节延伸，企业的管理链也从上游向下游生产制造控制环节拓展，形成一个集成了工程、生产制造、供应链和企业管理的网络协同制造系统。

（4）运营的可视化

企业运营可视化平台基于自主研发的可视化技术平台，能够快速、规范、便捷地构建可视化场景。通过数据准备、组件封装、主题组装、场景编排、显示输出 5 个步骤即可快速完成企业可视化应用平台构建。企业运营可视化平台应用类型包括指标统计分析、业务实时监控、流程监控预警、挖掘模拟预测、形象对外展示等。运营可视化如图4.9所示。

（5）全周期可追溯

智能制造的产品全生命周期可追溯是指实现从供应链端，经过产品生产的班组、车间和工厂，到物流环节、批发商和零售商等全过程的可追溯，通过溯源实现销售渠道规范管理和产品质量监管问责。产品全生命周期可追溯如图4.10所示。

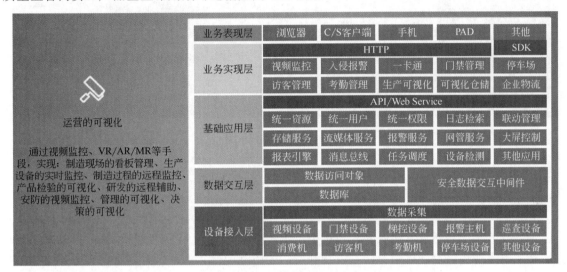

图4.9　运营可视化

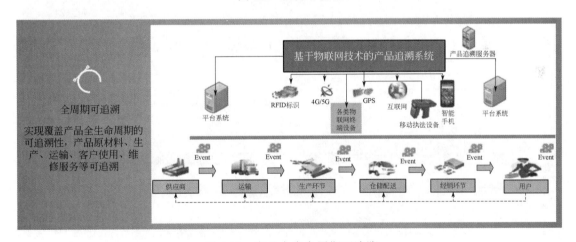

图4.10　产品全生命周期可追溯

（6）决策的智能化

智能制造的核心是智能决策。人在制造企业中的位置只有两个，一个是决策者，一个是执行者，那么工业领域的"智能"必定包含了决策智能和执行智能，且是实现智能制造的不可或缺的两个重要方面。决策智能化如图4.11所示。

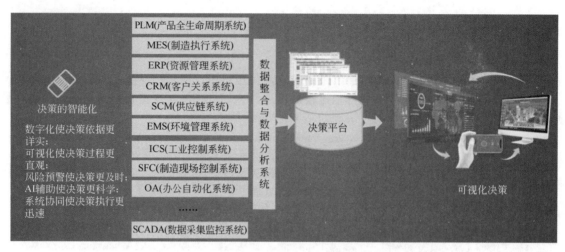

图 4.11　智能决策

4.3　使能技术在智能制造的应用

智能制造的使能技术有传感、数控机床、工业机器人、无人机、增材技术、虚拟现实、增强现实、混合现实、自动识别、仿真、物联网、区块链、云计算、人工智能、通信等技术，如图 4.12 所示。

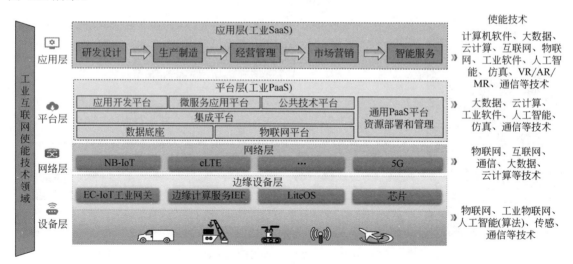

图 4.12　智能制造的使能技术

4.3.1　传感技术

传感技术是指高精度、高效率、高可靠地采集各种形式信息的技术，主要分为遥感技术和智能传感技术，具体如卫星遥感、红外遥感、电子传感、红外传感、热传感、接近传感和激光雷达传感等。

传感器是物联网的基础，具有种类多、应用广、性能强、功能全、技术难等特点。在传感器的应用场景中，制造行业占比比较高，其在制造行业的应用主要有实时监测生产状态、促进产品质量提升、异常告警和预警提示、数据分析与辅助决策等，具体见表 4.3。传感技术毫无疑问仍将是未来很长一段时间的热门技术之一，未来全球传感器技术的发展方向为：体积更小、性能更优、成本更低、更加智能等（这里的发展方向还是聚焦于工业领域）。

表 4.3 传感器在制造业主要应用

序号	应用	内容
1	实时监测生产状态	传感器主要作用是实时监测，实时监测车间和仓库的环境、产线的生产状态、设备的运行数据等。各种生产相关的数据实时刷新，管理者可以实时掌握生产数据和设备状态，减少车间走访巡查的工作量，极大地提高管理效率
2	促进产品质量提升	传感器应用在生产制造的各个环节，通过监测、控制各种设备状态，使产线、设备以最佳状态运行工作，使车间环境达到最适宜条件，从而降低不良品率，降低成本，提升产品品质
3	异常告警和预警提示	传感器监测到异常数据后，及时上报警信息，这里主要有两种类型的异常提示，一种是对超出阈值的监测数据及时发出告警，并提示对应人员进行维修和生产计划调整；另一种是对故障的预警，通过分析设备运行数据、维保信息、维修记录，预测设备的故障概率，对其进行预测性维护，避免因故障导致的产线运转受阻和产能下降
4	数据分析和辅助决策	传感器监测数据结合工厂的 ERP、MES、财务等数据，综合统计分析后，形成一套符合制造商业务需求的指标体系，辅助管理者决策

4.3.2 自动识别技术

自动识别技术是应用特定的识别设备，获取被识别物信息并分析处理的技术。常见的识别技术有智能卡（IC 卡）识别、射频识别、光学符号识别、磁条/磁卡识别、条形码识别、视觉识别以及生物识别（图 4.13）。自动识别技术已广泛应用在生产制造、仓储物流、智能抄表、电子钱包、巡更巡检、高速公路收费、车辆识别等场景。

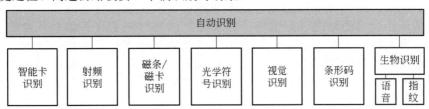

图 4.13 自动识别技术

自动识别技术种类很多，不同的识别方式特点不同，总体看来，自动识别技术比人工识别更加准确、高效。识别技术分类与应用场景具体介绍如表 4.4 所示。

表 4.4 自动识别技术分类与应用场景

序号	分类	内容	应用场景
1	IC 卡识别技术	IC 卡是集成电路卡的简称，是一种将集成电路芯片嵌装于塑料等基片上制成的电子式数据自动识别卡。IC 卡根据是否带有微处理器，分为存储卡和处理器卡；按照与外界传送数据的形式，可以分为接触式和非接触式。	门禁卡、银行卡、公交卡、身份卡等

第 4 章 工业互联网在制造业中的应用 139

续表

序号	分类	内容	应用场景
2	射频识别技术	射频识别技术，简称 RFID（Radio Frequency Identification Technology），是利用无线电波传递数据的一种自动识别技术，无需人工干预，通过无线射频信号无接触式传递信息，识别目标对象并完成信息采集和传输。常用于安防电子巡更、资产标签、农产品溯源管理、服装零售等场景。另外，现在手机上使用的 NFC 技术也是 RFID 技术的延伸，在工作频率、距离、通信协议等方面更灵活更优化	电子巡更、资产标签、门禁、手机支付等
3	磁条/磁卡识别技术	磁条/磁卡识别技术通过解码器读取磁极性的变换，并将其转换成字母或数字的形式，方便计算机识别和处理。磁条/磁卡技术的一大特点就是数据可读写，并且能够粘贴在许多不同规格和形式的基材上，使用便捷且成本低廉，应用于经常修改或重写数据的场景	门禁卡、食堂消费卡等
4	光学符号识别技术	光学符号识别技术，简称 OCR（Optical Character Recognition）技术，利用电子设备（例如扫描仪或数码相机）检查纸上打印的字符，通过检测暗、亮的模式确定其形状，然后用字符识别方法将形状翻译成计算机文字，属于机器视觉的一种	文档资料、票据、证件、表格自动识别和录入
5	视觉识别技术	视觉识别技术是对图像和视频进行对象识别，并转化为数字信息的技术。和 OCR 的区别在于，OCR 识别图像中的字符信息，而视觉识别技术则侧重对图形信息的识别。视觉识别技术在工业生产领域有广泛的应用，可以代替甚至超越人的肉眼视觉判断，可对精密零部件进行识别检验，且识别效率和准确率更高	外观缺陷检测、视觉引导和定位、高精度检测、图像识别、物体快速分拣等
6	条码识别技术	条码是产品的一种身份识别代码，利用扫码器发出的红外或可见光照射条码，深色的"条"或"点"吸收光，浅色的"空"反射光，扫描器将光反射信号转换成电子脉冲，再由译码器将电子脉冲转换成数据。从形态分有一维码和二维码两种。二维码比一维码存储的信息量更大	制造生产、仓储物流、零售分销、资产管理
7	生物识别技术	生物识别技术是利用多种生物传感器对人的生理特性进行识别分析，生理特征有指纹、掌纹、指静脉、人脸、虹膜等物理特征和声音、笔迹、运动形态等行为特征	出入门禁、考勤、安全、手机智能终端

自动识别技术作为低成本、高效率、低门槛的高性价比技术，已经成为推动经济发展的主要基础技术，几乎应用在所有的制造行业，发展前景广阔。对于 IC 卡、条码、RFID 这些相对成熟的技术，行业标准日趋完善，未来随着需求量和产量的增加，产品成本更低，性能进一步提升，识别的精度、速度将不断优化，同时伴随着许多新兴行业的出现，将应用在更多行业领域。对于视觉识别、生物识别这些处于快速成长阶段的技术，技术难度相对高，和高速发展的物联网、人工智能、计算机等技术相结合，会碰撞出新的使用场景，比如工业机器人中加入生物识别技术，机器人可以识别语音指令，处理语义信息，可进一步加强人机交互体验。

4.3.3 工业机器人技术

工业机器人是应用在工业领域的，以替代或辅助人工生产为目的的，多关节、自动化、智能化的机械设备。工业机器人在制造行业已得到普遍应用，常见的工业机器人有搬运机器人、焊接机器人、清洁机器人、喷涂机器人等。工业机器人通常由三大部分六个子系统组成，三大部分是机械部分、传感部分和控制部分，六个子系统是机械结构系统、驱动系统、感知系统、机器人-环境交互系统、人机交互系统和控制系统。各子系统及它们之间的关系如图 4.14 所示。

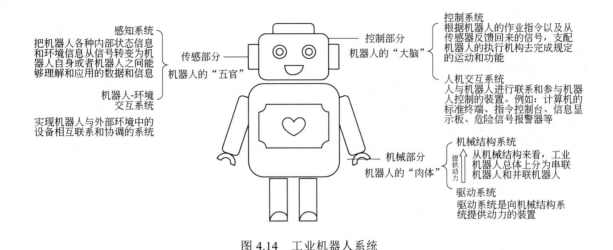

图 4.14 工业机器人系统

与人力劳动和传统的工业生产设备相比，工业机器人在生产制造领域有许多独特的优势，如生产工作拟人化、特殊环境可作业、工作质量高且安全、管理方便且成本低等。

机器人经历了从低级到高级三个阶段的发展，其中第三个阶段智能机器人还在进一步发展中。这三个阶段具体情况如表 4.5 所示。

表 4.5 机器人发展历程表

序号	类目	名称	内容	应用领域
1	第一阶段	程序控制机器人	按照事先载入的程序进行工作，如果任务或环境发生变化，就要重新设计程序	主要模拟人的运动功能，执行拿取、搬运、包装、机械加工等固定工作
2	第二阶段	自适应机器人	配备了传感器，通过听觉、视觉、重力、方向等传感器获取作业环境和操作对象信息，由计算机对这些信息进行处理与分析，对机器人发出动作指令	这类机器人能够根据环境变化来调整自身行为，可用于焊接、装配、搬运等工作
3	第三阶段	智能机器人	具有类人特征，除了运动和自适应调整功能，还具有感知交互和思维能力，能够灵活多变地自主处理复杂问题	目前的智能机器人仅具有部分智能化功能，真正的智能机器人尚处于研发之中，应用前景广阔

未来工业机器人将向轻型化、柔性化和更加智能化方向发展，其应用场景也将更加广泛，严苛的应用环境和高质量的生产标准将对机器人的体积、重量、灵活度提出更高要求，工业机器人将向小型化、轻型化、柔性化方向发展。

4.3.4 无人机技术

无人机（Unmanned Aerial Vehicle，UAV）是无人驾驶的飞行机器，内置程序控制系统，通过无线遥控装置可人工操控或者按照预设路线自动航行。无人机技术已经相对成熟，市面上的无人机种类繁多，应用场景十分广泛。

无人机是软硬件一体的独立机器设备，由飞行器机架、飞行控制系统、推进系统、遥控器、遥控信号接收器和云台相机组成，如图4.15所示。

无人机技术的出现使人类视野得以扩展，帮助人们快速看到目的地，并观察实时状态和执行任务。如今无人机技术已得到广泛应用，与其他使能技术相比，具有成本和技术门槛低、操作便捷、应用广、安全高效等特点。但是无人机技术也存在一定的局限性，主要在性能上，一是续航时间短，市面上大部分无人机续航时间在半小时以内，只有少数可以达到小时级续航；二是航行距离短，民用无人机起飞后的航行速度不超过100km/h，由于续航时间的限制，一般航行距离只有5km；三是机械故障率高，也就是常说的"炸机"（操作不当、拉距飞行、部件故障或者受到电磁干扰都是常见的"炸机"原因，而且维修费用相对较高）。

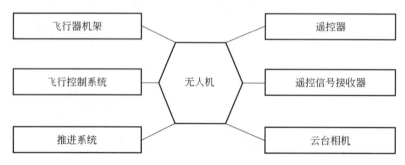

图4.15 无人机组成

近几年，在智能制造浪潮的推动下，无人机+制造行业也诞生了一些应用场景。但是由于无人机技术在负载、续航上的局限性，在制造行业的应用还未普及，应用场景有但是不多，无法直接参与生产制造环节，而是承担巡查、运输、监管等辅助生产类的工作，比如工厂物资短距离运输、工厂设备智能巡检、工厂安防巡查等。

未来，无人机技术在性能方面会朝着补齐短板的方向发展，续航时间延长，航行距离增加，故障率降低。同时，无人机技术和人工智能、5G、物联网、VR等技术的结合会更紧密，这些新兴技术可以使无人机的性能和功能更强大，推动无人机迈上新台阶，甚至对一些行业的发展起到变革作用。

4.3.5 增材制造技术

增材制造（Additive Manufacturing）技术是采用离散-堆积原理，以数字模型文件为基础，运用金属、塑料、陶瓷等黏合材料（这些材料可以是液体、粉末、片状等形态），通过逐层打印的方式来构造物体的技术。这也对应了前面提到的，增材制造是通过增加原材料的方式制造产品的技术，因为在产品成型前，只有一个数字模型，通过灵活适量地增加原材料使成品达到预想效果。实现方式可以分为两步，首先是用计算机进行三维建模设计，然后将三维建模分区分层，由3D打印机采用可黏合材料逐层进行打印。

增材制造技术有许多细分技术，图4.16介绍了7种主要的增材技术及适用场景。

增材制造技术作为近些年被广泛关注的新兴技术之一，与传统的减材制造和等材制造相比有许多独特的优势，如产品设计更灵活、原材料利用率高、适合复杂结构产品、适用小批量生产、昂贵原材料制造、生产过程可预测等。

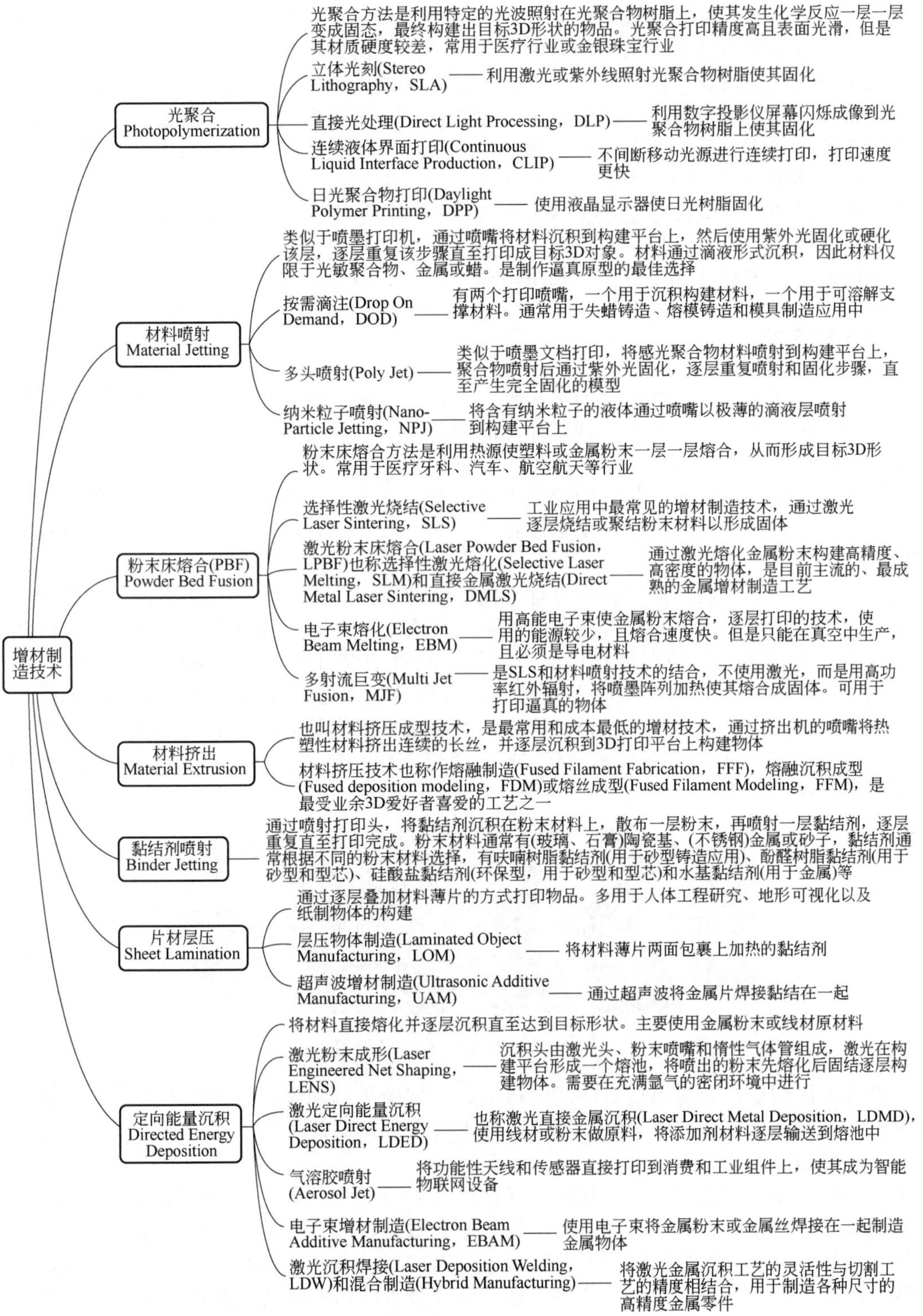

增材制造技术

光聚合 Photopolymerization
光聚合方法是利用特定的光波照射在光聚合物树脂上，使其发生化学反应一层一层变成固态，最终构建出目标3D形状的物品。光聚合打印精度高且表面光滑，但是其材质硬度较差，常用于医疗行业或金银珠宝行业

- 立体光刻(Stereo Lithography，SLA)——利用激光或紫外线照射光聚合物树脂使其固化
- 直接光处理(Direct Light Processing，DLP)——利用数字投影仪屏幕闪烁成像到光聚合物树脂上使其固化
- 连续液体界面打印(Continuous Liquid Interface Production，CLIP)——不间断移动光源进行连续打印，打印速度更快
- 日光聚合物打印(Daylight Polymer Printing，DPP)——使用液晶显示器使日光树脂固化

材料喷射 Material Jetting
类似于喷墨打印机，通过喷嘴将材料沉积到构建平台上，然后使用紫外光固化或硬化该层，逐层重复步骤直至打印成目标3D对象。材料通过滴液形式沉积，因此材料仅限于光敏聚合物、金属或蜡。是制作逼真原型的最佳选择

- 按需滴注(Drop On Demand，DOD)——有两个打印喷嘴，一个用于沉积构建材料，一个用于可溶解支撑材料。通常用于失蜡铸造、熔模铸造和模具制造应用中
- 多头喷射(Poly Jet)——类似于喷墨文档打印，将感光聚合物材料喷射到构建平台上，聚合物喷射后通过紫外光固化，逐层重复喷射和固化步骤，直至产生完全固化的模型
- 纳米粒子喷射(Nano-Particle Jetting，NPJ)——将含有纳米粒子的液体通过喷嘴以极薄的滴液层喷射到构建平台上

粉末床熔合(PBF) Powder Bed Fusion
粉末床熔合方法是利用热源使塑料或金属粉末一层一层熔合，从而形成目标3D形状。常用于医疗牙科、汽车、航空航天等行业

- 选择性激光烧结(Selective Laser Sintering，SLS)——工业应用中最常见的增材制造技术，通过激光逐层烧结或聚结粉末材料以形成固体
- 激光粉末床熔合(Laser Powder Bed Fusion，LPBF)也称选择性激光熔化(Selective Laser Melting，SLM)和直接金属激光烧结(Direct Metal Laser Sintering，DMLS)——通过激光熔化金属粉末构建高精度、高密度的物体，是目前主流的、最成熟的金属增材制造工艺
- 电子束熔化(Electron Beam Melting，EBM)——用高能电子束使金属粉末熔合，逐层打印的技术，使用的能源较少，且熔合速度快。但是只能在真空中生产，且必须是导电材料
- 多射流巨变(Multi Jet Fusion，MJF)——是SLS和材料喷射技术的结合，不使用激光，而是用高功率红外辐射，将喷墨阵列加热使其熔合成固体。可用于打印逼真的物体

材料挤出 Material Extrusion
也叫材料挤压成型技术，是最常用和成本最低的增材技术，通过挤出机的喷嘴将热塑性材料挤出连续的长丝，并逐层沉积到3D打印平台上构建物体

材料挤压技术也常作熔融制造(Fused Filament Fabrication，FFF)，熔融沉积成型(Fused deposition modeling，FDM)或熔丝成型(Fused Filament Modeling，FFM)，是最受业余3D爱好者喜爱的工艺之一

黏结剂喷射 Binder Jetting
通过喷射打印头，将黏结剂沉积在粉末材料上，散布一层粉末，再喷射一层黏结剂，逐层重复直至打印完成。粉末材料通常有(玻璃、石膏)陶瓷基、(不锈钢)金属或砂子，黏结剂通常根据不同的粉末材料选择，有呋喃树脂黏结剂(用于砂型铸造应用)、酚醛树脂黏结剂(用于砂型和型芯)、硅酸盐黏结剂(环保型，用于砂型和型芯)和水基黏结剂(用于金属)等

片材层压 Sheet Lamination
通过逐层叠加材料薄片的方式打印物品。多用于人体工程研究、地形可视化以及纸制物体的构建

- 层压物体制造(Laminated Object Manufacturing，LOM)——将材料薄片两面包裹上加热的黏结剂
- 超声波增材制造(Ultrasonic Additive Manufacturing，UAM)——通过超声波将金属片焊接黏结在一起

定向能量沉积 Directed Energy Deposition
将材料直接熔化并逐层沉积直至达到目标形状。主要使用金属粉末或线材原材料

- 激光粉末成形(Laser Engineered Net Shaping，LENS)——沉积头由激光头、粉末喷嘴和惰性气体管组成，激光在构建平台形成一个熔池，将喷出的粉末先熔化后凝结逐层构建物体。需要在充满氩气的密闭环境中进行
- 激光定向能量沉积(Laser Direct Energy Deposition，LDED)——也称激光直接金属沉积(Laser Direct Metal Deposition，LDMD)，使用线材或粉末做原料，将添加剂材料逐层输送到熔池中
- 气溶胶喷射(Aerosol Jet)——将功能性天线和传感器直接打印到消费和工业组件上，使其成为智能物联网设备
- 电子束增材制造(Electron Beam Additive Manufacturing，EBAM)——使用电子束将金属粉末或金属丝焊接在一起制造金属物体
- 激光沉积焊接(Laser Deposition Welding，LDW)和混合制造(Hybrid Manufacturing)——将激光金属沉积工艺的灵活性与切割工艺的精度相结合，用于制造各种尺寸的高精度金属零件

图4.16 增材技术及适用场景

增材制造技术本身是工业技术的一种，其应用场景主要分两大类，一类是面向消费者、个人用户的，这也是增材技术和其他技术的一个不同点，因为可以打印生活中任何形状的物品，且有低成本的入门级设备，所以吸引了许多 3D 打印技术爱好者，一直以来，面向业余消费者的 FAM 3D 打印机销量远高于其他 3D 打印设备；另一类是面向企业或商家的，增材技术在生物医疗、建筑、航空航天、汽车、军事领域都有应用。在制造领域，大部分企业尚处于观望阶段，还未广泛使用 3D 打印技术，只有一些企业做了小规模试点。目前很难说增材制造在工业领域有哪些广泛应用，大部分工业级 3D 打印设备还只是用在航空航天企业、科研院所等。未来，在智能制造大背景下，增材制造技术将迎来巨大的发展机遇，但是我们也要正视增材制造技术面临的短板，不断补齐短板，使其应用到更多行业中。

4.3.6 仿真技术

仿真技术是在计算机软件搭建的仿真模型上，通过输入相应的条件和参数值，模拟现实环境和反应的一种技术。仿真技术这几年提及的频率不高，说起仿真，会让人联想到数字建模、数字孪生、虚拟现实等词汇，那么仿真技术和它们的区别在哪里呢？

在智能制造领域，建模和仿真的关系可以理解为上下游两道工序。对制造对象或工具设备进行数字建模后，利用仿真技术对模型进行图像化、数字化、程序化表达，仿真是对数字模型虚拟化表达。

数字孪生技术是对现实世界物体进行不同精度的建模仿真，并通过传感器、物联网、人工智能算法对建模对象实时感知、监测以及预测的，实时、动态且可以交互的技术。仿真技术则是利用相对静态的模型，模拟现实环境，但是人和物的交互和实时监测感知能力较弱。在我们常提到的数字工厂或"黑灯工厂"场景下，仿真可以作为实现数字孪生的一种技术手段。

仿真技术经历了物理仿真、模拟仿真以及数字仿真三个阶段，目前整体朝着数字孪生的方向发展，如图 4.17 所示。仿真技术具有建模对象可视化、物理世界数值化、反应状态可预测、验证过程无破坏等特点。

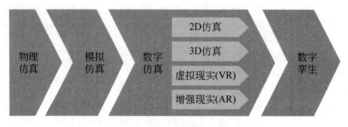

图 4.17 仿真技术发展阶段

仿真技术在制造行业应用极其广泛，在生产前期的规划和设计阶段，明确需求并制定好建设方案后，可以运用仿真技术对方案的可行性进行全方位验证并提出优化建议。仿真技术在制造领域的应用如图 4.18 所示。

未来，仿真技术在模型算法上将继续优化，可以分析和预测更复杂的物理结构性能、环境因素影响以及社会因素影响。再者，仿真技术与大数据、人工智能、物联网等技术结合，进入一个新的发展阶段，朝着智能化的方向发展，可以实现动态实时仿真、分布式嵌入仿真以及模型资源共享等功能，并且人机交互体验更强。仿真技术的核心是仿真建模软件，目前全球工业仿真软件市场以少数国际企业为主，国内仿真软件虽在不断发展，但是核心关键技术有待突破。

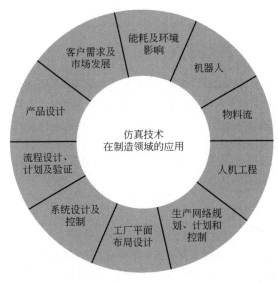

图 4.18 仿真技术在制造领域的应用

4.3.7 人工智能

人工智能（Artificial Intelligence，AI）是研究、开发用于模拟、延伸和扩展人的智能的理论、方法、技术及应用系统的一门新的技术学科。该领域相关的技术有大数据、机器视觉、语音识别、机器学习、自然语言处理等，如图 4.19 所示。人工智能具有"记"（大数据支撑进行智能分析处理）、"看"（利用机器视觉技术）、"听"（利用语音识别技术）、"读"和"说"（利用自然语言处理技术）、"想"（利用机器学习技术）等技术特点。

人工智能技术的发展需要三个核心要素，那就是数据、算力和算法，制造行业有大量的数据积累，是人工智能应用的蓝海。人工智能技术和边缘计算、工业物联网结合，在工业领域可以得到快速发展和落地。总体来看，人工智能在制造行业应用场景较多，多为小规模试点，整体还处于起步阶段。人工智能在工业制造的应用大致分为生产制造、供应链管理、产品服务、运营管理四大领域。尤其是在生产制造领域，人工智能被寄予厚望，因为制造企业最关注的是收益最大化，思考最多的是如何降本增效，提高利润，高效管理。

未来，在技术架构上，人工智能技术在强调云边协同的同时，会更加注重边缘能力，将部分算法和服务嵌入式部署在边缘侧，满足时延敏感场景的需求，并确保数据的私密性。

图 4.19 人工智能相关技术

在产品规划上，人工智能技术正在被打造成标准的商业产品，主要包括两部分，一部分是智能分析算法学习平台，另一部分是智能分析算法应用。前者主要具备算法学习能力，后者则是应用在具体智能场景中。再结合云边协同的架构，实现快速商业化部署。在市场用户侧，人工智能的语音识别、语义分析处理、人脸识别技术将应用在更多消费级产品中，目前已经落地的应用有家庭智能音响、教育机器人、智能手机、门禁识别、智能翻译机器人等。

4.3.8 区块链

区块链的定义有狭义和广义两种。狭义区块链是指按照时间顺序，将数据区块以顺序相连的方式组合成链式数据结构，并以密码学方式保证的不可篡改和不可伪造的分布式账本。广义区块链是指利用块链式数据结构验证与存储数据，利用分布式节点共识算法生成和更新数据，利用密码学的方式保证数据传输和访问的安全、利用由自动化脚本代码组成的智能合约来编程和操作数据的全新的分布式基础架构与计算范式。区块链具有去中心化、开放性、独立性、安全性、匿名性等特征。

区块链就是一个分布式、有着特定结构的数据库，是一个有序的、每一个块都连接到前一个块的链表。也就是说，区块按照插入的顺序进行存储，每个块都与前一个块相连。这样的结构，能够让我们快速地获取链上的最新块，并且高效地检索一个块。区块链六层模型如图 4.20 所示。

一个标准的区块链项目，应该至少包含数据层、网络层、共识层这三层，应用层、合约层、激励层可以不包含。

区块链核心技术有以下四种：

① 分布式账本　分布式账本指的是交易记账由分布在不同地方的多个节点共同完成，而且每一个节点记录的是完整的账目，因此它们都可以参与交易合法性的监督，同时也可以共同为合法性做证。区块链的分布式存储的独特性主要体现在两个方面：一是区块链每个节点都按照块链式结构存储完整的数据；二是区块链每个节点存储都是独立的、地位等同的，依靠共识机制保证存储的一致性，没有任何一个节点可以单独记录账本数据，从而避免了单一记账人被控制或者被贿赂而记假账的可能，并且因为记账节点足够多，从理论上来说除非所有的节点都被破坏，否则账目不会丢失，从而保证了账目数据的安全性。

② 非对称加密　存储在区块链上的交易信息是公开的，但是账户身份信息是高度加密的，只有在数据拥有者授权的情况下才能访问，保证数据安全和个人隐私、让交易信息公开二者平衡。

③ 共识机制　共识机制是区块链的技术核心之一，所有记账节点之间达成共识，认定记录的有效性，这既是认定的手段，也是防止篡改的手段。区块链有四种不同的共识机制，适用于不同的应用场景，在效率和安全性之间取得平衡。

④ 智能合约　智能合约基于可信的不可篡改的数据，可以自动执行一些预先定义好的规则和条款。简单地说，智能合约就是一段写在区块链上的代码，一旦某个事件触发合约中的条款，代码即自动执行。也就是说，满足条件就执行，不需要人为操控。

4.3.9 数字孪生技术

数字孪生以数字化的方式在虚拟空间内建立真实事物的动态孪生体，将物理对象的属性和数据映射到虚拟空间中，物理与虚拟一一对应、相互映射，创建出物理世界的全生命周期动态虚拟模型，交互与映射现实中的行为特征，实现数字虚拟世界和物理真实世界实时精准映射、交互、协同与联动。数字孪生借由传感器、物联网等新一代 ICT 技术，物理本体的运行状态及外部环境数据均可实时映射到虚拟孪生体上。数字孪生具有互操性、扩展性、实时性、保真性、闭环性等特征。数字孪生通用参考架构如图 4.21 所示。

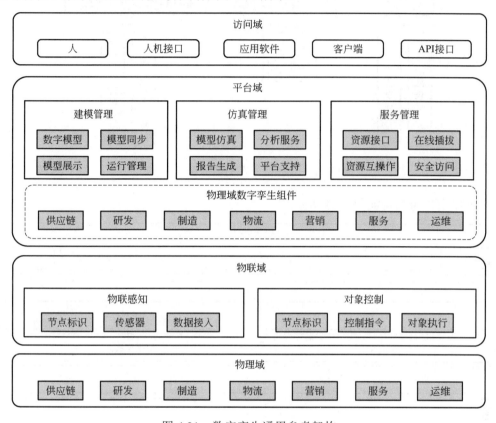

图 4.21　数字孪生通用参考架构

数字孪生在制造领域可用于产品的设计、生产、制造、运营等全生命周期。其主要应用场景有产品研发、工艺规划和生产过程管理、设备维护与故障预测等。数字孪生在制造领域的应用，如图 4.22 所示。

4.3.10　元宇宙

元宇宙是与现实世界平行的，是可提供设计、游戏、购物、社交等沉浸体验的开放虚拟世界。目前，元宇宙以多种形态存在我们的世界中，如数字孪生、虚拟现实、增强现实、混合现实等，可以将此看作元宇宙的初级形式。

工业元宇宙（Industrial Metaverse）是以扩展现实、数字孪生为代表的新型信息通信技术与实体工业经济深度融合的工业生态，它通过扩展现实、人工智能、物联网、云计算、大数据、区块链、数字孪生等技术将人、机、料、法、环等无缝连接，使数字技术与现实工业结合，通过打通虚拟空间和现实空间实现工业的改进和优化，形成全新的制造和服务体系，以达到降低成本、提高生产效率、高效协同的效果，促进工业高质量发展。

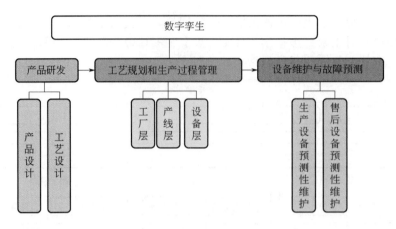

图 4.22　数字孪生在制造领域的应用

工业元宇宙参考架构如图 4.23 所示。

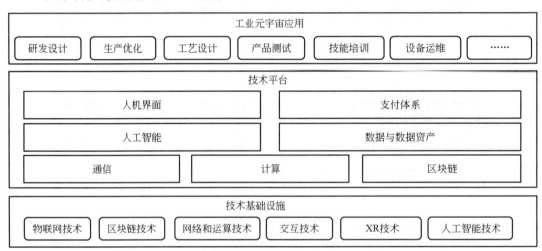

图 4.23　工业元宇宙参考架构

元宇宙的使能工业领域与前述的虚拟技术在工业领域的应用是相通的，也可以从设计、生产和制造领域去展开。

① 研发设计　在研发环节，相比现阶段利用工业软件进行产品设计，工业元宇宙产线设计、工艺设计、产品研发等环节，通过将现实世界的设计、测试、分析等在虚拟世界中模拟，很大程度地降低研发过程中的能量消耗与试错成本。

② 生产优化　在生产制造环节，可通过工业元宇宙相关技术进行工厂规划设计、制造流程管理、生产过程管理、设备日常运营维护，大幅提升生产制造效率，降低生产测试成本、运维成本。同时，可通过远程操控保障危险环节作业人员的安全。

③ 设备运维　相比于现阶段利用大数据分析的预测性维护，基于工业元宇宙的设备运维能够打破空间限制，有效提高设备运维效率和服务质量。在工业元宇宙平台建立的虚拟空间中，运维人员将不受地域限制，在生产设备出现问题时，能够实现远程实时确认设备情况，及时修

复问题。对于难度大、复杂程度高的问题,可以通过工业元宇宙平台汇聚全球各地的专家,共同商讨解决方案,从而提高生产效率。

④ 产品测试　对于应用标准高、测试要求复杂的产品,工业元宇宙能够提供虚拟环境以开展试验验证和产品性能测试。通过虚实结合实现物理空间和虚拟空间的同步测试,更加直观地感受产品的内外部变化,提高测试认证效率和准确性。测试人员或管理人员可随时佩戴AR眼镜及时掌握生产数据,并及时获取来自智能分析的决策提醒,实现远程确认问题并及时修复。

⑤ 技能培训　工业元宇宙能够有效提高教学培训效率,提供培训专业技能的虚拟设备,让学员更加直观地操作生产设备。同时,对于不可抗力等极端特殊情况,可以通过工业元宇宙平台搭建虚拟空间,供相关人员演习逃生路线和检验事故处理办法。

4.4　智能制造的应用场景

智能制造不是虚无的概念,一定是落实在具体场景中的,从目前的技术与发展的角度看,以下应用场景涵盖了产品为中心、订单为中心和生产制造为中心的智能化,分别为智能研发、智能供应链与物流、智能工厂、智能车间、智能产线、智能装备、智能产品、智能服务、智能管理和智能决策,如图4.24所示。

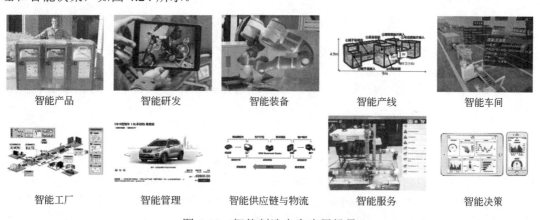

图4.24　智能制造十大应用场景

智能制造的关键技术中,智能产品与智能服务可以帮助企业进行商业模式的创新;智能装备、智能产线、智能车间、智能工厂可以帮助企业实现生产模式的创新;智能研发、智能管理、智能物流与供应链则可以帮助企业实现运营模式的创新;智能决策则可以帮助企业实现科学决策。

(1)场景一:智能产品

生产的过程智能化,那么作为成品的工业产品同样也可以智能化,把产品作为一个数据采集端,不断地采集用户的数据并上传到云端,方便用户进行管理。

智能产品通常包括机械、电气和嵌入式软件,具有记忆、感知、计算和传输功能。典型的智能产品包括智能手机、智能可穿戴设备、无人机、智能汽车、智能售货机、智能装备等。

（2）场景二：智能服务

智能服务是基于工业物联网的，可以感知产品的状态，从而进行预防性维修维护，及时帮助客户更换备品备件，甚至可以通过了解产品运行的状态，给客户带来商业机会。还可以采集产品运营的大数据，辅助企业进行市场营销的决策。此外，企业开发面向客户服务的APP，也是一种智能服务的手段，可以对企业购买的产品提供有针对性的服务，从而锁定用户，开展服务营销。

（3）场景三：智能装备

智能装备包括智能数控装备、智能机器人等。智能装备具有检测功能，可以实现在机检测，从而补偿加工误差，提高加工精度，还可以对热变形进行补偿。以往一些精密装备对环境的要求很高，现在由于有了闭环的检测与补偿，可以降低对环境的要求。

（4）场景四：智能产线

很多行业的企业高度依赖自动化生产线，比如钢铁、化工、制药、食品饮料、烟草、芯片制造、电子组装、汽车整车和零部件制造等，实现自动化的加工、装配和检测，一些机械标准件生产也应用了自动化生产线，比如轴承。但是，装备制造企业目前还是以离散制造为主，很多企业的技术改造重点就是建立自动化生产线、装配线和检测线，即智能产线。

（5）场景五：智能车间

一个车间通常有多条生产线，这些生产线要么生产相似的零件或产品，要么有上下游的装配关系。智能车间是要实现车间的智能化，需要对生产状况、设备状态、能源消耗、生产质量、物料消耗等信息进行实时采集和分析，进行高效排产和合理排班，显著提高设备利用率。

（6）场景六：智能工厂

智能工厂不仅生产过程应实现自动化、透明化、可视化、精益化，同时产品检测、质量检验和分析、生产物流也应当与生产过程实现闭环集成。一个工厂的多个车间之间要实现信息共享、准时配送、协同作业。一些离散制造企业也建立了类似流程制造企业那样的生产指挥中心，对整个工厂进行指挥和调度，及时发现和解决突发问题，这是智能工厂的重要标志。

（7）场景七：智能研发

离散制造企业在产品研发方面，已经应用了计算机辅助设计、计算机辅助工程、计算机辅助工艺过程设计、计算机辅助制造等工具软件和产品生命周期管理、产品数据管理系统。企业要开发智能产品，需要多学科的协同配合；要缩短产品研发周期，需要深入应用仿真技术，建立虚拟数字化样机，实现多学科仿真，通过仿真减少实物试验；需要贯彻标准化、系列化、模块化的思想，以支持大批量客户定制或产品个性化定制；需要将仿真技术与试验管理结合起来，以提高仿真结果的置信度。流程制造企业已开始应用PLM系统实现工艺管理、配方管理以及实验室信息管理。智能研发根植于新的信息与通信技术，应用仿真技术、数字孪生技术、数字模型等于产品研发中，满足用户对企业产品的需求。

（8）场景八：智能管理

制造企业核心的运营管理系统包括人力资本管理（HCM）系统、客户关系管理（CRM）系统、企业资产管理（EAM）系统、能源管理系统（EMS）、供应商关系管理（SRM）系统、企业门户（EP）、业务流程管理（BPM）系统等，国内企业也把办公自动化（OA）作为一个核心信息系统。智能管理统一管理企业的核心主数据，实现智能管理和智能决策。

（9）场景九：智能供应链与物流

制造企业内部的采购、生产、销售流程都伴随着物料的流动，因此越来越多的制造企业在重视生产自动化的同时，也越来越重视供应链与物流的智能化。智能供应链与物流包括自动化立体仓库、无人引导小车、智能吊挂系统、智能分拣系统、堆垛机器人、自动辊道系统等。

（10）场景十：智能决策

企业在运营过程中，产生了大量的数据，比如合同、回款、费用、库存、现金、产品、客户、投资、设备、产量、交货期等数据，这些数据一般是结构化的数据，可以进行多维度的分析和预测，这是业务智能技术的范畴，也被称为管理驾驶舱或决策支持系统。

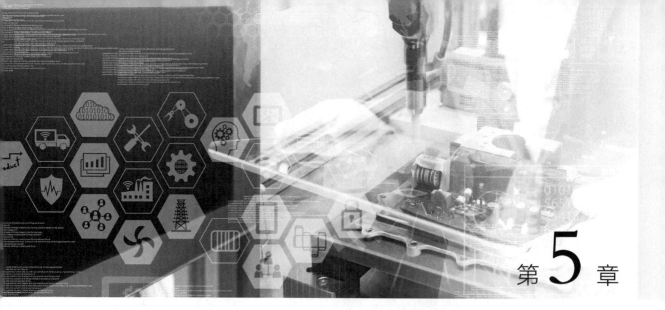

第 5 章 工业互联网实战

5.1 我国制造业存在的问题

5.1.1 我国制造业变革面临的三大痛点

目前,工业互联网在实际的推广和运用中,解决了企业发展中的痛点,打通了信息孤岛,打破了企业发展瓶颈,让企业获得了实质性的收益,比如一些企业通过工业互联网实现了数据采集与共享、预测性维护、在线制造等,也就是说,工业互联网只有能够解决制造业发展的痛点,才会大规模地推广和应用。

痛点一:企业信息化系统彼此间无法连接,碎片化严重,不能很好地满足企业的需求。

我国是制造业大国,制造业的水平参差不齐。随着互联网的发展,我国企业的信息化水平在不断地提高,很多企业在信息化和数字化方面,部署了 ERP 系统、MES 系统等,但这些系统却相互割裂,无法形成一个完整的体系,不能充分发挥效用。

痛点二:随着社会的发展和人们生活水平的不断提高,个性化需求越来越普遍。

社会不断向前发展,人们的生活水平不断提高,人们不再满足于基本的生活需求,对待产品也不仅仅是盯着商品的基本功能,对个性化的追求越来越明显。未来,个性化需求将成为主流,这对于目前的制造业体系来说是一大考验。目前制造业生产方式和管理水平无疑与提供个性化需求、大规模客制化定制还有很大的距离。

痛点三:在未来的制造业服务化转型方面,制造业企业面临极大的挑战。

目前制造业的模式都是大规模制造的模式,通过大规模制造来降低生产成本,但随着个性化需求成为趋势,这种大规模制造的方式将会发生颠覆性的变革,未来大规模客制化将成为主流。另外制造业日益从制造向服务化方向转型,随着物联网的发展,这种服务化需求也必将成为主流。例如,目前市场上流行的智能音箱,人们所关注的并不是音箱本身,而是基于这个物体形态之上的智能服务。

5.1.2 工业互联网改变三大模式

根据以上制造业的三大痛点分析，制造业企业需要在管理模式、生产模式和商务模式上进行变革，而工业互联网就是承载这三种模式变革的载体，这也是工业互联网存在和发展的价值所在。

（1）改变管理模式

改变管理模式主要涉及以下四个方面。

① 平台化设计　平台化设计以高水平高效率的轻量化设计、并行设计、敏捷设计、交互设计和基于模型的设计等为路径，着力破解传统设计方式中存在的单线程、反馈慢、时效低、周期长、成本高、设计与生产装配脱节、协同修订困难等问题。通过汇聚人员、算法、模型、任务等设计资源，着力实现云化部署、云边协同、共享资源、实时交互等，以接口标准化、硬件开放化、代码开源化等为代表的新兴技术使软件代码、平台建设得以共享，并不断迭代升级，工业体系的创新模式得以改变。平台化设计有助于提升大中小企业协同研发设计效率和质量，降低中小企业研发设计成本，推动数字交付等新型设计成果产出。

② 智能化制造　以强化制造本身的智能化和基于时效反馈的智能制造为路径，着力改变传统制造方式存在的生产运营数据缺失、资产管理方式落后、备品备件库存率高、设备故障率高、生产效率低、设备难以预测性维护等问题。通过新一代信息与通信技术在制造业领域的应用创新，一方面提升生产过程的智能化，实现感知设备、生产装置、控制系统与管理系统等广泛互联，达到工业现场全要素、全产业链、全价值链的深刻感知、万物互联、数据集成和智能管控；另一方面实现生产环节对市场信息的及时反馈，通过数据分析、数据挖掘和决策优化开展生产智能管控和智能运营决策。

③ 网络化协同　网络化协同一方面强化企业内部协同，另一方面强化全产业链协同，着力改变传统协同方式对人力的过度依赖，解决协同范围小、效率低、错误率相对较高等问题。通过网络配置供应链、计划、研发设计、工艺设计、客户、订单、生产、运营、服务等各类信息资源，网络化协同一方面可提升企业内部协同效率，打破部门壁垒，动态化组织生产制造，实现资源高效利用，缩短产品交付周期，降低企业生产和交易成本；另一方面通过推动供应链企业和合作伙伴共享客户、订单、设计、生产、经营等各类信息资源，提高产业组织柔性和灵活性，加速推动产能共享等新业态的涌现。

④ 数字化管理　数字化管理以透明化、实时化、扁平化管理为路径，着力改变企业因缺乏实时数据而无法对人力、设备、资金、电力等资源进行统筹配置，难以从海量数据中提取关键信息等问题。通过打造数据驱动的数字化管理，一方面打通内部各管理环节，推进可视化管理，开展动态市场响应、资源配置优化、智能战略决策；另一方面优化乃至重塑企业战略决策、产品研发、生产制造、经营管理、市场服务等，构建数据驱动的高效运营管理新模式。

（2）改变生产模式

纵观制造工业发展史，总的来说共经历了三次生产模式的转变：第一次转变是单件小批量生产替代手工作坊式生产；第二次转变是大规模定制生产替代单件小批量生产；第三次转变是多品种小批量柔性生产替代大规模定制生产。

目前，制造业生产模式的转变正在进行中，在这个转变过程中，出现了一系列基于柔性生产模式的先进制造技术与管理方法，而工业互联网可以很好地将这些技术和方法（如计算机集成制造系统、精益生产、虚拟制造、灵捷制造及制造资源计划、公司资源计划等）融合在一起。

（3）改变商业模式

改变商业模式主要涉及以下三个方面。

① 个性化定制　个性化定制是指用户介入产品的生产过程，将指定的图案和文字印刷到指定的产品上，用户获得自己定制的个人属性强烈的商品或获得与其需求匹配的产品或服务。个性化定制以用户需求与生产制造高效协同为路径，着力破解传统生产经营方式中客户个性化需求难以直接传导至生产企业、传统自动化生产线缺乏柔性化难以大规模生产个性化产品的问题。个性化定制会使资源、制造过程和市场发生根本的变化。

② 服务化延伸　工业互联网也将使整个工业的商业模式发生改变，由传统制造向服务型制造转型，着力破解传统制造企业难以实时获取客户反馈和产品数据、难以将价值创造环节向微笑曲线❶两端延伸导致盈利能力不足等问题。通过工业互联网接入远程设备数据和进行数据分析，帮助企业从简单加工组装、单纯出售产品向"制造+服务""产品+服务"转变，形成产品追溯、在线监测、远程运维、预测性维护、设备融资租赁、互联网金融等服务模式，并通过现代供应链管理、共享制造、互联网金融等产业链增值服务，加速无形资产和智力资本转化，向价值链高端迈进。

③ 服务化转型　服务型制造是工业化进程中制造与服务融合发展的一种新型产业形态，以满足市场需求为中心，以产业链利益相关方的价值增值为目标，通过对生产组织形式、运营管理方式和商业发展模式优化升级与协同创新，实现制造业价值链的延展和提升。制造业服务化转型方式主要有产品升级或产品下移、垂直整合、缩短销售渠道、水平延伸、多元化、生产技术升级等。

5.2　工业互联网实战

5.2.1　工业互联网的模式探索

随着"中国制造2025"发布，智能制造对于制造业企业的经营管理者来说已不陌生。再加上最近几年企业增长乏力，疫情之下，许多企业也在思考如何提高企业的效率，如何降低成本，如何降低能耗，如何降低库存，决策者也将目光转向智能制造，但智能制造究竟能给企业带来什么利益，对于经营管理者来说还是比较困惑的。

（1）经营模式的改变

经营模式的改变，倒推企业对制造体系进行智能化改造。这个模式，典型的例子是三一重工。由于市场环境的变化，三一重工由原来以销售重型机器为主转变为以租代售，对租赁的设备进行远程监控、作业和维修，在转变销售模式的同时，也降低了维护与服务的成本，最终催生了树根互

---

❶ 微笑曲线是1992年由宏碁掌门人施振荣提出的著名曲线，作为宏碁制定策略方向的依据。

的诞生。

（2）前瞻性战略规划

前瞻性战略规划模式下的企业决策者对智能制造的判断并不是基于数据理性选择的，而是对目前企业遇到问题的思考和对未来的方向性研判的结果。智能制造成为未来的必然之选。前瞻性战略规划的代表企业是海尔和美的。

美的内部数字化转型投入巨大，但实实在在提升了企业运营效率，积累了第一手企业数字化转型的经验，加上其数字化系统多为自有，美的的数字化能力已经"溢出"——2016年11月，美云智数成立了。作为服务外部企业并对外输出数字化转型解决方案的平台，美云智数跨行业提供包括智能制造套件、数字营销套件、供应平台套件、移动化套件、PaaS 平台等在内的全价值链数字化解决方案，并进一步强化自动化生产推动制造业升级的体系，先人一步进入工业互联网应用层。

也许是看到未来的发展，海尔是较早主动布局工业互联网的企业。海尔顺应未来发展，并顺势推出了相应举措，顺应从分工到分布式发展趋势，从传统科层制到共创共赢生态圈，从自成体系到互联网的分布式节点。海尔以企业三化——企业平台化、用户个性化、员工创客化为转型铺路。海尔 COSMOPlat（卡奥斯平台）也是在此背景下成长起来的。

（3）企业发展方向转向

这个模式的代表企业是富士康。了解制造业微笑曲线的都知道，单纯的加工制造，处于微笑曲线的底部，赚取的利润有限。比如加工一个苹果手机，富士康只有几个美金的加工费，大量的利润被前端的研发设计和后端的品牌市场销售所攫取。同时一家独大的加工模式，在苹果销售持续下滑的背景下，危险重重。富士康提出"制造+互联网"战略，大力发展工业互联网，一方面对富士康内部制造业重塑，提高自动化、智能化水平，另一方面基于工业互联网实践所积累的经验、知识，为其他制造业企业提供制造业数字化转型咨询和服务。

（4）资源利用对外赋能

就目前而言，资源利用对外赋能模式的代表企业是华为、美的和三一重工。华为在智能制造领域积累了大量的经验，并赋能到其他企业；美的作为家电企业巨头，一方面加大智能制造的投入，另一方面专门成立美云智数，专注于工业互联网的研究开发，并对外赋能。三一重工对自己的制造体系智能化，还催化出树根科技这样一个工业互联网专业化公司。

5.2.2 工业互联网的路径选择

5.2.2.1 智能制造的四大周期

智能制造中蕴含着四大周期，分别是产品周期、技术设备周期、工厂周期和订单周期。其中，产品周期包括规划开发、研发仿真、原型制造、生产、使用维护和回收报废；技术设备周期包括规划开发、设计仿真、模拟运转、生产、运行优化和升级回收；工厂周期包括投资计划、工程设计、建设生产、生产、运行优化、升级拆除；订单周期包括配置订购、订单处理、生产规划、生产、分拣发货和支付等。智能制造的四个周期具体如图 5.1 所示。

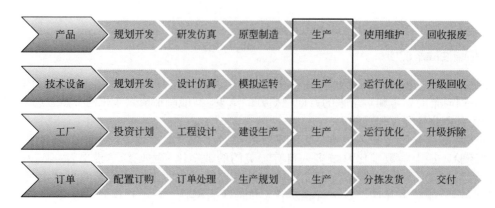

图 5.1 智能制造四个周期

需要说明的是，在这四个周期中，工厂周期在投产前的投资决策中起主要作用，在具体的制造过程中承载生产空间和辅助资料，与制造密不可分，同时会根据生产制造的情况进行必要的空间和产线优化，因此，在研究智能制造转型方向时会将其与生产制造合并为智能制造维度。后面介绍制造业转型的三大方向时，不包括工厂周期。

5.2.2.2 智能制造的八大体系

智能制造体系通常分为商业智能体系和工业智能体系。其中，人力资源、财务、行政、市场和销售偏向于商业智能体系；产品、制造偏向工业智能体系；而服务则工业智能和商业智能兼而有之。智能制造八大体系如图 5.2 所示。

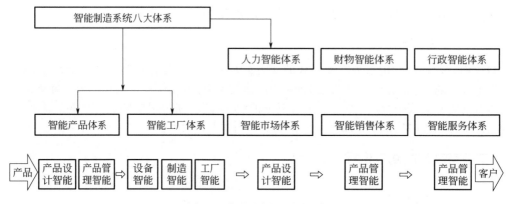

图 5.2 智能制造八大体系

5.2.2.3 智能制造转型三大方向

制造型企业的决策领导人或者核心运营团队，该如何判定从哪一个智能体系下手选择实施，或者同时进行，以下有一个简单的逻辑思维图（图 5.3），可以帮助企业找出基本答案。

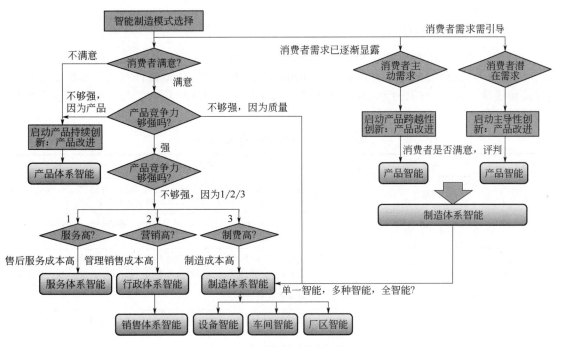

图 5.3 智能制造逻辑思维图

根据基本智能制造的四大周期、八大体系和智能制造逻辑思维图，可以将制造业升级转型归纳为三个方向——产品全生命周期方向、订单全生命周期方向和智能制造维度方向。智能制造转型方向选择如图 5.4 所示。

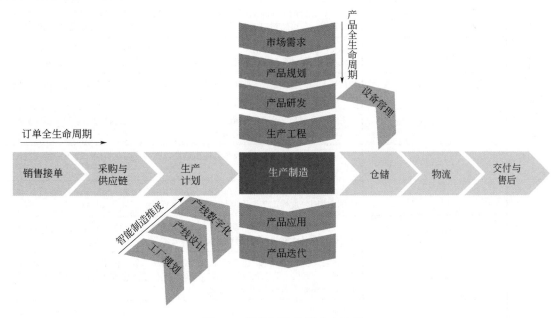

图 5.4 智能制造转型方向选择

第 5 章 工业互联网实战　157

（1）产品全生命周期方向

打造产品全生命周期管理平台，构建数字化研发能力，实现敏捷研发、优化产品组合、提高产品质量、降低研发成本等价值；同时利用数字化研发平台大幅降低行业内合作研发门槛，实现高集成度、高效率的跨产业链协同研发。表 5.1 所示为从产品全生命周期方向出发的部分参考举措。

表 5.1 产品全生命周期参考举措

类型	场景	参考举措说明（部分）
产品设计	协同研发	打通产品设计业务流及数据流，打造统一的数字化协同研发平台，实现跨区域、跨专业、跨职能的信息连续传递，远程协同，提高研发效率
	模块式研发	设立产品设计的模块化数据模型，利用标准化研发数据架构，确保模块与模块间业务打通，支撑规模化运用
	数字化研发平台	建立数字化协同研发平台，将核心研发能力纳入其中，如质量设计方法、诊断算法、计算诀窍等，建立产品数据管理系统，实现产品数据结构化管理、数据共享、版本管理、权限控制和电子审批，为企业内部各部门之间及与上下游合作和生态伙伴提供数字化产品研发资料
	研发时间/成本预测	通过历史研发数据预测研发所需时间和成本，确保产品按期交付，并提升成本控制能力
	DevOps 开发运维一体化	定业务规范、建工作制度、搭 DevOps 系统，开发运维一体化，通过运维工具的研发，使运维流程自动化和智能化，通过自研工具自动化和智能化，简化日常重复性的运维工作
	设计知识库	采用产品仿真验证等技术，建立典型产品组件的标准库及典型产品设计知识库，实现产品全生命周期数据管理与共享服务
	数字化设计与仿真	应用计算机辅助工具 CAX 和设计知识库，集成三维建模、有限元仿真、虚拟测试等技术，应用新材料、新工艺，基于模型进行产品设计、仿真优化和仿真测试
产品验证	数字孪生	建立产品的数字化表达，将产品特性转化为多维度的数字化语言，并与相应信息系统对接，形成真实产品和虚拟产品的一一对应，相互映射，助力产品测试与验证
	设计仿真	仿真可提供基本的产品测试及验证；基于数字孪生与工业人工智能的仿真可根据历史产品数据预测产品表现
	工艺验证	工艺验证则是产品开发的最后一道工序，模拟生产工艺试验场景和加工产品相关工艺过程，验证产品是否可以生产
	VR/AR 应用	借助 VR/AR 技术模拟多种产品使用场景，评估产品在不同环境下的适应性，提前发现问题
工艺设计	工艺管理平台	打通全场景产品研发平台与 ERP、MES、ASP、CRM、OA 等系统间接口，实现平台间协同，进行工艺规程编制、工艺装备设计、工艺路线拟订
	工艺设计知识库	将工艺设计经验量化、沉淀，融入知识库实现复用和扩展；融入 DFSS（六西格玛设计）等设计框架，实现自动化工艺设计流程
	针对离散型制造	集成三维建模等技术，建立车间工艺流程及布局数字化模型；采用仿真验证等技术，建立计算机辅助工艺设计工具库和知识库；进行基于模型的工艺设计，与生产数据、质量数据关联并动态优化
	针对流程型制造	集成工艺仿真和三维建模等技术，建立车间工艺流程及布局数字化模型；结合原料物性表征、工艺机理分析等技术，建立工艺技术系统和工艺知识库；与生产数据、质量数据关联，实现过程工艺设计与流程全局优化

续表

类型	场景	参考举措说明（部分）
产品生产	产品计划	通过市场订单预测、产能平衡分析、生产计划制定和智能排产，开展订单驱动的计划排程，优化资源配置
	过程控制	依托工业互联网对设备数据采集，深刻感知、实时检测，融合工艺机理模型，实现精准、实时和闭环的过程控制
	产品质量	质量设计优化、质量机理分析、产品质量影响因素分析、缺陷识别、质量分析预测和质量优化提升
产品售后	产品运营分析	收集产品的运营数据，预判并提前准备备品备件；反馈信息可支撑后续产品迭代及研发
	产品质量评估	结合多样化的售后手段（包含传统客服、在线用户连接、小程序等），获取产品售后数据并评估产品表现
	产品追溯	通过实施基于条码或RFID技术可追溯产品的基本属性、产品生产过程关键数据、产品的关键构成、产品的工艺信息、产品的物流信息等。以此来分析产品质量缺陷的问题所在，实现快速召回、分清责任、改进生产、提高产品品质、提升企业竞争力的目的

（2）订单全生命周期方向

订单全生命周期方向的数字化升级改造，是面向消费者或用户的，在新经济的条件下面临短交期压力，通过以订单全生命周期为主线的动态优化实现精准计划、柔性生产、快速配送。表5.2是从订单全生命周期方向出发的部分参考举措。

表5.2 订单全生命周期参考举措

类型	场景	参考举措说明（部分）
订单获取	需求预测	捕捉市场变化的销量预测；收集企业内外数据，运用市场销售模型预测销量变化趋势；结合商品标签，实现新旧商品关联预测，强化生命周期需求管理能力
	客户需求分析	与客户系统对接，客户需求自动转化为内部需求，实时掌握客户需求状况；对企业商品销售信息收集，运用预测模型，预测需求变化
	O2O订单模式	O2O即Online To Offline（在线离线/线上到线下），是指将线下的商务机会与互联网结合，让互联网成为线下交易的前台
交付计划	主计划自动生成	客户需求确认后比对需求差异，并分析需求变动率与预测订单状况
	有限产能主计划	信息系统考量线体、设备、工装、人力、节拍等自核算产能状况，并提供产能规划建议
	交付计划里程碑	产品交付组织、产品交付风险评估、产品交付计划书、交付文件（产品功能说明书、产品维修手册等）准备

续表

类型	场景	参考举措说明（部分）
供应链管理	物料计划自动生成	根据主生产计划系统自动核算物料需求计划，自动转化为采购订单，以及未来需求状况与供应商系统互联互通，信息共享
	物料风控	自动核算物料齐套，减少临时缺料停线的风险；供应商端生产进度和到货可视化，物料追踪实时掌控
	预测性采购	依据长期需求预测，实时模拟计算物料缺口和需求时间点；打通上下游产业链联合预测补货，提升企业产业链领导力和议价能力
	供应链 KPI	订单响应周期、订单完全执行率、库存周转率、资本收益率、客户满意度、新模式普及率等
	供应链的分析建模技术	通过供应链数据分析、市场订单预测等数字模型，实现企业人员、设备、物料等资源优化配置，实现供应链动态仿真、柔性计划和预测性分析。基于供应链状态、安全库存，实现市场需求快速响应与生产资源动态实时优化配置
生产计划	敏捷生产计划	基于生产资源与订单情况，实现生产计划自动生成。实时接收最新补货需求，连同已有需求按紧急度重新排产，更快的响应速度带来更灵活精准的生产安排，进而提升销售满足率
	库存优化	缩短生产周期，以更低的库存水平保持或提高销售供应水平，降低呆滞库存风险
	复杂条件排产	综合多变量、多维度的限制条件，获取科学的生产计划，避免限制条件冲突导致计划完成率损失，指导车间科学生产，提升物料、产能、模具利用率，节约生产成本
	排产调度优化	根据生产计划，结合产品制造工艺制定数字化工序计划；依据车间设备、人员、物料等资源的可用性，实现基于有限资源的自动生产排程；通过产能平衡分析，根据订单、工况等生产过程状态实现自动调整，优化资源配置，满足生产柔性化需求
生产制造	生产决策中心	在线 PDCA 持续改善。通过数据监控关键指标，发现问题，找出决策因子，优化目标，实现及时准确的智能化决策流程
	作业控制	通过工艺数字化与车间系统网络化，利用可视化技术，实现数字化作业管理；采集工艺、生产和质检数据，实现作业文件、程序的自动上传下发和标准工艺精准执行，实现批次追溯；实时采集、管理全过程工艺、生产和质检数据和程序，支持产品单件追溯与现场求助的快速响应
	全流程追溯	打造全流程产品追溯平台，实现按件追溯，产品条码与客户条码、容器条码双向关联匹配
运输与交货	关键数据采集	对车间所有物料、工具、设备、库位等进行唯一编码，出入库采用条码、二维码等自动识别技术与设施，实现仓储管理、物流配送关键数据自动采集与追溯
	库存管理	建立与供应商系统集成，供应商出货确认后，到料信息自动传输到厂内系统，改善仓库收货信息滞后性，提前规划工作安排
	自动化仓库	自动化仓储物流设备和系统，实现仓储物流全流程自动化控制与管理。立库自动上/下架提升效率，从收货到验收，入库立账系统自动化作业，取代线下手工验收
	精准配送	打通仓储管理、物流管理、生产执行系统，根据物料消耗实时情况，拉动供应链管理，实现精准配送

续表

类型	场景	参考举措说明（部分）
交付与服务	启动	确保项目准时启动
	安装调试	项目安装、调试
	交付	完成交付
	检测	交付检测
	验收	完成验收
	服务	售后巡检、定期回访、售后维护与保障等

（3）智能制造维度方向

把握自动化—数字化—网络化—智能化的主线，以不损失效率为前提，追求极致的精益化制造，提升柔性自动化生产能力，推行全场全域互联、互通、透明，实施以价值为导向的智能化应用。智能制造维度方向包括工厂规划、产线设计、产线数字化、生产制造、设备管理、人员管理、物料管理和环境管理等模块。

表5.3所示为从智能制造维度方向出发的部分参考举措。

表5.3 智能制造维度方向参考举措

类型	场景	参考举措说明（部分）
工厂规划	工厂布局规划	总体布局规划，实现功能分区合理，空间利用提升，物流路径高效
	生产&物流	落实车间分布合理、生产线平衡、精益线边库、拉动式配送等设计理念
	全面质量管理	基于指标进行质量管理，实现在线PDCA持续改善
	全生命周期追溯	可以溯源从原材料制造到生产加工、质量控制，再到销售给消费者等产品全生命周期过程信息，通过全程质量追溯系统，实现对产品生产、储存和运输过程的远程实时监控
产线设计	最大产能规划	通过客户订单最大需求规划最大产能，确定产线数量及单线生产节拍，特别要考虑设备产能
	柔性产线	产能规划、单件流动、生产同速化、工位最优化、设备小型化、线体模块化、物料取收便捷、专人补充物料、一笔画物流和信息反馈
	柔性自动化	完成各个工艺的自动化升级，导入自动化流水线、AGV等车间物流自动化设备
	模块式生产	引入生产模块单元，提升产线可重构性以应对生产计划的临时变更
产线数字化	设备互联	通过工业互联网数据采集系统、边缘网关、工业协议、5G等技术实现全场域设备互联互通

续表

类型	场景	参考举措说明（部分）
产线数字化	产线自动化	利用CAX和仿真系统快速设计与开发，与企业制造信息管理系统结合，实现自动化生产线的在线检测，确保产品质量，并且实现产品的主动质量控制；实现生产线的在线监控，确保生产线安全运行；采用产线模块化可重构技术，实现生产线的快速调整及重构
	信息透明	MES数据的互联方案设计，重点关注业务指标、质量情况、设备情况、人员情况等指标
	数据追踪	实时采集生产过程中的装配数据与检测数据，将生产过程中的人、物、数据流集成整合，实现生产过程中的产品定位、数据追踪、历史追溯
生产制造	智能调机	根据生产状态、计划调度和质量参数，利用算法自动调节工艺参数；针对所需关键参数信息自动采集，并实时监控，异常时发布预警；产品工单链接，自动推送预警、报警信息
	智能安灯	系统内预设各类异常处理时间预警，异常自动上报，并依据实际情况进行处理或升级系统
	无人质量检测	通过视觉质检、虚拟量测等技术，实现无人化自动质量检测
	异常监测	在关键设备或工艺环节加装传感器采集参数，对生产异常预警和及时响应
	生产检测管理	异常处理管理、生产看板或远程监控管理、生产要素信息互联等
	生产计划管理与分析	生产计划管理、生产进度管理、生产执行管理、生产报工管理、生产调度管理
	质量检验	检验计划、收货检验、检验试验、实时检测、质量追溯、不合格品处理
	质量管控	综合利用自动化与人工辅助手段，实现产品、工序、设备质量数据的采集应用；采用在线检测设备，实现产品质量数据在线采集，对质量数据进行可视化展示，实现质量管理信息化与批次质量追溯；采用大数据、人工智能等技术，建立产品质量数据档案，实现精细化质量管控与产品全生命周期质量追溯与反馈
设备管理	全生命周期设备管理	将设备全生命周期各环节有效串联、统一管理。设备维护（点检、巡检、保养）等业务流程，借助信息化手段，引入执行监督管理。设备台账管理、设备参数管理、设备告警管理、设备状态管理、设备故障管理、设备保养管理
	备件管理系统	有效管理备品备件出入库记录，合理监督管控备品备件库存上下限值，采用数据趋势分析手段，预测提醒备件请购，合理控制库存
	设备管理知识库	典型故障维修、维护标准ESOP等技术文档资料便捷学习查看，维修经验有效传承
	预测性维护	根据设备状态参数和生产历史记录，实现对设备健康管理，具有远程运维、自动点检、预防性维护等能力，预测设备剩余寿命值，并合理安排维护计划以降低对产能的影响

续表

类型	场景	参考举措说明（部分）
设备管理	设备分析	采用先进工艺、运用智能装备，自动采集设备关键数据，建立设备运行效率指标（设备 OEE 分析、设备故障率分析、DTM 设备可用率管理、设备可视化管理），实现实时监控、故障报警和信息反馈
设备管理	设备运行优化	利用人工智能等技术实现设备运行优化分析、预测性维护，提升设备运行效率、可靠性和精度保持性，满足大规模个性化生产的设备动态优化调度
人员管理	在离岗管理	在岗、离岗管理，人员在岗分析
人员管理	人员监控管理	人员工作状态管理、人员管理、访客管理、准人权限管理、电子围栏管理、任务管理、KPI 考核
人员管理	任务执行分析	人员任务完成分析、任务计划执行分析
物料管理	物料管理	物料主数据管理、物料托盘管理、物料计划管理、物料盘点管理、仓储管理、物料用料管理、物料配送管理、物料配送、投料管理、物料追溯
物料管理	物料计划管理	物料配套分析、物料状态或告警分析、物料流转分析、物料运营分析等
环境管理	环境检测	根据制造特点和需求，建立环境（烟感、温度、湿度等）与污染源（有害气体及特征污染物、粉尘等）自动监测系统
环境管理	实时监控	开展全过程污染物排放数据、处理设施运行维护的实时监控，支持自动报警与分析，并与生产过程实现自动化联动控制
环境管理	环境管理	水量监测管理、电量监测管理、气耗监测管理、温度监控管理、湿度监控管理、气压监控管理、气体（有害）监控管理
环境管理	量化管理	建立包括车间物料、能源使用与废弃物、污染物排放在内的环保综合管理系统，实现生产过程物质流、能量流智能分析与精细管控，推动废弃物和污染物排放减量化
环境管理	环境分析	环境分析、能耗分析、预警管理等
能源管控	能源数据采集	建立车间级别主要能源介质能耗数据自动采集系统，满足二级能源计量要求，实现自动统计分析、可视化监测
能源管控	能源监测	建立能源管理系统，满足工厂、车间、产线能源计量要求，实现主要耗能设备实时自动监控与分析、故障预警与优化调整
能源管控	能耗优化	采用能效机理分析、大数据等技术，结合生产及工艺数据，建立生产全过程物质流和能量流数据库与设备能耗动态管理系统，实现能源全流程精细化管理

续表

类型	场景	参考举措说明（部分）
安全管控	安全检测	采用先进的安全生产工艺、装备和防护装置,实现安全生产状态自动监测、风险预警与应急处置,建设危化品、重大危险源管理系统,实现危化工工艺及上下游配套装置自动控制、危化品与重大危险源管理等
	响应处置	建立联动响应处置机制,实现危化工工艺、危化品存量、位置、状态的实时监测、异常预警与全过程实时管控
	风险预警管控	采用跟踪定位、风险源自动识别等先进安全技术,建立安全管控工业机理模型,建设安全风险智能化管控平台,实现高危工艺装置现场无人化

智能制造转型升级并非仅仅局限于产品、订单和制造三个维度,转型的方向选择是对企业调研的结果,服务于企业的战略规划。在实际的智能制造转型实践中,可以根据具体的实际情形,做相应的调整,以满足客户的需求。

对于制造业转型的效果,我们也可以根据产品全生命周期、订单全生命周期和智能制造维度做相应的评估,评估参考见表5.4,可以根据企业实际情况做调整。

表 5.4 制造业转型效果评价

序号	方向	评价指标	成本	质量	时间
1	产品全生命周期	产品利润率			
		产品研发时间及其预测准确度			
		产品研发总成本及其预测准确度			
		产品故障率			
2	订单全生命周期	订单交付时间及准时率			
		现金循环周期			
		交付后非一致性成本占销售额的比例			
3	智能制造维度	设备综合效率			
		设备投资回收年限及其预测准确度			
		生产成本占销售额的比例			
		生产交付及时性			

5.2.2.4 智能制造转型的实施路径

企业情况（如战略规划、企业实际情况、人力储备、资金实力等）不同,智能制造转型实施路径也不同。

智能制造转型需要确定企业最终选择制造全过程的单个或多个环节。通过新一代信息技术、先进制造技术的深度融合,实现具备协同和自治特征、具有特定功能和实际价值的应用。根据智能制造发展情况和企业实践,结合技术创新和融合应用发展趋势,总结了15个环节52个智能制造典型场景,可以作为我们智能制造示范工厂建设的参考路径选择,如图5.5所示。

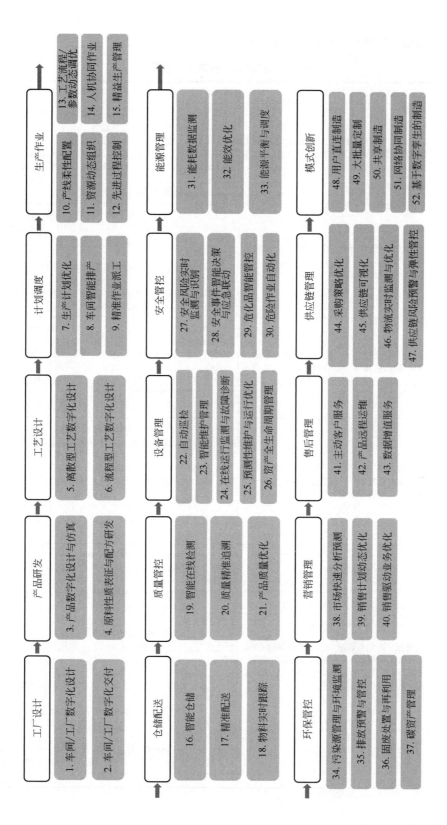

图 5.5 智能制造示范路径选择参考图

第 5 章 工业互联网实战 165

智能制造示范工厂建设具体参考如表 5.5 所示。

表 5.5 智能制造示范工厂参照表

智能制造路径选择环节		典型场景
一、工厂设计	通过三维建模、系统仿真、设计优化和模型移交,实现基于模型的工厂规划、设计和交付,提高设计效率和质量,降低成本	① 车间/工厂数字化设计 应用工厂三维设计与仿真软件,集成工厂信息模型、制造系统仿真、专家系统和 AR/VR 等技术,高效开展工厂规划、设计和仿真优化。 ② 车间/工厂数字化交付 搭建数字化交付平台,集成虚拟建造、虚拟调试、大数据和 AR/VR 等技术,实现基于模型的工厂数字化交付,打破工厂设计、建设和运维期的数据壁垒,为工厂主要业务系统提供基础共性数据支撑
二、产品研发	通过原料物性分析、设计建模、仿真优化和测试验证,实现数据驱动的产品开发与技术创新,提高设计效率,缩短研发周期	① 产品数字化设计与仿真 应用计算机辅助设计工具(CAD、CAE 等)和设计知识库,集成三维建模、有限元仿真、虚拟测试等技术,应用新材料、新工艺,开展基于模型的产品设计、仿真优化和测试。 ② 原料性质表征与配方研发 建设物性表征系统或配方管理系统,应用快速评价、在线制备检测、流程模拟和材料试验等技术,创建原料物性数据库和模型库,优化原料选择和配方设计,支撑生产全过程质量优化和效益优化
三、工艺设计	通过制造机理分析、工艺过程建模和虚拟制造验证,实现工艺设计数字化和工艺技术创新,提高工艺开发效率,保障工艺可行性	① 离散型工艺数字化设计 应用计算机辅助工艺过程设计工具(CAPP)和工艺知识库,采用高效加工、精密装配等先进制造工艺,集成三维建模、仿真验证等技术,进行基于模型的离散工艺设计。 ② 流程型工艺数字化设计 建设工艺技术系统和工艺知识库,结合原料物性表征、工艺机理分析、过程建模和工艺集成等技术,开展过程工艺设计与流程全局优化
四、计划调度	通过市场订单预测、产能平衡分析、生产计划制定和智能排产,开展订单驱动的计划排程,优化资源配置,提高生产效率	① 生产计划优化 构建企业资源计划系统,应用约束理论、寻优算法和专家系统等技术,实现基于采购提前期、安全库存和市场需求的生产计划优化。 ② 车间智能排产 应用高级计划排程系统,集成调度机理建模、寻优算法等技术,进行基于多约束和动态扰动条件下的车间排产优化。 ③ 精准作业派工 依托制造执行系统,建立人员技能库、岗位资质库等,开展基于人岗匹配、人员绩效的精准人员派工
五、生产作业	通过资源动态调配、工艺过程精确控制、智能加工和装配、人机协同作业和精益生产管理,实现智能化生产作业和精细化生产管控,提高生产效率,降低成本	① 产线柔性配置 应用模块化、成组和产线重构等技术,搭建柔性可重构产线,实现产线适应订单、工况等变化的快速调整。 ② 资源动态组织 构建制造执行系统,集成大数据、运筹优化、专家系统等技术,实现人力、设备、物料等制造资源的动态配置。 ③ 先进过程控制 依托先进过程控制系统,融合工艺机理分析、实时优化和预测控制等技术,实现精准、实时和闭环过程控制。 ④ 工艺流程/参数动态调优 搭建生产过程全流程一体化管控平台,应用工艺机理分析、流程建模和机器学习等技术,开展工艺流程和参数的动态优化调整。 ⑤ 人机协同作业 集成机器人、高端机床、人机交互设备等智能装备,应用 AR/VR、机器视觉等技术,实现生产的高效组织和作业协同。 ⑥ 精益生产管理 依托制造执行系统,应用六西格玛、6S 管理和定置管理等精益工具和方法,开展基于数据驱动的人、机、料等精确管控,消除生产浪费

续表

智能制造路径选择环节		典型场景
六、仓储配送	通过精准配送计划、自动出入库（进出厂）、自动物流配送和跟踪管理，实现精细库存管理和高效物流配送，提高物流效率和降低库存量	① 智能仓储　集成智能仓储（储运）装备，建设仓储管理系统，应用条码、射频识别、智能传感等技术，依据实际生产作业计划，实现物料自动入库（进厂）、盘库和出库（出厂）。 ② 精准配送　应用仓储管理系统和智能物流装备，集成视觉/激光导航、室内定位和机器学习等技术，实现动态调度、自动配送和路径优化。 ③ 物料实时跟踪　应用制造执行系统或仓储管理系统，采用识别传感、定位追踪、物联网和5G等技术，实现原材料、在制品和产成品流转的全程跟踪
七、质量管控	通过智能在线检测、质量数据统计分析和全流程质量追溯，实现精细化质量管控，降低不合格品率，持续提升产品质量	① 智能在线检测　应用智能检测装备，融合缺陷机理分析、物性和成分分析和机器视觉等技术，开展产品质量等在线检测、分析和结果判定。 ② 质量精准追溯　建设质量管理系统，集成条码、标识和区块链等技术，采集产品原料、生产过程、客户使用的质量信息，实现产品质量精准追溯。 ③ 产品质量优化　依托质量管理系统和知识库，集成质量设计优化、质量机理分析等技术，进行产品质量影响因素识别、缺陷分析预测和质量优化提升
八、设备管理	通过自动巡检、维修管理、在线运行监测、故障预测和运行优化，实现精细化设备管理和预测性维护，提升设备运行效率、可靠性和精度保持性	① 自动巡检　应用工业机器人、智能巡检装备和设备管理系统，集成故障检测、机器视觉、AR/VR和5G等技术，实现对设备的高效巡检和异常报警等。 ② 智能维护管理　建设设备管理系统，应用大数据和AR/VR等技术，开展检维修计划优化、资源配置优化，虚拟检维修方案验证与技能实训。 ③ 在线运行监测与故障诊断　建设设备管理系统，融合智能传感、故障机理分析、机器学习、物联网等技术，实现设备运行状态判定、性能分析和故障预警。 ④ 预测性维护与运行优化　构建故障预测与健康管理系统，集成故障机理分析、大数据、深度学习等技术，进行设备失效模式判断、预测性维护及运行参数调优。 ⑤ 资产全生命周期管理　建立企业资产管理系统，应用物联网、大数据和机器学习等技术，实现资产运行、检维修、改造、报废的全生命周期管理
九、安全管控	通过安全隐患识别、安全态势感知、安全事件决策和应急联动响应，实现面向全环节的安全综合管控，确保安全风险的可预知和可控制	① 安全风险实时监测与识别　依托安全感知装置和安全生产管理系统，集成危险和可操作性分析、机器视觉等技术，进行安全风险动态感知和精准识别。 ② 安全事件智能决策与应急联动　基于安全事件联动响应处置机制和应急处置预案库，融合大数据、专家系统等技术，实现安全事件处置的智能决策和快速响应。 ③ 危化品智能管控　建设危化品管理系统，应用智能传感、理化特征分析和专家系统等技术，实现危化品存量、位置、状态的实时监测、异常预警与全过程管控。 ④ 危险作业自动化　依托自动化装备，集成智能传感、机器视觉和5G等技术，实现危险作业环节的少人化、无人化
十、能源管理	通过能耗全面监测、能效分析优化和能源平衡调度，实现面向制造全过程的精细化能源管理，提高能源利用率，降低能耗成本	① 能耗数据监测　建立能源管理系统，集成智能传感、大数据等技术，开展全环节、全要素能耗数据采集、计量和可视化监测。 ② 能效优化　依托能源管理系统，应用能效优化机理分析、大数据和深度学习等技术，基于设备运行参数或工艺参数优化，实现能源利用率提升。 ③ 能源平衡与调度　依托能源管理系统，融合机理分析、大数据等技术，进行能源消耗量预测，实现关键装备、关键环节能源的综合平衡与优化调度

续表

智能制造路径选择环节	典型场景
十一、环保管控	通过污染源管理与环境监测、排放预警与管控、固废处置与再利用,实现环保精细管控,降低污染物排放,消除环境污染风险	① 污染源管理与环境监测　构建环保管理平台,应用机器视觉、智能传感和大数据等技术,开展污染源管理,实现全过程环保数据的采集、监控与报警。 ② 排放预警与管控　依托环保管理平台,集成机器视觉、智能传感和大数据等技术,实现排放实时监测、分析预警和排放优化方案辅助决策。 ③ 固废处置与再利用　搭建固废信息管理平台,融合条码、物联网和5G等技术,进行固废处置与循环再利用全过程监控、追溯。 ④ 碳资产管理　开发碳资产管理平台,集成智能传感、大数据和区块链等技术,实现全流程碳排放追踪、分析、核算和交易
十二、营销管理	通过市场趋势预测、用户需求挖掘、客户数据分析和销售计划优化,实现需求驱动的精准营销,提高营销效率,降低营销成本	① 市场快速分析预测　应用大数据、深度学习等技术,实现对市场未来供求趋势、影响因素及其变化规律的精准分析、判断和预测。 ② 销售计划动态优化　依托客户关系管理系统,应用大数据、机器学习等技术,挖掘分析客户信息,构建用户画像和需求预测模型,制定精准销售计划。 ③ 销售驱动业务优化　通过销售管理系统与设计、生产、物流等系统集成,应用大数据、专家系统等技术,根据客户需求变化,动态调整设计、采购、生产、物流等方案
十三、售后服务	通过服务需求挖掘、主动式服务推送和远程产品运维服务等,实现个性化服务需求的精准响应,不断提升产品体验,增强客户黏性	① 主动客户服务　建设客户关系管理系统,集成大数据、知识图谱和自然语言处理等技术,实现客户需求分析、精细化管理,提供主动式客户服务。 ② 产品远程运维　建立产品远程运维管理平台,集成智能传感、大数据和5G等技术,实现基于运行数据的产品远程运维、预测性维护和产品设计的持续改进。 ③ 数据增值服务　分析产品的运行工况、维修保养、故障缺陷等数据,应用大数据、专家系统等技术,提供专业服务、设备估值、融资租赁、资产处置等新业务
十四、供应链管理	通过采购策略优化、供应链可视化、物流监测优化、风险预警与弹性管控等,实现供应链智能管理,提升供应链效能、柔性和韧性	① 采购策略优化　建设供应链管理系统,集成大数据、寻优算法和知识图谱等技术,实现供应商综合评价、采购需求精准决策和采购方案动态优化。 ② 供应链可视化　搭建供应链管理系统,融合大数据和区块链等技术,打通上下游企业数据,实现供应链可视化监控和综合绩效分析。 ③ 物流实时监测与优化　依托运输管理系统,应用智能传感、物联网、实时定位和深度学习等技术,实现运输配送全程跟踪和异常预警,装载能力和配送路径优化。 ④ 供应链风险预警与弹性管控　建立供应链管理系统,集成大数据、知识图谱和远程管理等技术,开展供应链风险隐患识别、定位、预警和高效处置

续表

智能制造路径选择环节		典型场景
十五、模式创新	面向企业全价值链、产品全生命周期和全资产要素,通过新一代信息技术和先进制造技术融合,推动制造模式和商业模式创新,创造新价值	① 用户直连制造 通过用户和企业的深度交互,提供满足个性化需求的产品定制设计、柔性化生产和个性化服务等,创造独特的客户价值。 ② 大批量定制 通过生产柔性化、敏捷化和产品模块化,根据客户的个性化需求,以大批量生产的低成本、高质量和高效率提供定制化的产品和服务。 ③ 共享制造 建立制造能力交易平台,推动供需对接,将富余的制造能力通过以租代买、分时租赁、按件计费等多种模式对外输出,促进行业内制造资源的优化配置。 ④ 网络协同制造 基于网络协同平台,推动企业间设计、生产、管理、服务等环节紧密连接,实现基于网络的制造资源配置和生产业务并行协同。 ⑤ 基于数字孪生的制造。应用建模仿真、多模型融合等技术,构建装备、产线、车间、工厂等不同层级的数字孪生系统,实现物理世界和虚拟空间的实时映射,推动感知、分析、预测和控制能力的全面提升

5.2.3 工业互联网实践流程

工业互联网是一个庞大的系统工程,它将制造企业的自动控制系统和信息化系统有机地联系起来,打破信息孤岛,融合来自设备、系统和外部环境的数据,对数据进行整理、分析和深度挖掘,并选择适用的数字模型,解决制造业企业在需求、研发、生产、物流、服务中遇到的问题。

在工业互联网应用实践中,首先要了解企业的状况,包括企业现状、外部环境、业务状况、生产状况、人员结构、财务状况等;其次对调研的结果进行评估,找出企业近期和远期的问题,对企业进行战略规划;再次根据企业战略制定企业实现蓝图和路径规划,还需要设计解决方案并组织实施;最后发现设计方案的问题或者条件变化,进行迭代和不断演进。

5.2.3.1 深入洞察,摸清家底(摸家底)

摸家底,即在对企业深入调研的基础上,综合评估企业现状,分析业务需求,对标业界实践等,发现企业的痛点,找出数字化转型的业务价值,找准转型突破口,其主要工作包括现状与问题调研、业务需求理解、业界最佳实践、发展趋势和价值发现。

工业互联网实践首要工作是在正式启动工作之前"摸清家底",全面扫描企业现状和确定需要工业互联网实践解决哪些问题。摸家底自动洞察的内容应包括三个方面:一是梳理企业健康状态,包括业务运营、财务情况、人员组织、创新研发等;二是评估现有数字化基础,主要考量企业目前已经具备的数字化能力,包括现有 IT 架构、硬件设备、软件系统、企业已有数据及其存储状态与融合状态、IT 人才储备及擅长领域等;三是梳理企业对数字化转型的需求,需求的收集范围要覆盖企业的研发、测试、生产、营销、销售、人事、办公、采购、客服、运维等全流程与全部门,整合分析后进行分类聚焦,明确企业的核心需求,为企业数字化转型提供方向,避免企业盲目转型。

（1）调研流程

企业调研是整个工业互联网实施的前期准备和实施开始的环节，在该阶段主要目的是对企业现状和问题、企业环境、企业现有的信息化系统和自动控制系统、企业问题与痛点、企业的业务流程、企业的业务需求等做一个细致入微的了解，并为分析提供必要的素材。整个调研也分阶段进行，调研整备—业务调研—系统调研—需求调研—组织调研—调研输出。

（2）调研方式

选择合适的调研方法直接关系到调研工作开展。调研方式没有好坏之分，根据实际情况、成本、问题类型以及重要程度，选择一种、或多种相结合。常用调研方式有实地观察法、访谈调查法、会议调查法、问卷调查法、专家调查法、抽样调查法、典型调查法、统计调查法、文献调查法等。

（3）调研内容

调研的内容需要根据项目的实际情况在调研前做好准备，对于工业互联网的项目，调研的范围应基本涵盖企业现状与问题调研、企业环境调研、企业IT资源调研、业务痛点调研、业务流程调研、业务需求调研等。

5.2.3.2　现状评估，战略规划（定战略）

制造企业工业互联网实践等数字化转型需要在对企业现状评估、未来规划基础之上，制定企业的发展战略、发展目标和执行方法。其主要工作包括评估方法选择、评估内容制定、战略规划设计、战略规划发布、战略规划执行等。

数字化转型是企业战略层面的转型，这就从客观上需要企业决策者从整个企业发展视角进行取舍，不可能交由执行层完成。同时数字化转型涉及组织、流程、业务、部门协作等一系列变革，涉及员工思想转变、管理优化、利益再分配等方方面面，没有决策者强有力的支持，只靠业务部门修修补补，往往是举步维艰，无疾而终，最终定是归于失败。

在进行数字化转型过程中，企业管理层必须能够自上而下地理解并推进转型项目，将正确的人和正确的目标相结合，形成企业新的数字文化才能达成使命，即企业实现上下同欲、左右协同、利出一孔、使命必达。

企业数字化转型需要四个步骤：

① 认知　数字化转型将会涉及整个组织各个部分的改变，需要得到全体人员的支持和认可，不能只是局限于某个部门或者团队；

② 决定　根据业务的需要，找到匹配的业务和技术能力——从企业内部和外部发现这些人才，或者通过引入咨询和技术支持服务来带动企业能力的建设；

③ 规划　制定分阶段的目标，从最有价值并且收益最大的点切入；

④ 启动　建立适应企业数字化转型团队，与业务、OT和IT共同协作开始转向。

常用现状评估模型有能力成熟度模型、智能制造能力成熟度PTRM模型、OPM3项目管理成熟度模型、埃森哲成熟度模型和工业互联网产业联盟成熟度模型等，这里不再详细叙述。表5.6给出了一个评估内容示例，供参考。

表 5.6 评估内容示例

序号	评价方向	评估指标	评估说明
1	战略规划能力	企业自身需求	站在长期发展的战略高度，根据企业自身需求、产业链中的地位、企业的实力及发展愿景，制定个性化的数字化转型策略。企业必须具备从变革驱动、创新能力、组织架构等多维度勾勒企业数字化转型蓝图的能力
		产业链中的地位	
		市场定位	
		企业的实力	
		发展愿景	
		企业竞争优势	
		变革驱动	
		创新能力	
		组织架构	
2	数据能力	数据接入能力	如何获取数据、传输数据、管理数据、发挥数据的价值；如何用数据来驱动企业的业务运作和正确决策；如何打造企业强有力的数据能力，包含数据战略、数据架构、数据治理等
		数据传输能力	
		数据管理能力	
		数据治理能力	
3	技术能力	技术甄别能力	企业需要具备对技术的甄别能力、架构能力、应用能力以及整合能力等，结合实际情况进一步追踪技术趋势对于自身数字化转型的影响
		技术架构能力	
		技术应用能力	
		技术整合能力	
4	应用能力	软件应用能力	软硬件结合的应用能力以及整合能力是数字化生产活动的基础性设施，也是制造企业需要通过自身或者协同合作伙伴提升的必要能力
		硬件应用能力	
		整合能力	
5	知识与经验转化能力	know-how 能力	知识和经验固化
6	人才保障与资源供给能力	人才保障	需要培养技术与业务融合创新的复合型人才，高水平的数字化转型人才队伍
		资源供应能力	确保变革过程中组织、资金等保障以及资源的持续供给

基于现状评估模型与企业价值链梳理等，可以设计出企业的战略，如产品的功能数字化、产品应用场景、产品设计和研发的数字化、生产过程的数字化等。图 5.6 所示为企业战略规划推荐。

图 5.6 企业战略规划推荐

对企业正确评价,并根据企业现状规划未来,根据未来制定符合企业发展的企业战略。站在企业本身的角度,对企业的业务、技术和数据进行规划;站在产业的角度规划企业在产业链中的地位,体现企业价值;站在更为宏大的生态角度,规划企业在整个生态圈的地位和作用。企业战略规划内容如表 5.7 所示。

表 5.7 企业战略规划内容

序号	视角	规划	内容
1	企业	业务变革规划	横向打通业务边界,实现跨专业业务融合,纵向贯穿管理层级,实现业务场景和资源的优化配置,以技术平台为基础支撑,以数据为"上升螺旋"进行业务变革规划
		技术平台规划	以云化数据中心为资源和能力核心,以微服务化架构为业务功能实现路径,以全域数据实时采集和应用为业务管理和决策驱动,以物联网、互联网、云计算为资源、能力拓展和延伸载体,以大数据分析、人工智能、区块链、数字孪生等数字技术应用为新动能,推动创建先进、高质量发展的业务新模式。建设以感知层、网络层、平台层、应用层为主的技术平台架构
		数据资源规划	从数据目录规划、数据标准规划、数据模型规划三个方面进行数据资源规划。其中,数据模型是关键内容,数据模型规划是基于业务需求,构建支撑企业全业务、全过程、全环节的统一数据模型,同时建立统一的数据模型管控机制,持续开展数据模型的完善、升级并及时更新,保持模型与数据库的一致性
2	产业	产业整合规划	以大数据和人工智能技术构建产业图谱,联通产业链上下游,促进点对点、端对端的平台服务撮合,挖掘产业相关方的价值关系,创新价值创造模式,引导产业价值链重构
3	生态	生态构建规划	通过建设贯穿政府、监管机构、产业价值链上下游的数字化平台,支撑内外部服务撮合,催生平台经济,逐步构建数据市场,催生新技术、新模式和新业态,打造开放、合作、共赢的生态圈,实现数字产业化

5.2.3.3 蓝图制定,路径规划(绘蓝图)

企业发展规划是企业发展的灵魂与纲领,指引企业发展方向,明确企业业务领域,指导企业资源配置,指明企业发展策略以及发展措施。制定企业发展蓝图,并保证顺利实施,是企业智能化改造、数字化转型的根本保证，也有利于建立企业和员工的共同愿景，使员工对组织产生归属感和奉献精神，从而更加全身心地投入工作。

① 蓝图制定　蓝图制定即制定总目标，指引企业转型的总方向，使转型成为全局性共识。主要包括愿景描绘、目标设定、蓝图制定、架构设计、技术路线选择、制定举措和组织与文化变革、人才配备等。

② 路径规划　路径规划的主要任务是识别转型约束条件与资源需求，制定切实可行的实施规划，确保目标达成。主要工作过程包括约束条件分析、资源需求分析、实施路径规划以及实施任务分解等。

5.2.3.4 项目实施，迭代升级（可迭代）

企业智能制造解决方案软件产品不同于一般的商品，用户购买软件产品之后，不能立即使用，需要软件公司的技术人员在软件技术、软件功能、软件操作等方面进行系统安装、调试、软件功能实现、人员培训、上线试用、交付测试、验收、交付与后期维护等一系列的工作，我们将这一系列的工作称为软件项目实施。

项目实施主要包括项目启动阶段、需求调研确认阶段、软件功能实现确认阶段、数据标准化初装阶段、系统培训阶段、系统安装测试及试运行阶段、总体验收阶段、系统交接阶段八个阶段工作内容，每个阶段下面有不同的工作事项，各个阶段之间都是承上启下关系，上一阶段的顺利完成是保证下一阶段的工作开展的基础。

数字时代下，业务变化和技术更新加快，需要敏捷迭代，但是迭代不代表全盘的颠覆，智能制造的能力需要不断积累和传承，信息化、数字化和智能化建设要支撑生产制造的可持续发展，因此智能制造转型升级建设的迭代应该是分层的，不同的分层以不同的周期进行迭代和演进。迭代周期有长周期、中周期和短周期之别，表 5.8 所示为各种类型迭代周期的介绍。

表 5.8　迭代周期表

序号	迭代周期	周期名	说明
1	短周期	功能型迭代	业务需求快速变化，技术快速发展，新技术和业务的结合迅速变化，这些都需要敏捷迭代通过短周期迭代，使得转型紧贴业务价值的实现，降低转型风险
2	中周期	平台能力型迭代	平台承载了转型的能力，比如迅速引入新技术、以服务化来应对业务的敏捷变化、大数据快速建模等，因此架构和平台都需要相对稳定，而非战略决策类的颠覆，并且要将短周期迭代中的成功经验不断沉淀到平台中，往往在失败的短周期迭代中螺旋式上升，不能错失每一个有价值的积累，平台能力级的周期迭代，有助于将转型的能力持续做厚
3	长周期	规划设计型迭代	企业愿景规划类的迭代，通常在规划设计的指引下，在多次的业务功能和平台能力迭代之后，逐步逼近战略目标的阶段性目标基本达成

智能制造这类庞大项目的迭代，如果采用传统方法，必将升级缓慢、架构臃肿，也无法获得快速迭代，需要从架构搭建上面向未来考虑，于是云原生和微服务应运而生。云原生充分利用云计算的弹性、敏捷、资源池和服务化等特性，解决业务在开发、集成、分发和运行等整个生命周期中遇到的问题。

云原生的代表技术主要包括容器（Docker）、服务网格（Service Mesh）、DevOps、微服务、Serverless 等。

5.2.4 工业互联网实施方案推荐

工业互联网项目实施方案需要符合项目的实际情况，结合国内外类似的实践经验，与当代的技术发展相适应，并为未来的更新换代留下扩展接口。

表 5.9 所示为工业互联网实施方案示例，供参考。

表 5.9 工业互联网实施方案示例

序号	一级目录	二级目录	三级目录
1	项目概况	项目简介	
		项目主体	
		项目实施背景	全球智能制造发展趋势
			国外类似行业的实践
			国内类似行业发展趋势
2	需求分析与评估	准备工作	客户行业的了解
			行业成功案例和经验总结
			培训资料、交流问题以及调查问卷的准备
		企业现状调查	业务调研（当前的业务系统和主要功能；各系统之间的关系、数据内容及状况；客户主要的应用报表的解释）
			系统调研（细致分析整理客户报表及业务系统数据；构建数据产品或分析模型的原型图）
			需求调研
			数据调研
			组织结构调研与业务流程
		企业战略分析	
		企业信息化战略分析	
		企业智能化战略分析	
		产品市场销售管理与竞争力分析	
		产品质量管理与客户满意度分析	
		产品研发流程分析	
		产品制造过程分析	
		产品运维服务分析	
		企业 IT 设施分析	
		企业 OT 系统分析	
		企业业务软件集成现状	
		基于产品全生命周期制造服务的智能系统成熟度评估	CMM
		成果输出	通过原型收集需求后，完成分析模型描述
			产品需求说明书

续表

序号	一级目录	二级目录	三级目录
3	智能工厂模型与技术路线	美国工业互联网参考体系架构	
		德国智能制造标准体系架构	
		日本工业价值链参考框架	
		中国智能制造标准体系	
		智能工厂模型	
		智能工厂技术路线	
4	智能工厂总体架构与技术方案	建设目标	
		建设原则	
		遵循标准	
		总体技术架构	
		智能工厂整体网络拓扑图	
		平台系统管理	用户与权限管理
			系统管理与配置
			IT 和 OT 安全
			日志管理
		研发设计管理	
		工艺设计管理	
		产品数据管理	
		制造资源管理	
		智能现场管理	
		智能产线管理	
		制造执行与自动化控制	
		产品智能监测	
		设备状态监控和使用效率管理	
		设备维护与维修管理	
		能源监测管理	
		工厂运维管理	
		客户服务与产品运维管理	
		企业数据管理	
		企业知识管理	
		企业运维支撑平台	
5	项目实施与管理		
6	建设计划		
7	运营计划		
8	风险评估		
9	效率分析		
10	预算与资金筹措		

以上所列的工业互联网实施内容，仅供参考，在实际项目中，需要根据项目的实际情况进行必要的添加和删减。

5.2.5 工业互联网平台设计与实现

5.2.5.1 系统架构

（1）系统背景

工业领域设备和第三方系统之间存在设备接口不统一，实施成本高，上层应用功能单一，多系统间无法联动等问题。

① 南向接入　工业互联网平台完成对智能终端设备的集成和对接，对设备的数据进行梳理和建模。

② 北向输出　工业互联网平台将统一的物模型结构通过标准的接口协议上传给第三方应用。

（2）系统架构

工业互联网平台采用 B/S 架构设计，实现设备接入、数据采集、数据存储、数据管理、数据建模、应用开发与可视化管理，该架构分为 4 层，分别为边缘层、工业 IaaS 层、工业 PaaS 层、工业 SaaS 层，如图 5.7 所示。

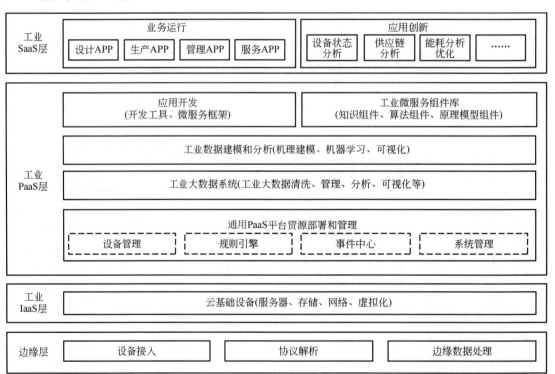

图 5.7　工业互联网平台 B/S 架构

工业互联网平台及应用涉及领域广泛，如人工智能、大数据、云计算等，本节工业互联网平台设计主要针对的是工业互联网核心部分——工业互联网通用 PaaS 平台来阐述。

5.2.5.2 系统部署

根据制造业客户对数据安全、实际应用等的需求，系统部署环境需要适应不同的应用场景，采用多种部署方式，主要包括独立部署、分布式集群部署和云环境部署。

（1）独立部署

独立部署将应用服务、数据采集、中间件、数据服务、数据库等全部部署在单台或数台服务器上，满足应用场景小、对数据安全有更多要求的场景。

（2）分布式集群部署

分布式集群部署可以采用跨平台方式，可在 Linux、Windows 等操作系统 ARM、X86 处理器架构上运行，根据系统应用规模将应用、数据库、采集等服务分布式部署在独立的服务器上，提升数据的接入能力、存储能力和计算能力，提高系统的可靠性、可用性和扩展性。

（3）云环境部署

云环境部署采用云原生技术，基于容器方式，依托 IaaS 云资源服务，将应用服务部署在云环境中，构建安全、高性能的工业互联网云平台，实现自动化部署、可升缩、应用容器化管理。

5.2.5.3 系统设计

（1）系统总览

系统界面展示工业互联网平台的设备信息、资源运行信息以及功能模块快捷区，其主要功能如下。

① 功能总览　展示系统模块区、实时事件、报警排班、在线用户信息，如图 5.8 所示。用户信息展示当前时间和用户名；设备信息展示平台设备数、设备报警和正常数、平台事件数；功能模块快捷区用于快速跳转到各常用模块；系统概况展示平台和系统运行信息；系统实时事件展示平台实时事件信息。

图 5.8　系统功能总览

② 系统性能　展示平台 CPU 实时数据、CPU 历史数据；内存实时数据、内存历史数据信息，如图 5.9 所示。内存和 CPU 展示内存和 CPU 实时值；CPU 运行情况展示 CPU 运行情况实时监测，以图表展示；内存运行情况展示内存运行情况实时监测，以图表展示。

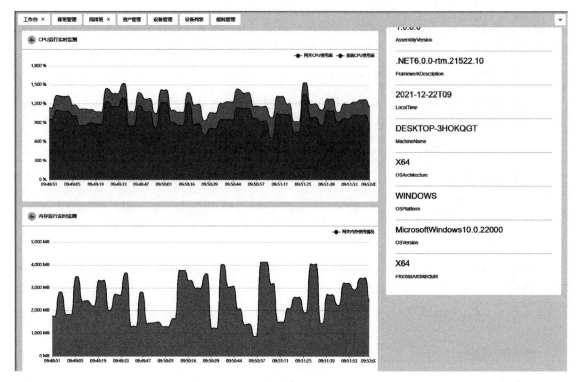

图 5.9　系统性能总览

（2）数据接入

支持多网络（有线网络、无线网络）、多协议（主流物联网终端设备接入协议）和多种接入方式（直连和非直连）接入平台。

（3）设备管理

设备管理包括设备列表、设备分组、设备信息、设备属性四大模块。

① 设备列表　展示所有设备的实时信息，包括展示设备的属性和命令信息及曲线信息，如图 5.10 所示。

② 设备信息　展示设备详细信息，如设备配置、添加设备、属性配置等，用于配置设备信息、配置设备属性信息、配置设备命令信息、导出物模型、调试设备、删除设备等，如图 5.11 所示。

③ 设备属性　展示设备详细信息和设备属性配置及设备指令配置，包括添加设备属性、编辑设备属性、删除设备属性、添加设备指令、编辑设备指令、删除设备指令等，如图 5.12 所示。

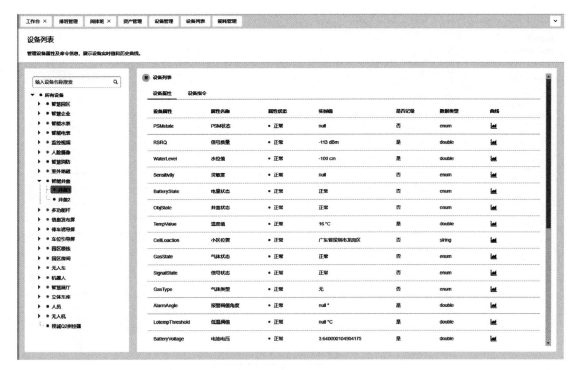

图 5.10 设备列表

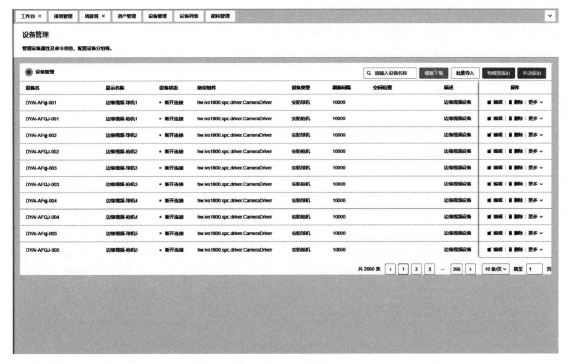

图 5.11 设备信息

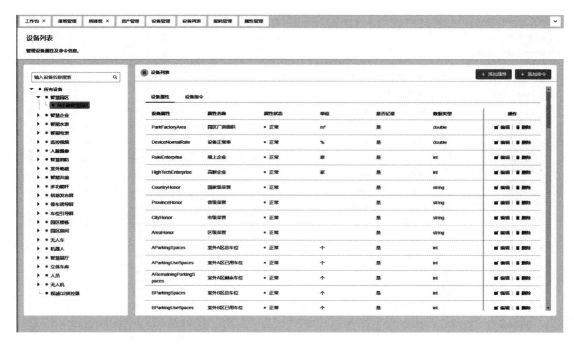

图 5.12 设备属性

④ 设备分组 展示平台全部设备的分组情况,可以配置设备分组信息,修改设备的分组位置信息等。设备列表树用于展示设备分组树形列表,包括设备分组的增删改及设备的分组增删改操作,如图 5.13 和图 5.14 所示;设备信息区用于展示所有设备,支持将设备添加到相应分组。

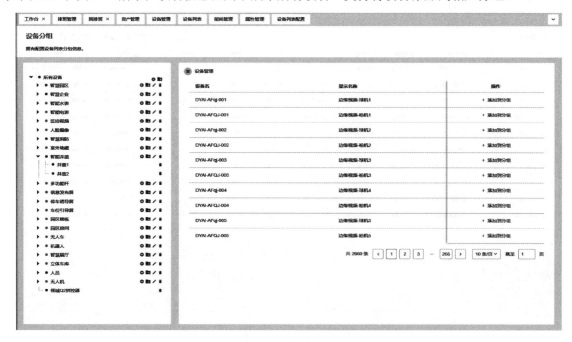

图 5.13 设备分组列表

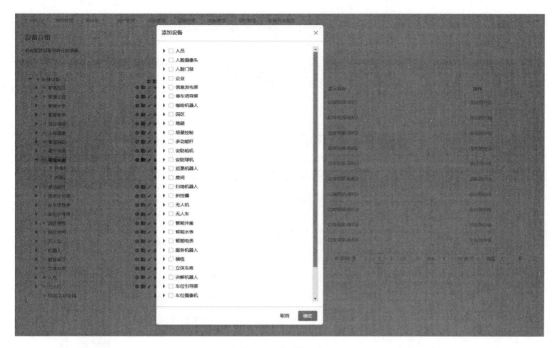

图 5.14 新增设备

（4）数据分析

数据分析用于对设备的属性历史数据进行分析统计，包括展示历史曲线，分析极大值、极小值等，如图 5.15 所示，主要功能如下。

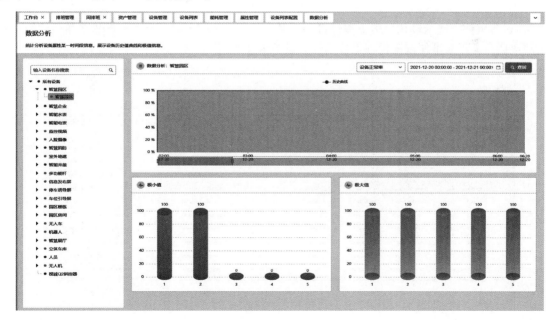

图 5.15 数据分析

① 设备列表树　按设备分组展示设备树形结构并展示设备的实时状态，红色为报警，绿色为正常，灰色为离线。

② 查询区　依据设备属性、时间段查询设备属性在某一时间段内的数据。

③ 数据分析图表区　展示设备属性的数据分析情况。

（5）事件中心

事件中心用于展示系统、设备、安全的历史事件日志信息，主要功能如下。

① 系统事件　展示系统的历史事件日志信息，并按全部、本周、今日统计系统事件情况，支持用户快捷点击相应事件按钮查询系统事件。事件统计如图 5.16 所示。

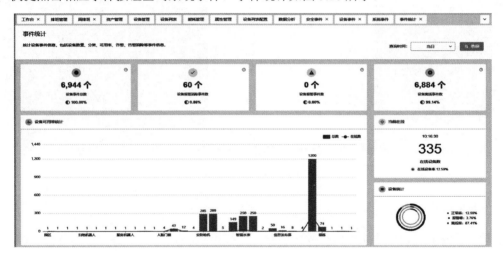

图 5.16　事件统计

② 设备事件　展示设备的历史事件日志信息，并按全部、本周、今日统计设备事件情况，支持用户快捷点击相应事件按钮查询设备事件。设备事件如图 5.17 所示。

图 5.17　设备事件

③ 安全事件　展示系统的历史安全事件日志信息，并按全部、本周、今日统计安全事件情况，支持用户快捷点击相应事件按钮查询安全事件。安全事件如图 5.18 所示。

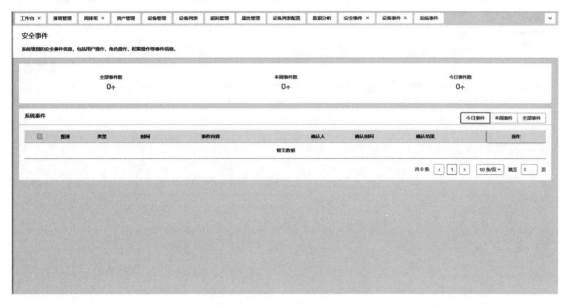

图 5.18　安全事件

（6）可视化管理

在设备管理功能里，用户可以新增、删除、编辑、搜索、遥测、遥信、设置设备，也可通过模板管理新增设备或者把设备设为模板。主要功能如下。

① 可视化设计　分为顶部工具栏、左侧控件区、中间画布区、右侧属性区。用户可以拖拽左侧的控件到中间画布区域，配置相应属性，实现组件化。

② 可视化预览　支持用户预览自己编辑的组件和组装的完整页面。

（7）规则引擎

规则引擎包括事件协同和决策算法两大模块，支持设置设备事件，实现当一个设备报警时自动关联另外一个设备执行指定指令动作，同时也支持多个设备报警关联。规则引擎如图 5.19 所示，主要功能如下。

① 事件协同　包括事件添加、事件编辑、事件删除及事件查询等基本功能，事件协同模块的主要功能为实现当一台设备报警时自动关联另外一台设备执行指定指令动作。

② 决策算法　包括算法添加、算法编辑、算法删除及算法查询等基本功能，决策算法模块的主要功能为实现算法多台设备报警时自动关联其他设备执行指定指令动作。与事件协同的区别是一和多的区别。

（8）组件中心

组件中心拥有管理展示平台全部的设备协议组件，用户可以上传和卸载组件。管理平台所有的设备协议组件资源，提供上传和卸载服务，包括组件上传和卸载功能，帮助用户获取最新的协议组件，从而最大程度地帮助用户升级相关组件，如图 5.20 所示。

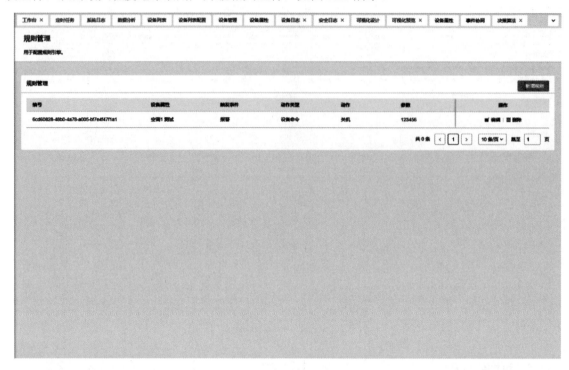

图 5.19　规则引擎

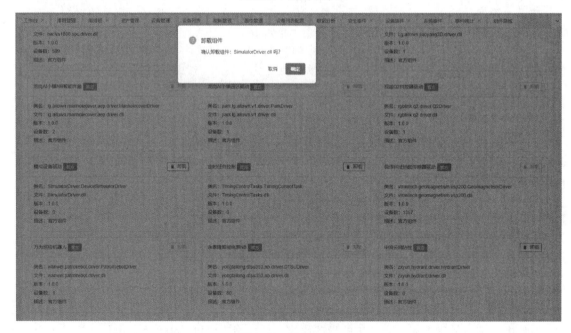

图 5.20　组件中心

(9）系统管理

主要用于配置用户和配置角色,用户拥有所在角色的所有权限,主要功能如下。

① 个人设置　管理个人基本信息,包括自身基本信息管理、安全管理、消息通知管理等。

② 用户管理　管理系统所有用户,此界面只有管理员可以查看,支持添加用户、编辑用户、查询用户、删除用户等。

③ 角色管理　管理系统所有角色,此界面只有管理员可以查看,支持添加角色、编辑角色、查询角色、删除角色等。

④ 菜单管理　管理系统所有导航菜单,此界面只有管理员可以查看,支持添加菜单、编辑菜单、查询菜单、删除菜单等。

⑤ 系统配置　管理系统配置信息,此界面只有管理员可以查看,支持平台基本配置、日志规则配置、网络配置、系统服务、系统时间等。

（10）应用 API

业务接口使用前需要通过鉴权,鉴权有效时间可设定,在有效期内可无限次访问其他业务API,第三方应用需在规定内重新调用鉴权接口以实现续签,方可继续调用其他业务 API。应用 API 总体流程如图 5.21 所示。

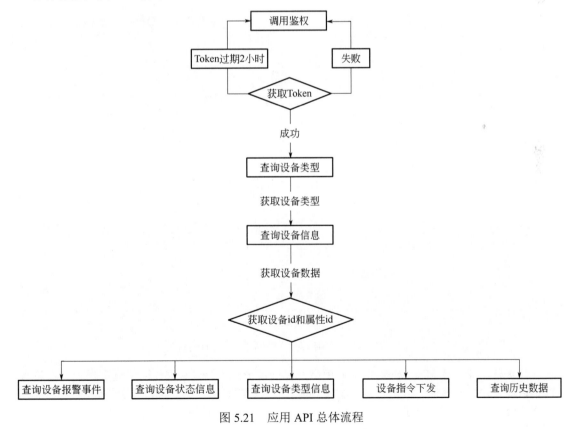

图 5.21　应用 API 总体流程

5.3 我国工业互联网主流平台介绍

5.3.1 我国工业互联网平台介绍

根据权威市场研究机构 IDC（其研究对象为提供工业互联网平台产品及解决方案的相关服务商，研究内容涵盖业务收入、产品功能、集团业务占比等）发布的《中国工业互联网平台厂商评估，2021》报告，中国工业互联网平台厂商评估如图 5.22 所示。

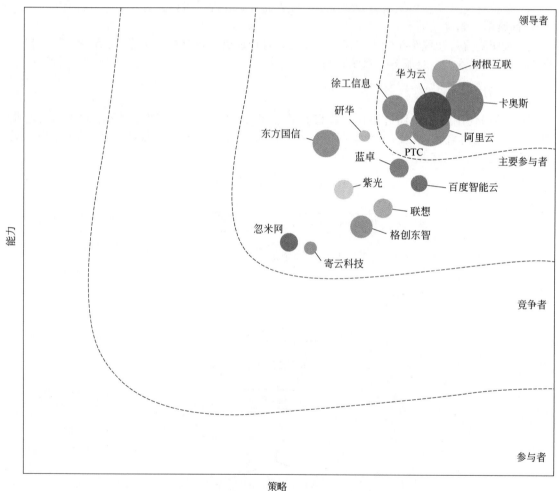

图 5.22 IDC 中国工业互联网平台厂商评估图

厂商评估结果基于 IDC MarketScape 模型，以图像形式呈现，6 家厂商位列市场领导者位置，分别是树根互联、卡奥斯、华为云、阿里云、徐工信息、PTC；主要参与者分别是研华、东方国信、百度智能云、紫光、联想、蓝卓、格创东智、忽米网、寄云科技等。

我国主要工业互联网平台能力图谱如图 5.23 所示。

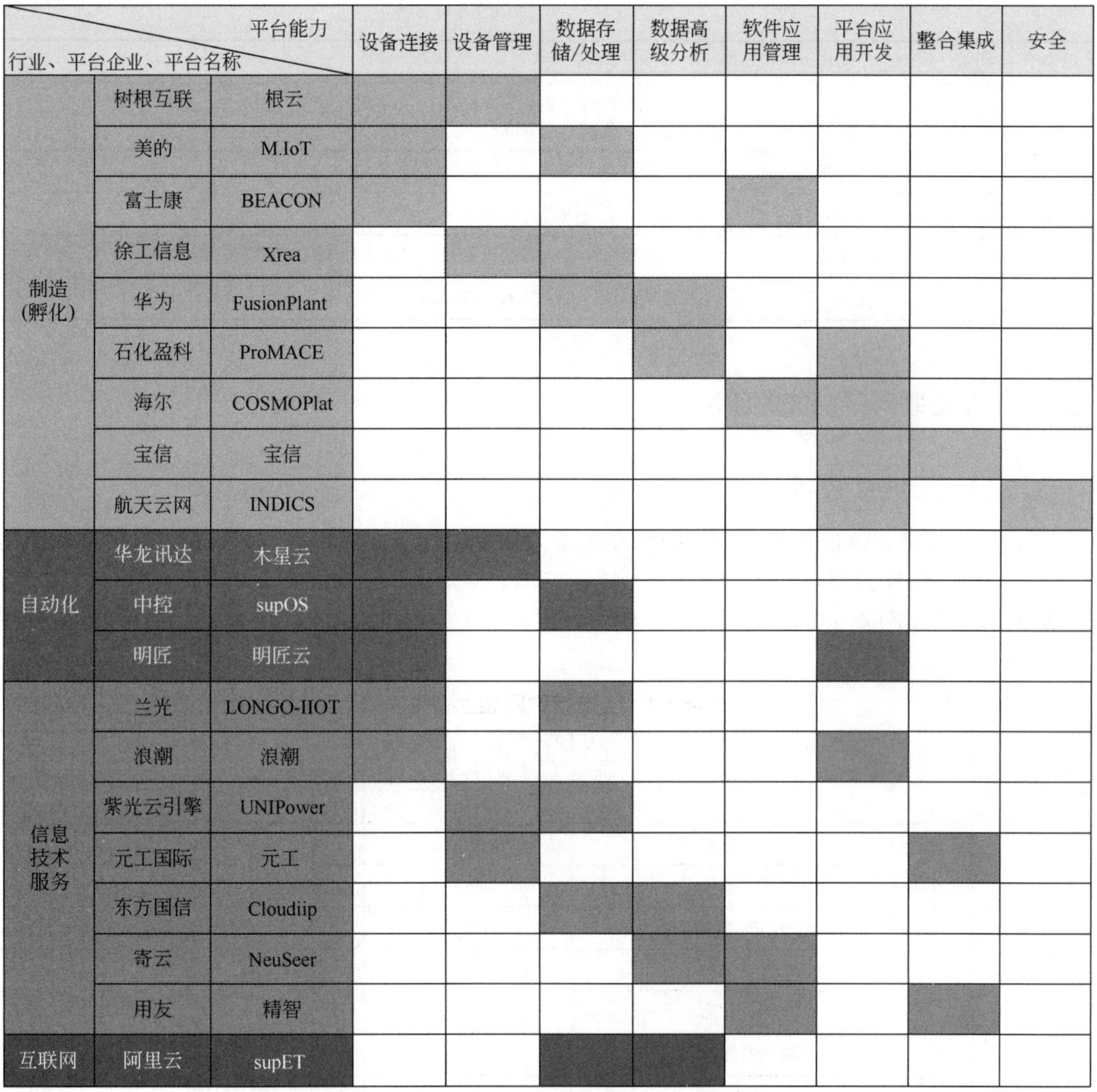

行业、平台企业、平台名称		平台能力	设备连接	设备管理	数据存储/处理	数据高级分析	软件应用管理	平台应用开发	整合集成	安全
制造(孵化)	树根互联	根云	●	●	●		●	●	●	
	美的	M.IoT	●							
	富士康	BEACON	●			●				
	徐工信息	Xrea	●	●						
	华为	FusionPlant	●				●			
	石化盈科	ProMACE			●		●			
	海尔	COSMOPlat	●	●				●		
	宝信	宝信	●	●						●
	航天云网	INDICS	●	●	●	●	●	●	●	●
自动化	华龙讯达	木星云								
	中控	supOS		●						
	明匠	明匠云						●		
信息技术服务	兰光	LONGO-IIOT								
	浪潮	浪潮								
	紫光云引擎	UNIPower		●						
	元工国际	元工		●					●	
	东方国信	Cloudiip				●				
	寄云	NeuSeer								
	用友	精智							●	
互联网	阿里云	supET			●	●				

图 5.23 我国主要工业互联网平台能力图谱

其中，工业互联网平台能力评价指标如表 5.10 所示。

表 5.10 工业互联网平台能力评价因素

序号	评价指标	评价内容
1	设备连接	平台能为开发人员提供访问终端设备产生的遥测数据和终端设备自身运行产生的数据
2	设备管理	平台能够确保所连接事物正常工作，实现无缝运行，并对运行在设备或边缘网关上的软件和应用程序进行更新
3	数据存储/处理	平台能够提供可扩展的云基础架构，用于存储设备数据和运行代码，并且能够确保所连接事物正常工作，实现无缝运行，并对运行在设备或边缘网关上的软件和应用程序进行更新

续表

序号	评价指标	评价内容
4	数据高级分析	平台能够执行一系列复杂分析，从基本数据集群到深度机器学习再到预测分析，从数据流中提取最大价值
5	软件应用管理	平台能够提供云化工业软件、工业 APP 的能力
6	平台应用开发	平台有助于快速部署解决方案或服务
7	整合集成	平台能够集成各种终端设备及各类企业后端系统和服务
8	安全	平台能够通过相关技术手段保障数据在各个环节的安全性

5.3.2 工业互联网平台能力评价

5.3.2.1 工业互联网平台技术能力评价

工业互联网平台评价需要有评价的指标体系，根据工业互联网特性，可以从基础共性能力要求、特定行业平台能力要求、特定领域平台能力要求、特定区域平台能力要求、跨行业跨领域平台能力要求五部分来对各平台技术能力进行统一评价。因非评价机构，本书仅提供一个评价表，供各位在实际工作中参考使用，如表 5.11 所示。

表 5.11 工业互联网能力评价表

序号	评估指标	二级指标	三级	企业1	企业2	企业3	企业4	企业5	企业6	企业7	企业8	企业9	企业10	企业11	…
1	基础共性能力	平台资源管理能力	工业设备管理												
			软件应用管理												
			用户与开发者管理												
			数据资源管理												
		平台应用服务能力	存储计算服务												
			应用开发服务												
			平台间调用服务												
			安全防护服务												
			新技术应用服务												
		平台基础技术能力	平台架构设计												
			平台关键技术												
		平台投入产出能力	平台研发投入												
			平台产出效益												
			平台应用效果												
			平台质量审计												

续表

序号	评估指标	二级指标	三级	企业1	企业2	企业3	企业4	企业5	企业6	企业7	企业8	企业9	企业10	企业11	…
2	特定行业平台能力	行业设备接入能力													
		行业软件部署能力													
		行业用户覆盖能力													
3	特定领域平台能力	关键数据打通能力													
		关键领域优化能力													
4	特定区域平台能力	区域地方合作能力													
		区域资源协同能力													
		区域规模推广能力													
5	跨行业跨领域平台能力	平台跨行业能力													
		平台跨领域能力													
		平台跨区域能力													
		平台开放运营能力	平台独立运营能力													
			平台开放运营能力													
		平台安全可靠能力	工控系统安全													
			关键零部件安全													
			软件应用安全													

5.3.2.2 工业互联网平台服务能力评价

对工业互联网平台服务能力的评价，围绕科学、系统、客观、可操作和可获取、可对比基本原则，从规模实力、盈利能力、创新活力、成长潜力、品牌影响力、拓展能力六个方面提供一个标准的服务能力多维度评价表，并细化形成12个二级指标，如表5.12所示。

表5.12 工业互联网平台服务能力评价表

序号	评价指标	二级指标	企业1	企业2	企业3	企业4	企业5	企业6	企业7	企业8	企业9	企业10	企业11	…
1	规模实力	营业收入												
		资产总额												
2	盈利能力	营业利润												
		资产收益												
3	创新能力	研发投入												
		专利数量												
		科研人员												
4	成长潜力	营业收入增长												
		利润增长												
5	品牌影响力	市场影响力												
		客户口碑												
6	拓展能力	案例分布												

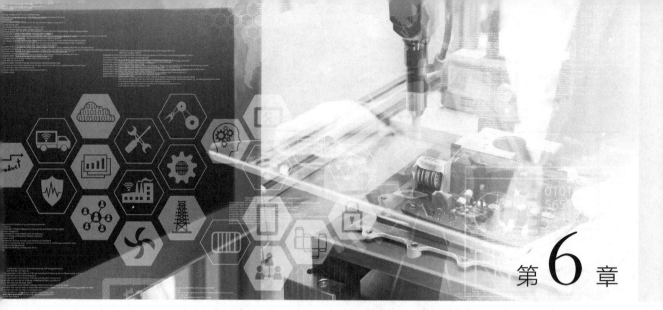

第 6 章 工业互联网典型应用案例

6.1 研发制造管理一体化解决方案与实践

6.1.1 背景

我国某电子信息竞争力百强军民融合集团企业,跨行业、多领域的业务线促使其迫切需要精细化管理提升企业效能。已建设完成数字化设计、数字化管理、数字化制造三大核心平台,但业务、生产相关数据未作关联,业务流程断点依然存在。多年来,集团已有系统中沉淀了大量宝贵的数据资源,但尚未通过有效治理形成可便捷使用的数据资产。

6.1.2 问题点

(1)经营管理需求

① 释放大量手工处理数据的"体力劳动";
② 提升数据及时性、洞察力、决策效率;
③ 进一步提升企业精细化管理水平;
④ 变管理被动为数据驱动,加强融合互通;
⑤ 共享利用,提升数据共享与知识转化;
⑥ 数据快速自动更新、智能分析统计数据建立管理驾驶舱和统一、规范的数据报表,形成数据化地图,清晰展现数据脉络,工厂的管理决策会提升到一个新的高度;
⑦ 数据驱动营销管理、质量管理、方案管理、供应链管理,提升数据分析、风险预警、决策支持能力。

（2）数据管理与数据治理需求

① 提升数据质量，解决数据共享困难问题；
② 提升数据利用能力，实现数据的可见、可控、可用、可信程度；
③ 建设完善体系化的数据应用服务平台，实现数据资源的统一规划、统一归集、统一管理以及统一应用，实现业务应用的按需集中、按需共享，突破系统层次的阻碍；
④ 统一数据定义，建立数据标准，为实现数据模型、数据标签提供支撑；规范数据管理手段，提升数据质量，打通数据全局共享界面，促进工厂由业务驱动转向数据驱动。

（3）柔性扩展需求

① 随着工厂信息化的快速发展，各业务应用系统建设部署和数据扩张，现有IT基础设施架构在基础算力、灵活性、可靠性等方面日益体现不足，不能快速、灵活地支撑应用系统扩展和数据汇聚、分析、利用等需求，需提升；
② 随着各业务单位对信息化系统的依赖以及新增需求的日益增多，现有IT资源的分配日趋紧张，按照传统IT架构提供资源服务的能力已无法适应当前业务急剧扩展的要求，需解决；
③ 基于云计算的基础资源柔性管理平台以及建立在其上的共性数据平台，大幅提升管理效率与资源利用效能。

6.1.3 目标

该军民融合集团企业迫切希望基于XBOM体系（不同业务视角下的BOM体系）构建出"研发—制造—管理"一体化数据链路，减少经营决策相关指标数据的手工核算，降低运营决策中个人经验依赖度，能够通过数据资产对业务决策形成支撑，提高日常管理运营效率。

6.1.4 解决方案

该企业的数据智能解决方案为"数据基础底座+数据资产管理与应用平台"架构的新一代云原生数据智能服务平台FastData。其中，数据基础底座通过实时湖仓引擎DLink实现对各种结构化、非结构化数据湖仓一体、流批一体的存储，通过数据智能开发平台DataFacts对多源异构的数据进行标准化处理，通过数据科学分析平台DataSense进行数据探索式分析与应用。数据治理平台DataKuber能通过数据资产生产、编织和生命周期运营，支撑上层设备故障诊断、经营分析、工艺优化等业务场景应用，实现业务与数据的底层融合与数据资产价值最大化。

（1）方案概述

通过需求调研、业务梳理、问题诊断、方案设计、布设实施五大步骤，该企业项目团队为企业构建起数据采集、数据加载、数据转换、数据计算储存、数据分析、数据应用的一站式定制化数据智能平台。该数据智能平台从技术层面可分为以下三层：

① 解决结构化数据、半结构化数据、非结构化数据的收集连通储存问题，实现湖仓一体化及流批一体化。支持PB级海量数据储存和调用，为各种离线数据和实时数据提供整体的解决方案。
② 提供标准化多功能的数据治理体系，通过数据治理、数据计算、数据分析，形成数据资产，沉淀出不同业务维度的数据域及数据指标，进而全方位多层次地进行数据资产管理，帮助军民融合集团企业形成业务知识数据资产化的最佳实践。

③ 贯穿需求、设计、制造、供应链、销售及售后的全业务链条，根据不同经营管理业务逻辑及指标，配用相应的模型和算法，生成相关业务场景数据看板，助力企业实现高效的管理决策，聚焦数据驱动，建设 XBOM 数据链，打造数字新军工。

（2）方案特点

① 量化数据的价值。

对于数据部门来说，希望用数据价值来驱动数据体系的建设。当然，第一步就是要把数据的价值进行量化，然而，数据价值如何量化是个谜。考虑一个现实的问题，度量数据价值时，我们更想讨论的其实是数据的重要程度，这个重要程度可以体现在方方面面，如对业务贡献的重要程度、在 SLA 保障时的重要程度、成本优化的重要程度等。度量数据的重要程度是在数据间拓扑结构的基础上进行的，这个方案或算法称为 DataRank，综合了数据开发、引用、质量、成本等多个分析因子，让企业管理者清晰地了解数据资产分布及价值流向。其架构如图 6.1 所示。

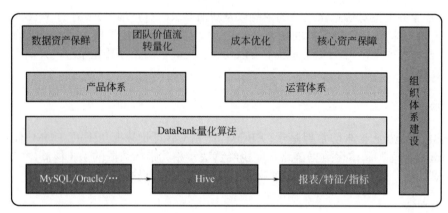

图 6.1　DataRank 架构

DataRank 是价值驱动的数据体系的核心，它是公司在数据建设上的雷达，可以通过组织来建设、产品来承载、运营来推动，是提升公司数据文化的一种有效途径。它的核心思想与 PageRank 有些类似，被使用越多的数据越重要。在 DataRank 之上再构建数据资产保鲜、团队价值流转、成本优化、核心资产保障等数据资产运营场景，形成可见、可控的企业数据资产大盘。

② 促进数据流通与使用。

建立一座业务方与数据方沟通的桥梁，做好快捷方便的查找、数据信息的完善、数据质量的可信以及降低使用门槛。其主要能力包括以下几点：

a．企业级数据门户　打破数据孤岛，智能识别资产信息，高效查找业务所需数据；快速接入企业级数据，整合企业内外部数据。

b．知识图谱　深度挖掘数据知识，自动构建表、字段级血缘，数据使用统计等；经过持续机器训练的智能推荐、智能预警，可多角度描述数据，辅助数据理解，加快数据分析。

c．交互分析笔记本　支持使用 SQL、Python、Spark 等，交互式探索数据，以思维导向深度或广度分析解决问题。

d．智能 SQL 查询　智能 SQL IDE，支持多种数据源的元数据和数据查询；通过智能推荐、智能预警提高工作效率；便捷的 SQL 模板管理及分享。

e. 数据协作与共享　协作式数据分析及可视化，分钟级响应需求。一键分享，赋能业务，用户可自助、灵活、按需使用数据。

f. 企业知识沉淀　借助开放的内容及评论体系，各个用户可以分享自己的数据使用经验、案例，不断提升自身的同时加强对数据的理解并分享给他人，从而沉淀数据知识。

6.1.5 效果

① 数据赋能业务价值　形成 100+ 产品数据模型；130+ 经营数据模型、70+ 客户数据模型、50+采购数据模型；新品 3D 数字化样机率达到 90%。

BOM 准确率从 92.3%提升至 96.6%、核心指标自动化率从 62.2%提升至 76.9%，报表自动化率从 40%提升至 90%。

② 建设 XBOM 数据链，打造数字新军工　实现集团核心经济指标的自动化统计分析和追溯，提供实时的经营成果数据，预测数据。30+ 套信息化系统统一集成，11 个业务场景数据应用落地，建设完成采购、生产、产品、客户、方案、经营管理六大业务领域数据资产地图，整体贯穿从需求、设计、制造、供应链、销售到售后全业务流程。

③ 优化决策，推动转型　以数据为支撑对全域业务进行多维解构和深度分析，进一步提高决策的科学性和精准性，利用数据孕育智能，创造新的业务模式和业务价值，以价值为导向推动业务智能化转型升级。

④ 弹性扩展，绿色节能　以 IT 资源云化重构工厂数字基础设施，实现 IT 基础资源的弹性扩展、按需分配、动态使用和集约管理。基于超融合、余热回收等技术精简机房设备，降低运行能耗，实现数据中心的绿色节能。

6.2 工厂综合价值链升级解决方案与实践

6.2.1 背景

某企业是全球领先的通信网络设备、云服务设备、精密工具及工业机器人专业设计制造服务商，为客户提供以工业互联网平台为核心的新形态电子设备产品智能制造服务。其以数据为基础创造价值，通过工业互联网连接人、传感器、生产设备与机器人等进行数据协作，实现提质增效降本减存，打造"先进制造+工业互联网"新生态，以综合价值链升级为实践路径，在优化生产体系的同时，提升端到端运营能力。

6.2.2 问题点

① 市场需求　消费者需求的多变多样导致制造企业决策因素复杂，频繁调整排程，因此制造企业需要尽快实现柔性生产和智能排产规划以积极应对挑战。

② 生产推动　作业人力成本日益攀升，且大量调机和维护操作依赖人工经验，易造成质量波动。企业需进一步提高自动化水平，并由经验驱动的生产模式转变为数据驱动的生产模式。

6.2.3 目标

数据驱动价值链的高效协同，实现对制造六流（人/物/过程/讯/金/技术）的数字化管理。通过柔性自动化和工业人工智能技术打造"熄灯工厂"，大幅提升生产效率，保障无忧生产。通过建立工业互联网平台及合作伙伴生态体系形成强有力的产业协同模式，不仅可以实现企业自身价值的最大化，还能推进其他生态成员的发展。

建设灯塔学院，通过理念宣贯、教育培训、实践训练等方式，培养工业互联网人才，实现企业人员技能升级，推动企业数字化转型。

6.2.4 解决方案

① 打通业务流程的信息化平台，实现数字化六流（人/物/过程/金/讯/技术）管理（图6.2）。

图6.2　解决方案思路设计

② "熄灯工厂"建设，"无人"且"无忧"。

③ 建设工业互联网平台，软硬结合实现产业链协同。

a．技术连接：运营技术＋信息技术　研发和构建面向工业互联网的基础设施平台，多地多中心部署保障跨地域业务无缝接入，并针对工业互联网多租户、多场景、按次计费等需求，进行工业PaaS平台创新，形成灵活扩展，开发运营一体化的先进工业互联网平台，加速工业科技能力输出。

b．安全连接：厂端安全+云端安全　面对工业互联网安全新挑战，结合企业厂端安全架构和腾讯云端全链路安全能力，打造高度安全的纵深防护体系，为用户数据和平台运行提供全方位的安全保障。

c．生态连接：产业生态+腾讯互联网生态　基于"全集成"服务理念、丰富的智造经验、完整的产业生态，与腾讯云在IaaS、社群运营、移动端开发者生态以及广泛的用户联结能力形成强力互补，共同携手为产业全价值链、全要素数字化转型升级进行赋能。其工业互联网平台架构如图6.3所示。

图 6.3 工业互联网平台架构

④ 灯塔学院建设发展,储备集团数字化转型骨干。

6.2.5 效果

① 生产能力提升 利用 AGV、大数据、人工智能等整合技术,实现节省人员成本三分之二,大幅提升生产效率;精密工具开发周期缩短 30% 以上,直通率达到 99.5%。

② 持续推进智能制造 围绕工业互联网的智能制造升级,以工业大数据、数据建模为核心,在深厚工业制造技艺的基础上不断革新,优化公司运营效率及成本管理。

③ 工业互联网生态体系 深耕工业互联网领域,在现有工厂、设施、开发场域基础上,不断增加新应用场景数量,拓宽应用场景规模;引入战略合作方共同打造工业互联网生态体系。

6.3 生产可视化全程监控解决方案与实践

6.3.1 背景

某公司是一家平模头解决方案提供者,集销售、研发、制造于一体。一年模头项目在 2000 个左右,制造过程、品质管控、计划调度过去多依赖于人力处理和分析生产数据,依靠人工虽然灵活度比较高,但会造成生产流程混乱、效率低、交期长等问题,并且不同的设备是独立的孤岛,缺少设备的联动性。

6.3.2 客户挑战

① 工作进度不清晰 每个项目会有 1~3 个月的制造周期,每个月同期会有 150~200 个项目任务,进度不清晰,管控无力。

② 生产过程不透明 每个项目的制造工作有 50~100 道工序,每个月有 10000~20000 道工序,计划编排不科学,进度不实时,生产过程不透明。

③ 效率与效益评估不科学　设备使用效率无法准确评估，员工绩效评估不精准。

6.3.3 解决方案

场景一：项目进度一目了然。

报表提供督导功能，把各环节做成数据分析报表，形成各环节的督导中心，并用高亮颜色及时预警，有效跟进每一个项目的延期阶段，并有效溯源。

通过环节可视化，提高项目的管理能力，为项目进度和按期完成保驾护航，每个项目实现原材料库存减少20%，减少了库存浪费和房屋浪费。项目进度如图6.4所示。

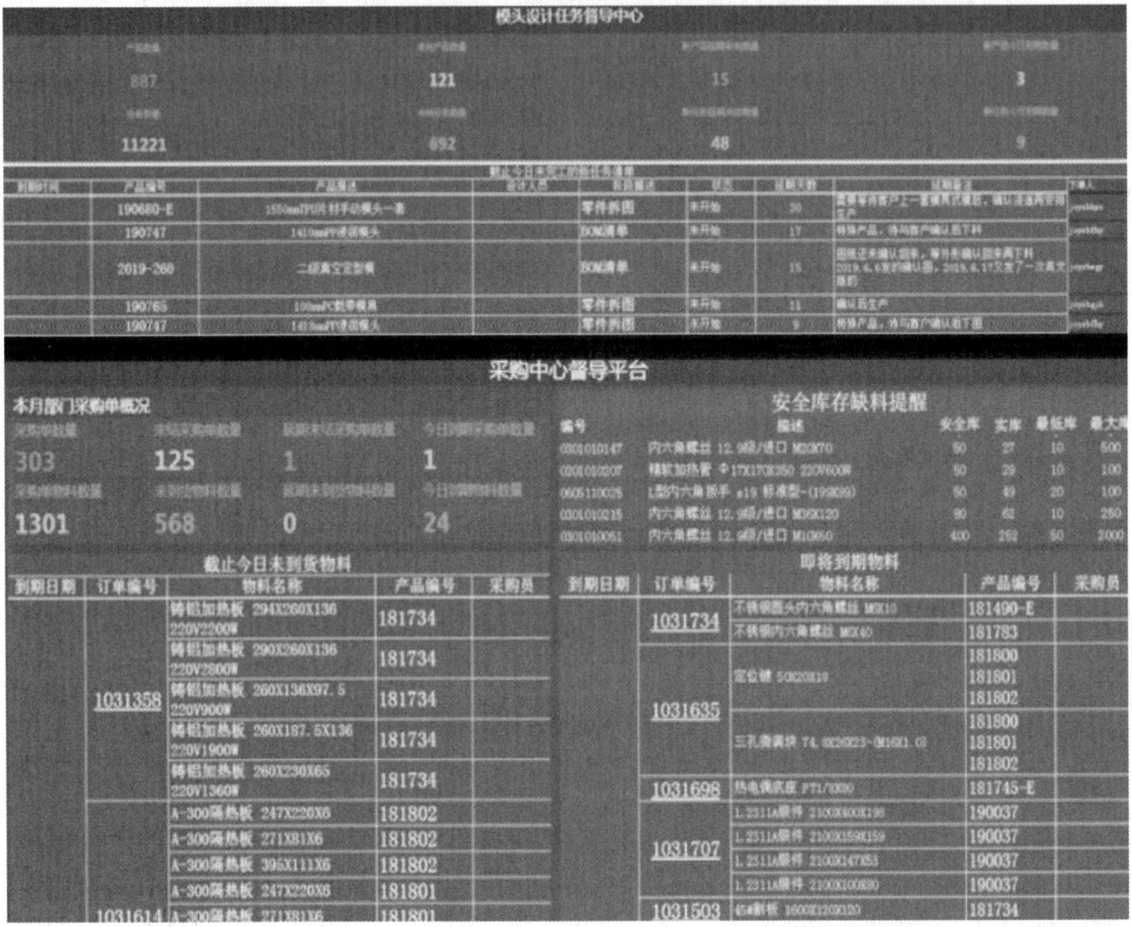

图6.4　项目任务管理表

场景二：生产过程全透明。

通过报表建立拉动式管理，日计划执行报表，各车间设立看板，用下一环节拉动上一环节前进的思维方式，实现齐头并进。

看板的制作撤销了车间计划跟单员，提高了全局计划的及时性和准确性，缩短了产品的交付周期，计划部门从12个降到4个，效率提高200%。生产看板管理如图6.5所示。

图 6.5 生产报表和看板

场景三：成果量化。

通过报表建立设备状态中心，进行设备效率分析、员工绩效量化。

设备 OEE 得到提升、员工绩效精准评估，员工效率等都得到了大幅提高，节约 30%以上的用工成本。设备管理可视化如图 6.6 所示。

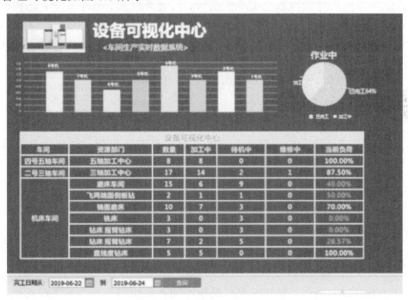

图 6.6 设备管理可视化报表

6.3.4 效果

运用 FineReport 报表工具，开启了视觉化工厂之路，打通了各部门之间的资料传递，解决了资料孤岛壁垒,缩短了周期,提高了效率。同时,针对过去 20 年的大数据分析,结合行业数据分析,实现未来发展趋势的评估。

报表工具给企业带来了明显的效果:原材料库存减少20%;效率提高200%;用工成本节约30%。不仅如此,生产可视化还给企业带来了以下效用:

① 用数据驱动管理革新。
    a. 从接到订单的那刻起,全程可视化管理,全程可追溯;
    b. 打通各部门之间的信息传递,解决信息孤岛壁垒,缩短了周期,提高了效率;
    c. 实现生产过程的闭环可视化控制,减少了等待时间、库存和过量生产等浪费。
② 用数据链接未来 利用过去 20 年的数据分析客户模头的使用情况、市场、售后管控等,设计图纸、原材料分析、流道数据、加工进程等数据共享,行业数据分析评估,未来发展趋势信息共享。
③ 提供更透明准确的数据以支撑最佳决策。

6.4 生产运行管控平台解决方案与实践

6.4.1 背景

随着"大""物""移""云"等技术高速发展,各类企业管理信息系统正向集成化、平台化和社交化演变。传统单体式企业管理系统实施周期长、部署难度大、应用复杂、迭代困难,难以满足企业长远发展需求。某公司前期已经对生产管理和能源管理实现了生产信息的采集与发布,但为了实现工厂完全数字化、架构平台化、应用 APP 化、管控智能化的目标,需要在原有系统的基础上建设一个基于 IaaS 部署、PaaS 支撑和 SaaS 应用的智能化生产运行管控平台,实现前期各个功能应用向基于微服务的架构迁移,便于企业未来信息化系统的横向扩展。

6.4.2 问题点

传统单体式企业管理系统实施周期长、部署难度大、应用复杂、迭代困难,难以满足企业长远发展需求。

6.4.3 目标

实现工厂完全数字化、架构平台化、应用 APP 化、管控智能化的目标。

6.4.4 解决方案

该公司建设的 IndPl@t 平台,是基于多组织架构的企业应用运行、基于模式化开发、基于 API 开放的系统集成以及统一管理的平台,建立在 Java 语言所提供的强大兼容性基础上的。Java 是一种简单、面向对象、分布式、结构中立、安全、可移植、性能优异、多线程以及动态的开发语言,适合构建基于网络计算的企业应用。由于 Java 的平台无关性,使得 IndPl@t 可以运行在不同硬件平台、操作系统环境,并且基于 PaaS 部署在 IndPl@t 平台上的 SaaS 各类应用软件,适合 PC 浏览器和移动端 APP 访问,大大降低了用户目标系统的总体拥有成本。

根据对系统技术需求的理解，IndPl@t 平台系统布局从系统架构、技术平台、系统安全以及环境部署上满足项目需求。IndPl@t 平台总体架构如图 6.7 所示。

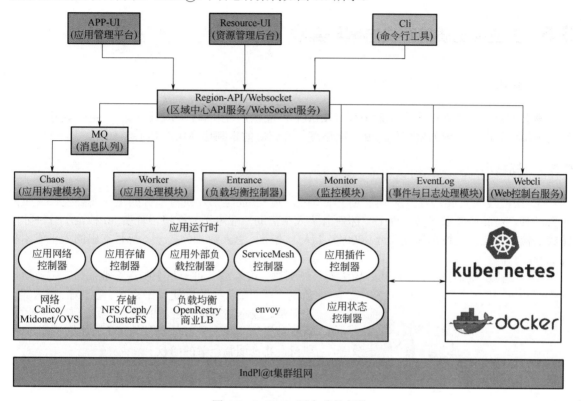

图 6.7 IndPl@t 平台总体架构

① 部署方式　系统架构采用集中的云平台部署方案，在通过技术平台保障应用效率的同时，满足对垂直管理、实时监控、穿透查询的应用要求。

② 技术架构　技术平台采用以 Spring Cloud 为基础的微服务架构技术，包括安全认证、资源保护、数据实时监控、API 接口文档调用、开发和数据管理工具等多种技术融合。

③ 安全技术　系统安全采用 SSL 技术、OAuth2+JWT 技术、CA 技术等可以保证系统的安全性。

④ 弹性部署　环境部署根据业务量计算具体需要部署的硬件设备参数，进行实际部署。

6.4.5 效果

该公司建设适合某公司特性的多用户信息管理平台，提高其包括经营管理等方面的综合管理水平，优化企业管理效率和决策能力，最终为企业提高整体竞争力、实现公司战略发展目标提供强有力的支撑，具体体现为以下优化效果：

① 实现数据的共享、传输、汇总以及分析，解决某公司内部各级之间的信息"孤岛"问题；
② 促进公司各部门间横向和纵向沟通协作，提高部门工作效率；
③ 实时、准确地提供生产分析所必需的数据，加强公司对车间运营状况的监控。

该项目实施后，某公司实现了从过程控制级到生产执行级的集成优化，大大提高了生产组织水平和员工素质，进一步增强了企业的技术实力和在国际市场上的综合竞争能力，并助推产能、质量、效益、能耗以及环保等方面提升了一个台阶。

6.5 工业视觉质检解决方案与实践

6.5.1 背景

某公司是一家专业的金属注射成型（MIM）产品生产商和解决方案提供商，主营业务是为消费电子领域和汽车领域提供高复杂度、高精度、高强度的定制化 MIM 核心零部件。

6.5.2 问题点

① 质检投入大量人力　在实际生产环节中，3C 产品零部件质检部分的工作需要投入大量的人力，客户对品质要求严格，每个零部件需要人工借助工业电子显微镜，耗费 30 秒至 1 分钟才能完成质检，为此在质检车间投入近 3000 名工人，占全厂总人数二分之一，每月支出的人工成本超过 2500 万元。

② 质检质量不稳定、招工难、留人难、培训难、成本高　对于整个制造企业而言，工业质检领域一直面临人工检测质量不稳定、招工难、留人难、培训难、成本高等难以解决的痛点。另一方面企业面临着苹果等品牌天量订单交付的压力，如果不能按时交付，将会面临巨额的赔款。

6.5.3 目标

依托企业自身在国内 AI 缺陷检测领域领先的技术优势，开发"5G + AI 缺陷检测"解决方案。在质检车间部署 5G + MEC 专用网络，共同开发 5G + AI 质检机产品、打造 5G + 工业大数据云平台，形成端到端解决方案，服务于制造企业质检，不断提升工作效率。

6.5.4 解决方案

"5G + AI 缺陷检测"解决方案架构如图 6.8 所示。

项目为某公司定制开发的 AI 质检机，整合了工业相机、机械臂、PLC 等元器件。AI 质检机连续拍摄多张超高清照片，传输到 AI 算力平台进行图像检测并给出检测结果。AI 算力平台基于图像识别技术，模拟生产线工人表面检测工序，通过样本进行机器学习，2000 份数据样本的情况下可以达到 99.96% 查全率，质检效率是人工的 30 倍左右。

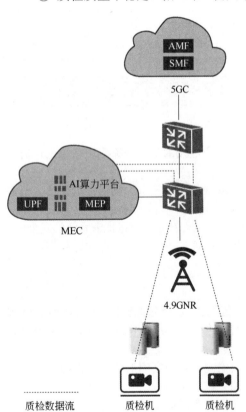

图 6.8　5G + AI 质检端到端方案

在 AI 算力平台侧，边缘云系统基于 NFV 标准三层架构进行扩展，采用由多样化硬件和异构开放、轻量化管理的基础平台层、核心能力层和业务应用层组成的全栈式融合架构，与云端协同，提供边缘计算服务。边缘网络云可在边缘位置提供计算、网络、存储、加速、安全等全面的云计算服务，并为网元、互联网/IT 应用等提供部署、调度、运行等稳健的基础环境，可降低响应时延、减轻云端压力、降低带宽成本，满足多样化的边缘应用场景。质检照片流数据本地转发，不需要绕行大区 5G 核心网，保证企业数据的安全。另一方面，MEC 提供强大的 CPU、GPU 算力，满足 AI 算力平台运行。

6.5.5 解决效果

一期项目成效：智能化升级价值初现，前景广阔。5G＋AI 质检系统一期项目落地运行后，商业价值逐步显现。

① 质检工作效率提升近 30 倍，单台质检机可以取代 30 个工人，可以节约大量的质检人工支出，同时也能解决招工难、人工质检不稳定的难题。

② 投资收回率高，多方共赢。一期项目总共投产 22 台质检机，累计可替换工人 600 个左右，当年即可回收投资，之后将持续创造价值。同时 5G＋AI 的质检车间为企业节省了大量的用工支出，良好的投入产出比使企业有意愿跟合作伙伴签订合同，最终实现多方共赢。

③ 生产工艺优化。该项目对质检的瑕疵图片进行了大数据实时分析，后续还将通过产品缺陷数据与生产参数建立关联，反向调整各项生产工艺。

④ 弹性算力输出，推动企业数字化转型。共同搭建 5G+工业大数据云平台，平台主要由制造执行"大脑"、弹性算力平台两部分构成。计划在未来几年，为更多的生产制造企业提供"弹性算力"的能力。

6.6 工业设备故障预测解决方案与实践

6.6.1 背景

某公司是一家专注于半导体显示领域的创新科技公司，产品全线覆盖大尺寸电视面板和中小尺寸移动终端面板，已建成和在建的产线共有 6 条。公司存在光电厂端 CVD（化学气相沉积）泵的非计划停机问题，需要对旋转设备状态监测和故障智能诊断。

6.6.2 问题点

① 设备生命周期管理　设备采购安装、运行使用、维护维修、诊断工程和改造报废任一环节的丢失，都将影响设备在全生命周期内的可靠性、维修性、测试性、保障性和安全性。

② 设备和备件追溯　设备管理应对工业设备全生命周期各阶段完整管理和维护，其主要功能包括运行监测、故障诊断、健康评估和维护、保养记录、备件追溯等。

6.6.3 解决方案

解决方案系统架构如图 6.9 所示。

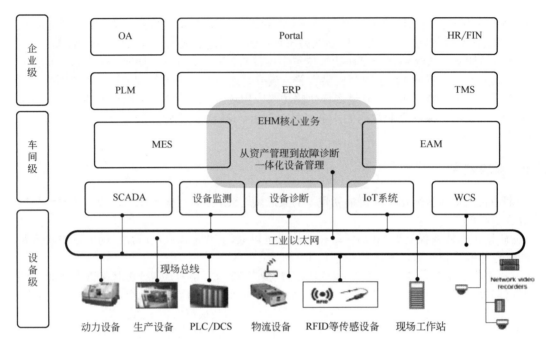

图 6.9 解决方案系统架构

该企业系统由感知层、平台层、应用层构成。在应用层，由于系统的强大集成性能可以和生产系统、能源管理等设备关联子系统互联互通，并能从工程师、车间管理者和财务管理者等视角，给出不同层次的设备管理决策和策略优化建议。在感知层，能以设备为中心实现在线、离线等各种异构数据的整合建模。该企业工业互联网平台总体架构如图 6.10 所示。

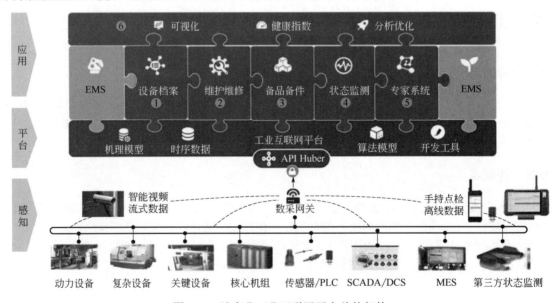

图 6.10 该企业工业互联网平台总体架构

企业系统融合 IT、OT、DT 的知识和经验，利用工业 IoT、工业大数据、工业 AI 等新技术，集成设备多源异构数据的采集功能、工业互联网平台搭建功能、设备档案的数字化和全生命周期可视化管理功能、维护维修过程管理功能、备品备件及仪器仪表、辅助工具管理功能、状态监测功能、专家系统功能、可视化功能，可以对设备本体、数据、模型进行全维度和全周期的动态管理，满足企业设备管理一体化的需求和场景。

6.6.4 效果

① 赋能数字化转型，帮助企业找到设备维护的最佳平衡点。设备管理数字化系统的本质是帮助企业找到设备维护的最佳平衡点。

② 提高客户设备综合化效率 10%以上，同时减少 20%以上运维管理成本，帮助企业实现设备管理的本质——找到设备运维的最佳平衡点。

③ 旋转设备状态监测和故障智能诊断模块部署。现场泵设备数据以 50000Hz 的采样频率实时上传到专有云，保障振动信号的细微变化都可以被专家系统识别分析。

6.7 设备全生命周期管理解决方案与实践

6.7.1 背景

企业生产设备从采购、安装、调试、使用、维护、维修、改造、更新直到报废全生命周期的智能化、数字化、可视化的实时管控成为企业和时代的需要。同时，支持设备运行状态的自动采集和人工运维一体化的可定制化、个性化开发。变被动式管理为主动式管理，保证设备良好的运行状态、延长设备寿命、降低运维成本。保障设备能效最大化利用，帮助企业获得最大的经济效益。

6.7.2 问题点

① 传统设备及其人工运维导致的及时性差、事故高、废品率高、维修成本高、运维成本高、人为因素多、绩效难以考核等问题，已无法满足当前生产的需求。

② 不能合理安排设备库存，导致设备库存闲置、资金占用。

③ 设备故障导致产线非计划性停工、停产，打乱生产计划。

④ 提高设备的数字化、智能化水平，发挥设备的效能，成为智能生产管理的基本要求。伴随物联网、大数据、人工智能等新一代技术的发展，IT 和 OT 不断融合，设备主动式、自治式管理将成为设备管理的新趋势。

6.7.3 目标

该企业设备全生命周期管理系统旨在自动感知设备的运行状态、物理变化、位置变化、外部变化等，规范化、流程化设备运维的全过程，知识化指导设备的运维，数据化预测设备的健康状况，远程化调整设备的参数，数字孪生可视化监控设备的运行。

6.7.4 解决方案

设备全生命周期管理系统满足企业对设备进行远程云端运维的要求，实现了设备从采购、安装、调试、使用、维护、维修、改造、更新直到报废全过程智能管理，最终实现运维数据的可视化展示和大数据分析、积累运维知识的机器学习样本库。设备全生命周期架构如图 6.11 所示。

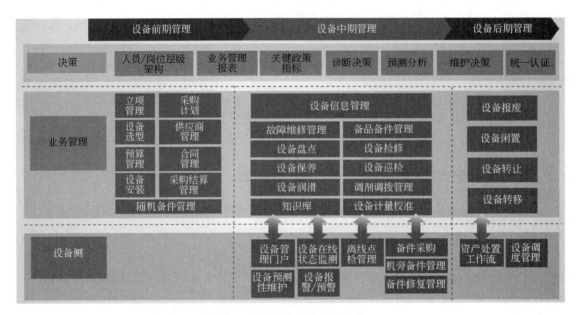

图 6.11　设备全生命周期架构

设备全生命周期管理系统主要是从设备管理和维修部门的角度，对设备从采购、安装、调试、使用、维护、维修、改造、更新直到报废全过程智能管理，是一款设备运行状态自动采集和人工运维一体化的系统。固定资产管理系统则是从财务部门管理企业资产的角度，对企业的固定资产从采购、验收、入库、记账、提取折旧、报废全过程进行管理。

核心功能如下所示：

① 设备信息管理　实现设备信息综合管理，包含设备台账、设备地图、设备资产变更、设备投产、设备技改、设备租赁、设备盘点、设备调拨管理等，实现设备信息的全方位管理。设备信息管理如图 6.12 所示。

② 设备数据监控管理　支持设备运行数据实时查看、设备预警、告警、故障提醒、设备运行控制；提供基础数据设置能力，实现采集点配置，规则配置，指令配置、人员访问权限设置等功能；提供边缘端设备接入网关。设备数据监控管理如图 6.13 所示。

③ 设备视频监控　对关键设备视频监控，视频功能和 3D 组态相集成并内嵌到 3D 组态场景中，使用户更加直观地了解监控摄像头的地理位置、画面内容及周边环境。设备视频监控如图 6.14 所示。

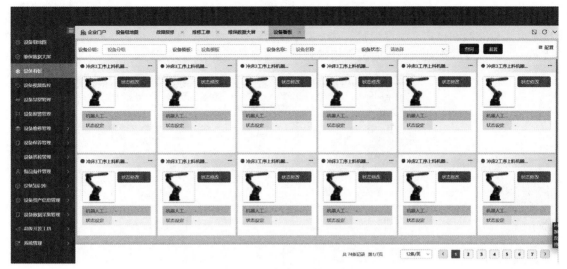

图 6.12 设备信息管理

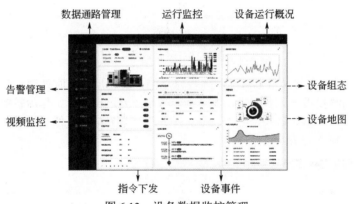

图 6.13 设备数据监控管理

图 6.14 设备视频监控

④ 设备巡检 提供灵活的巡检标准自定义功能,支持单次计划与循环计划的制定与执行,支持自定义巡检路线和自定义流程配置,通过工作流控制业务流程,明确不同人员职能划分,减少沟通成本,记录点检详细情况,同时提高运维效率。设备巡检如图 6.15 所示。

图 6.15 设备巡检

⑤ 设备维修 提供在线异常上报与故障报修功能,实时反馈实时处理。支持维修工单的派发与执行,维修经验实时参考与更新积累,提高维修效率。通过自定义工作流控制业务流程,明确不同人员职能划分。实现定事、定人、定时,保证任务的高效完成,降低故障维修响应时间,减少故障损失。设备维修如图 6.16 所示。

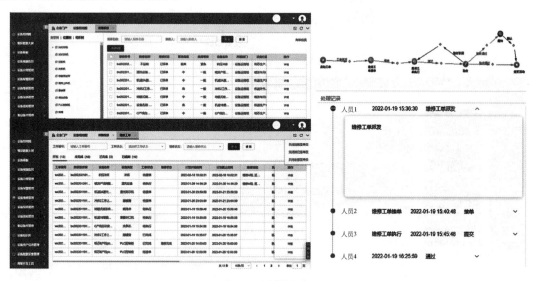

图 6.16 设备维修

⑥ 设备保养 支持保养标准配置功能、保养计划编制与执行功能、保养工单的配置功能,记录保养详细情况及保养成本,提高成本核算的精细度。

⑦ 采购管理　提供设备采购管理、备件采购管理、供应商管理、制造商管理等功能。

⑧ 备品备件　维护工厂正常运营、设备正常运转所需的零件、部件及其他相关物品的台账信息和与其相关的业务信息。提供备品备件库存台账、出入库、备件盘点、备件调拨等功能。

⑨ 设备知识库　记录与设备相关的所有附件和资料，包含设备资料、备件资料、故障知识库及保养知识库。

⑩ 数据分析统计　数据统计分析如图 6.17 所示。

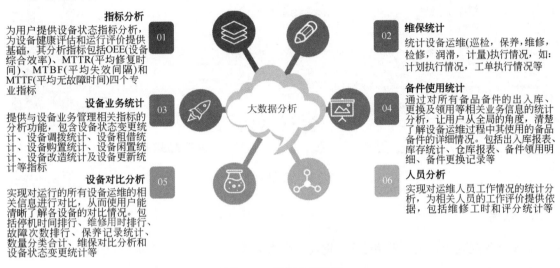

图 6.17　数据分析统计

⑪ 预测性维护　支持设备故障检测预警、故障类型识别、故障分析诊断、设备故障趋势预测、设备退化趋势预测、设备剩余寿命预测，实现设备可靠性分析、维护时间设定及维护策略制定，如图 6.18 所示。

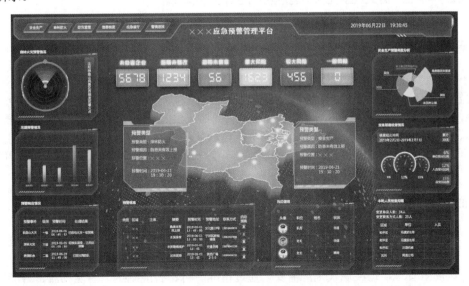

图 6.18　预测性维护

⑫ 手机小程序　随时查询设备运行状态、故障信息，手机接单、任务执行、作业登记，第一时间掌握设备故障及告警信息，如图 6.19 所示。

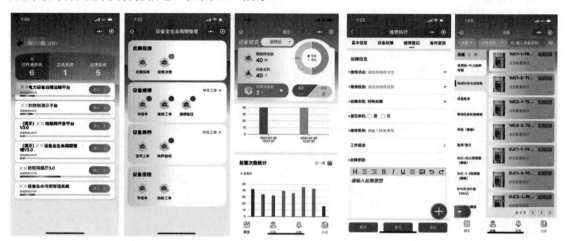

图 6.19　手机小程序

6.7.5　效果

① 设备实时监控，设备周期性人工巡检、维修保养。
② 设备远程运维，及时准确地掌握运行轨迹、位置、磨损、运行状态等。
③ 实现设备可靠性分析、维护时间设定及维护策略制定。

6.8　数字孪生助力智能制造解决方案与实践

6.8.1　背景

某企业通过数字化技术构建了完整的研发协同、计划、采购、生产、物流及运维环节，形成了数字化管理闭环，推进工厂生产、运营、管理的智能升级。自动化生产从全流程出发，统一规划，分步实施，加强模块化设计与测试平台建设，进行系列化改进，如贴片环节全自动化、装配自动化、自动贴标、AGV 运送、XR 远程专家，实现生产自动化和智能化，针对不同场景构建对应的业务应用，合同订单纵向贯通，生产过程透明可视，实现生产进度实时可视、风险及时预警，主动干预，任务闭环，提升客户感知。

6.8.2　问题点

① 需要适应个性化、小批量和智能化需要　为了应对生产个性化、小批量化、智能化的高效自动化生产需求，要让工厂的生产学会自我思考。
② 园区高效管理，适应现代生产需要　通过精准交付、智能制造、智能物流、智能园区等部分升级改造，实现更智能、高效、高质量的产品制造。

6.8.3 目标

该企业秉承"用 5G 制造 5G"理念，发挥自身既懂生产又懂 5G 网络技术的优势，以极致场景驱动，志在打造 5G 全连接数字化工厂，实现生产、运营、管理全面极致优化的智能工厂。

在智能制造基地的智能化改造过程中，提出以数字化为纲，制定公司智能制造整体目标，定义细分场景，以极致场景驱动，逐步推进制造数字化升级。

① 从客户视角，订单状态可视；
② 从工厂生产视角，向自动化、无人化升级；
③ 从生产管理角度，向线上、在线、智能在线升级；
④ 从物流角度，以推拉结合的方式控制单板库存，AAU 单板库存下降至约 8 小时。

6.8.4 解决方案

某基地针对工厂生产和园区管理两种不同场景，设计了不同的数字孪生。

（1）工厂生产数字孪生

生产线数字孪生让生产更透明，让管理更智能。系统实时反映产线生产状况，进行生产预测、质量追溯以及预测性维护，提供生产调度指令下发与执行和实时状态的反馈，直观监测物料和成品的流转，实现生产物料和成品在规划、生产、运营全流程的数字化管理以及产线仿真优化、生产设备预测性分析等功能。

① 打通 IT 和 OT，工厂数据融合　工厂数字大脑通过设备智联与数据采集，建立工厂—车间—线体—设备的数字化体系，实现生产过程数字化；域级 MES 打通车间设备，对车间现场各系统下发执行指令，实现生产设备与系统互联互通，完成全流程的数据采集与工艺管控，实现设备可视、线体可视、物流可视，并结合边缘计算与大数据应用，拓展数字化生产与数字化运营。iMES 系统的通用数字化工艺平台，实现工艺信息从前端（如研发、中试）穿透至生产一线，通过结构化的工艺设计，实现工艺参数的智能管理，集文件制作、智能归档、智能应用于一体。数据大脑升级，离不开以智能制造执行系统 iMES 为核心的改造。iMES 系统基于微服务架构，分级部署，支撑多工厂多模式的制造场景。企业级 MES 打通外部订单、生产任务调度。

② 生产预测分析　孪生系统对生产数据进行汇总分析，形成生产数据模型库，实现对产线的多维度剖析，查优补缺，提高产能，为产线的优化策略提供全面的数据资料支撑。

③ 智能设备维保　以 5G 为通道，基于物联网平台，搜集产线设备的运行时长、产能、运行数据等信息，并根据设备信息自动生成设备维保任务，维修保养记录线上存储，形成完整全生命周期的设备台账，实现设备的精细化管理。

④ 数字建模，智能制造　通过知识建模与生产大数据分析，逐步实现智能排产、生产进度监控、生产资源（工装、钢网、人员状态管理和资源分配）管理。如人、机、料、环等要素接入运营中心，作业模式由线上演变为在线，SPI 锡膏检测、贴片、回流焊、AOI 自动光学检测、物料低位等情况通过大数据分析主动推送预警与派单，实现资源共享与派单提效。

（2）园区管理数字孪生

园区管理数字孪生如图 6.20 所示。

图 6.20 园区管理数字孪生

工厂园区数字孪生对园区人、设施、车辆、环境、能耗等进行数字化管理，精准运营、实现少人化，从而提高园区管理水平。系统利用视频虚实融合、激光扫描、物联网、3D 成像等技术，将园区中的资产、车辆、安保、环境、视频监控、ICT 网络、能耗等信息数据集成、整合、融入，实现设备联防联动监控，快速定位设备故障点，对区域内人员、资源等实现高效调配，保障管理高效、运维科学，最终实现园区运营的可视化分析、园区业务的闭环联动、园区决策仿真模拟等功能。

6.8.5 效果

① 建立智能工厂，为业界树立新标杆　智能制造基地数字化转型，以极致场景驱动，通过点滴的积累，提高生产效率，降低次品率，增强客户体验，实现智能制造的柔性化、无人化，打造智能工厂，为业界树立新标杆。

② 单位产值降低 25%，取得显著效益　已初步建成极致××智能制造示范标杆，向柔性化、智能化、少人化、无人化智能制造工厂演进。主要应用聚焦于企业园区一体化管理和生产车间、立库的 5G 化改造，初步实现 5G 全连接工厂，部署上线的 5G 应用包括 5G 云化机器视觉类应用（来料监测、AAU 转接柱/螺钉视觉识别、AAU 点胶与 PCB 板检测、机器视觉反向引导控制机械臂）、5G 云化 AGV、XR 远程单板维修操作指导、360 度全景生产环境监控、产线数字孪生、无线看板、望闻问切机器人、5G 看板、园区数字孪生、5G 非接触式红外测温、园区 5G 巡逻机器人、5G 无人扫地车等。通过智能化应用升级，该智能制造基地单位产值所需人力较其他生产制造基地低 25%，取得了显著效益。

6.9 企业全流程管理解决方案与实践

6.9.1 背景

某公司是一家专业从事精密铸造的企业,主要生产不锈钢、合金钢、低碳钢及各种特种合金材质的精密铸件及加工产品。随着公司不懈努力和奋斗,目前已具备完善的技术与管理体系,并与众多世界知名企业建立了长期的战略合作关系,也一直寻求进入大众一级供应商资源池,但是连续三次评估均不通过,主要原因是工厂内部信息化程度不达标。

6.9.2 问题点

① 订单处理 客户订单录入、发货管理、发货单打印等仍是手动处理,极易出错。依靠线下纸质单据处理保存,也不利于跟踪回溯。

② 质量追溯 质量体系不完善,原料进料检验相关标准和检验结果、不合格处理流程、生产过程检验数据完全依靠线下人工记录,存在质量风险。

③ 仓储物流管理 库位管理不够精准,货架、库位设置不合理;FIFO 管理不够,主要靠人工线下标记管理;安全库存管理无系统支撑,出入库管理依靠人工处理,效率不高易出错。

④ 计划管理模块 订单需求传递、计划排产依赖人工经验,没有系统支撑,计划调整管理混乱,产能数据缺失严重。

⑤ 车间现场管理 车间生产进度、生产单进度靠人工事后统计纸质单,效率低,时效性差,且易出错,纸质单据传递易丢失,版本管理易出错;各车间日计划执行情况依赖人工统计,层层上报才能知晓,缺乏及时性。

6.9.3 目标

在大众原厂第四次内审评估之前,进行工厂智能化转型,以期通过大众原厂内审人员的评审。

6.9.4 解决方案

实施团队根据大众审核要求,详细调研了该公司当前业务现状和旧系统使用情况,协助公司内部项目团队重新梳理了公司的主要业务场景:主数据管理;订单管理及变更;计划管理及变更;采购管理;仓储物流管理;生产现场管理;质量管理,确保主干业务流程的设计更加简洁高效、科学并且合规。之后结合专门为汽配行业客户定制的云系统的 ERP+MES 一站式解决方案,将线下流程搬到线上,进一步增加流程的合规性。

(1)订单管理

前期以 Excel 导入的方式,按规定的模板导入生成订单,避免人工翻译、录入出错。后期采取 EDI 集成的方式,直接从客户系统将采购订单抛到云系统自动生成订单。自定义订单审核、订单的变更管理审核走线上流程,系统详细记录每个节点的审核情况。使用系统发货管理模块安排发货,并打印发货单,跟进发货进度。

（2）质量追溯

① 原料检验　在系统中维护详细的检验方案和检验规范，采购过程中，从原料进来即生成批次进行管理，采购入库报检后，根据检验方案触发来料检验流程，派发检验任务，线上查看检验规范并记录详细检验结果，生成检验报告。如有检验不通过，则发起次品处理流程。生产过程中，记录原料的投料信息（包括生产单号、批次号、投料工序、投料时间、领料人等）、耗料信息（包括计划数量、投料数量、实际耗料数量、补领料数量、余料数量、耗料工序、耗料时间、耗料人员等）。

② 成品在制品检验　允许自定义批量大小，生产过程中可自动生成或手动创建流转批号，绑定报工记录（作业人员、机器、时间等）、投料记录、生产工艺参数（炉号、批次号、温湿度等）。并根据定义的检验方案（首末检、抽检、巡检、自检等）触发生产检验流程，派发检验任务，系统记录检验结果并汇总检验数据，生成检验报告。

（3）仓储物流管理

① 库位管理　启用库位管理，重新规划仓库划分，打印库位码贴到对应仓库库位，方便扫码操作。

② FIFO（先进先出）管理　启用批次管理，系统自动按照先进先出原则控制物料的进出。

③ 安全库存管理　启用安全库存管理，设置安全库存、最小采购量及采购批量大小等信息，更科学地管理库存水平和采购计划。

④ 出入库管理　启用扫码出入库功能，支持使用扫码来完成成品/原料的出入库、移库等操作。

（4）计划管理

① 计划排查管理　订单一键加入计划，由系统进行 MPS/RCCP/MRP/CRP/DCP 运算，经 PMC 微调并确认后，自动下发任务到其他部门。同时生成详细周计划、日计划，并可通过车间看板实时展示出来。计划排查管理如图 6.21 所示。

信息项目/时段	2019年6月				2019年8月
	第22周(2019-05-27)	第23周(2019-06-03)	第24周(2019-06-10)	第25周(2019-06-17)	第33周(2019-08-12)
预测量	10000	0	0	0	0
订单量	1000	1100	1200	1300	3000
毛需求	1000	1100	1200	1300	3000
在制数	0	0	0	0	0
在途数	0	0	0	0	0
预计库存可用数	0	0	0	0	0
净需求	900	1100	1200	1300	3000
计划产出量	900	1100	1200	1300	3000
可供销售量	100	0	0	0	0

图 6.21　计划排查管理

② 计划调整　车间计划中，查看并调整计划资源及执行情况，如图 6.22 所示。

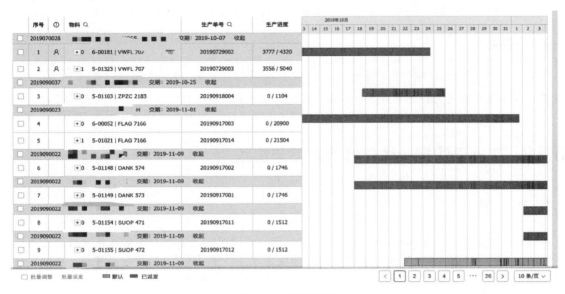

图 6.22　计划调整

（5）车间现场管理

① 启用看板管理　各车间可通过看板查看计划执行情况，各产线使用移动端平板或手机接收生产任务，并实时上报生产完成情况。系统自动统计产能并生成相应报表，如图 6.23 所示。

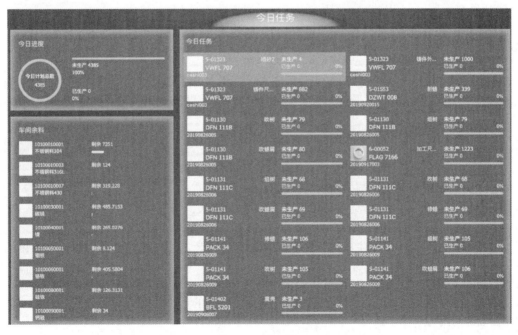

图 6.23　看板管理

② 车间图纸、SOP 文档在线管理　车间图纸、SOP 文档在线，并可根据生产任务直接派发给车间指定人员。可直接在移动端接收生产任务并查看对应的图纸和 SOP 文档。

6.9.5　效果

项目正式实施后，工厂自身数字化程度大幅度提高，降本增效明显，为工厂带来直接效益。最终该企业通过德国大众原厂内审人员的评审工作，正式进入大众 A 级供应商名录。

6.10　工业云边端一体化解决方案与实践

6.10.1　背景

我国西北某大型工业基地大数据中心需要打造一个旨在立足本地、辐射西北区域的工业互联网平台，满足区域内大中小企业三方共赢融通发展需求，汇聚区域政府、企事业单位、高校与科研院所等，共享市场、标准、产能、技术、政务、应用、数据等服务资源。

6.10.2　问题点

① 多区域、多场景、多集群的数据管理难以统一。
② 资源内部需要数据自主、管理自主、边缘自治。
③ 云边需要协同，全域需要统一管理和调度。
④ 边缘资源接入、边缘自治和边缘应用自主编排。

6.10.3　目标

希望通过平台升级，牵引更多伙伴协同运营，以共享经济模式，以数智化服务手段赋能大中小企业转型升级和创新发展，最终形成"以数据带产业、以产业带区域"的数字产业与实体产业发展。

6.10.4　解决方案

工业互联网基地分布式云总体架构如图 6.24 所示。

项目融合了分布式云、云原生和边缘计算等先进技术，实现多区域、多集群的统一管理和运维。

全域资源和应用统一云原生标准，打破地域和业务壁垒，实现内部资源、应用和数据的有效盘活和流转。边缘容器技术打通数字化生产的最后一公里，支持海量、异构、私域内的各种资源接入并支持边缘自治。云原生分布式云平台将上述云边协同相关领域的技术有机结合，实现了云服务落地到产业第一线，让智能制造、数字化大生产的理想化为现实。大数据云边一体平台架构如图 6.25 所示。

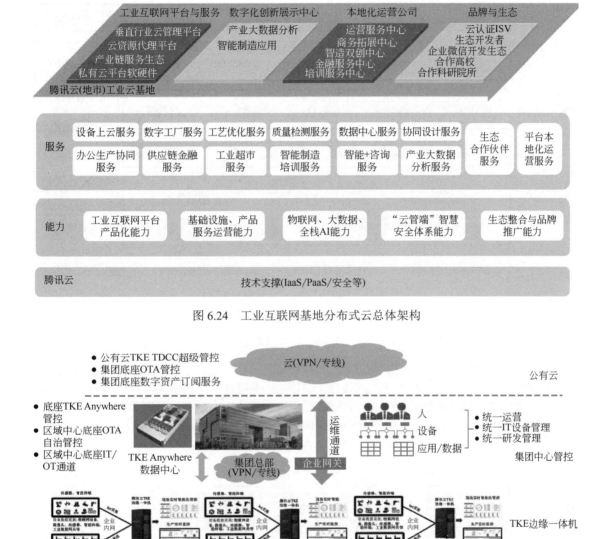

图 6.24 工业互联网基地分布式云总体架构

图 6.25 大数据云边一体平台架构

（1）分布式云服务，提供全场景、多区域的统一管理

云原生分布式云平台以 K8s 云原生技术为基础，通过分布式云的多集群管理方式，打通各个大数据中心的管控，保证统一的标准和互操作能力。云为区域中心提供集群软件和硬件产品，并通过云上运维能力保障集群安全可靠。各大数据中心具备独立的管控能力，中心的管理员可以登录并维护本片区的云服务。同时，利用分布式云的云上交付能力，应用市场、数据市场、行业市场等软件服务可以无缝交付至各个区域中心。改造完成后形成了云边端一体化的大数据平台服务，在更贴近用户和数据的位置，提供稳定可靠的云服务，如图 6.26 所示。

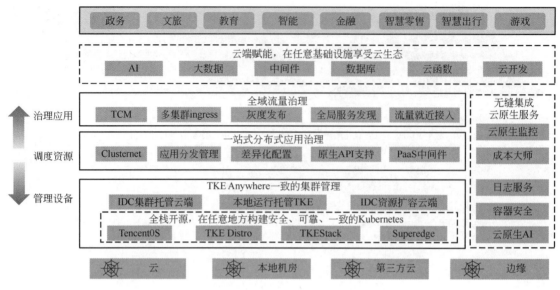

图 6.26 云原生分布式云平台架构

(2)边缘软硬一体云原生边缘平台,加快交付和运维效率

TKE 边缘一体机是一款开箱即用的云边一体平台,支持客户在边缘侧快速实施部署云计算平台,支持虚拟机和容器服务,融合强大的边缘容器能力,支持边缘异构设备的管理;同时能够被分布式云中心所管控,通过分布式云中心的集中编排调度系统进行全域的管理和调度,实现高效的云边协同服务,将公有云的能力无缝下放到边缘侧,为用户提供云边统一的服务能力,如图 6.27 所示。

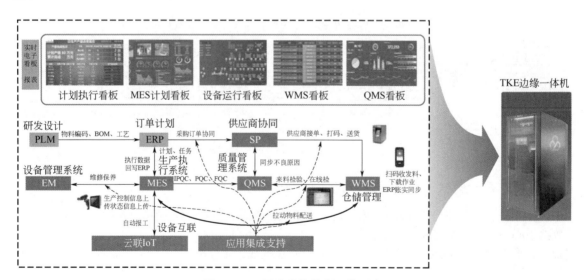

图 6.27 云原生边缘软硬一体平台

（3）实现灵活的边缘资源接入、边缘自治和边缘应用编排

基于原生 Kubernetes 研发的边缘计算容器系统 TKE Edge，主要用来屏蔽错综复杂的边缘计算物理环境，为业务提供一种统一的、标准的资源管理和调度方案，如图 6.28 所示。

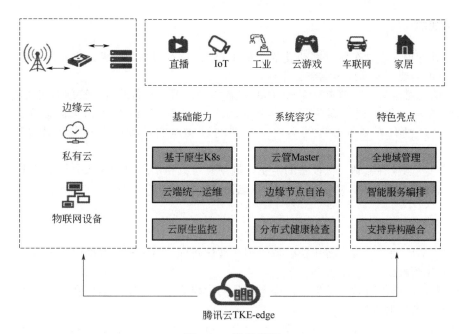

图 6.28　边缘容器

6.10.5　效果

① 通过分布式云的多集群管理，打通了各个大数据中心的管控，保证了统一的标准和互操作能力，实现了全场景、多区域的统一管理。

② 实现了高效的云边协同，将云的能力无缝下放到边缘侧，为用户提供了云边统一的服务能力。

③ 基于边缘计算容器系统屏蔽错综复杂的边缘计算环境，为业务提供了一种统一的、标准的资源管理和调度方案，实现了灵活的边缘资源接入、边缘自治和边缘应用编排。

④ 建立了统一管控支持中心，并实现了区域多级管理，云边一体化。

6.11　服务化模式转型解决方案与实践

6.11.1　背景

近年来，新能源汽车行业利润大幅下滑，进而引发生存危机，需要在企业管理、产品营销、产品制造和服务化转型升级的过程中，寻求有效的持续发展机遇。

通过基于某工业互联网平台的新能源车辆资产金融租赁解决方案，打造开放、共享的"互联网＋新能源"产业生态，引领和推动新能源汽车行业转型升级；打造基于新能源电池供应商、车辆设备生产商、车辆用户、社群生态圈等的全新商业模式；实现从智能研发、智能产品、智能服务、智能运营的产品360度全生命周期大数据分析及金融租赁典型应用。

6.11.2 问题点

① 设备难管理　电动车属于移动设备，对GPS定位有很高的要求，需要性能更好的定位模块，定位信息也需要不间断地传送到云平台。

② 设备信息难维护　目前电动车有100多款型号，对于设备的统一管理有很大的挑战。

③ IoT技术与租赁技术新尝试　传统的租赁业务和IoT技术相关联属于新技术与传统业务的结合，没有太多可参考的案例，只能通过实地的业务调研与分析才能够形成好的解决方案。

④ 目标用户画像难绘制　从设备的全生命周期管理到租赁用户画像的分析都需要和客户、客户的用户、代理商反复沟通，才能够更加精准地制定影响画像的因子。

6.11.3 目标

① 租赁业务管理　实现设备租赁业务流程在线化管理，将内部业务部门集中到一个平台实现数字化、透明化管理。

② 设备管理　维护设备基础信息，提示设备历史租赁信息、状态信息及实时报警信息，实现设备运营的全生命周期管理。

③ 租赁商城的构建　通过商城终端客户可以查看代理商自己的租赁产品，支持在线询价，为未来在线交易打通代理商管理后台、维护管理代理商的账户、权限等内容。

6.11.4 解决方案

IoT数据与传统租赁模式的结合属于新技术与传统业务的结合，通过设备运行数据来赋能到租赁业务上，提高设备的出租率，增加设备的工作效率，同时也提高了收入。

（1）系统架构（图6.29）

① 采集层　采集层主要是将新能源电动车的位置、电流、电压等信息接入到工业互联网平台。统一使用网关盒子接入到新能源电车的控制器，然后再传送到云平台上。连接方式是汽车行业标准的CAN通信协议。

② 平台层　设备的数据传送到平台之后，对数据进行整理，提取有用的信息，并将相关的数据规整到服务中台上面，通过不同模块的功能提供给应用层来进行调用，提高功能模块的复用性。

③ 应用层　对数据进行分析展示，可以将设备的信息分配给不同的代理商，依据不同的权限进行查看。通过租赁平台和商城终端，客户可以查看代理商自己的租赁产品，支持在线询价，实现在线交易。

（2）租赁商城架构及内容

租赁商城架构如图6.30所示。

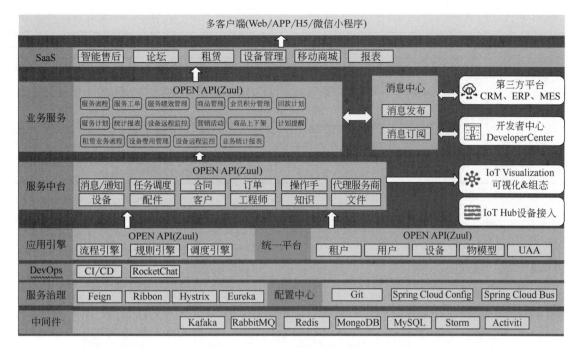

图 6.29 "根云"平台架构

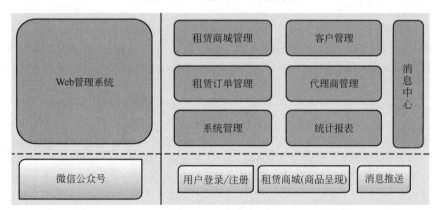

图 6.30 租赁商城架构

商城包含展示端和管理后台；终端客户在商城展示端查看租赁产品信息；平台运营商和代理商使用管理后台进行产品管理以及发布。租赁商城主要功能如表 6.1 所示。

表 6.1 租赁商城主要功能列表

功能分类	功能名称	功能说明
管理后台	权限管理	区分运营方和代理商的功能权限
	产品分类及型号管理	维护产品分类及型号，只由运营方使用
	产品维护	维护产品详情，由代理商和运营商维护
	产品上架	发布租赁产品，由代理商和运营商维护

续表

功能分类	功能名称	功能说明
管理后台	产品上架审核	所有上架商品都需要审核，由运营商审
	产品下架	代理商可以对自己的商品下架，运营商可以对所有产品进行下架操作
商城展示端	PC 端商城-产品列表	展示租赁产品、新品、促销产品的缩略信息
	PC 端商城-产品详情	包含产品图片、地域及价格、产品特点、技术参数
	微信公众号	展示信息与 PC 端商城一致

6.11.5 效果

（1）项目先进性及创新点

通过新能源与物联网技术相结合的实践，建立了基于设备物联的后市场服务体系和车辆租赁管理平台，在提升企业运营管理效率、降低成本的同时，将售后成本中心打造成了利润中心，进行在线租赁管理，实现了业务升级转型；同时，平台未来升级提供基于设备物联的产业链金融服务，具有良好的创新性，促进了新能源车辆行业业务升级和商业模式创新，形成了良好的示范效应。

同时，本项目将有效促进新能源车辆的普及和使用，相比传统柴油叉车碳排放较高，新能源电动叉车碳排放降低 30%以上，车辆噪声降低 5dB 以上。有效地降低了碳排放和城市噪声，建立了良好的社会示范效益。对其他高价值智能装备制造行业开展数字化转型，也有不同程度的借鉴推广价值。

（2）实施效果

建立在线租赁运营和营销管理平台，拓展了客源，增加了二次销售，车辆租赁销量提升了 30%；通过远程监控和系统化管理，保障了租赁资产安全，降低了租赁运营管理成本 15%以上。通过远程诊断、故障预判，一次修复率提升了 20%以上，降低了设备故障率，计划外故障停机减少了 10%以上；准确预测配件需求，增加了配件销售，车辆原厂服务比例提升了 15%。

6.12 基于云边协同解决方案与实践

6.12.1 背景

电子组装企业每天会产生大量工业垃圾，传统垃圾分类方式下，企业依靠人工进行分拣和处理，一方面浪费大量人力，增加用工成本；另一方面工人长期工作也会出现倦怠、疲劳等问题。另外，工人的专业知识差异等人为因素也会导致垃圾分类不准，从而引发严重的环境污染问题，对企业和社会造成无法挽回的损失。

6.12.2 问题点

① 电子制造行业工业垃圾种类繁多,现有算法主要基于简单机器视觉模型构建,操作复杂且准确率低。

② 对于新出现的垃圾种类,无法自动识别,不具备可扩展性。

6.12.3 目标

① 实时识别和处理 4 大类 16 小类工业垃圾。

② 支持垃圾种类的动态扩展,识别率可达到 95%以上,其中危废垃圾识别率达到 100%。

③ 系统在工厂内 24 小时运行,所采用的硬件、软件提供工业级的稳定保障。

6.12.4 解决方案

(1)解决方案

解决方案架构如图 6.31 所示。

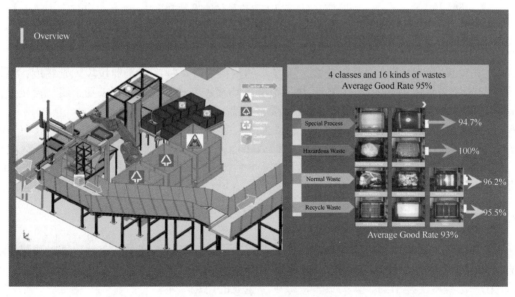

图 6.31 解决方案架构

借助边缘计算、人工智能、云计算赋能垃圾分类,如图 6.32 所示。

从总体架构上,系统分为三层。云计算在最上层,系统借助云计算的存储和运算资源进行人工智能算法训练。边缘层位于工厂内,在靠近数据产生的设备和控制的现场端,集中解决数据存储和处理面临的瓶颈和压力,进行高效实时的现场应用,包括人工智能模型推理、性能分析、图片展示、图片标注、云边协同以及自动控制等。现场层主要包括自动控制设备,如可编程逻辑控制器、机械手臂和摄像系统等,在这一层,自动控制设备会直接和工业垃圾打交道,是整个系统的手、脚和眼睛。

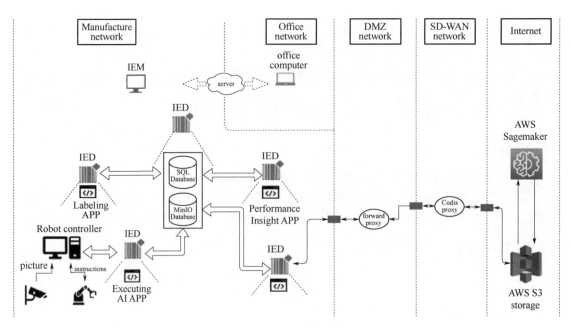

图 6.32　边缘垃圾分类解决方案架构

（2）解决方案亮点

① 工业垃圾识别技术　通过融合多个摄像头的拍摄照片，提高了工业垃圾识别精度；通过基于深度学习的最新算法进行图像分类，解决了数据不均衡和新分类检测问题；基于用户自定义的分类错误可接受度，生成了定制化的优化目标函数，实现了垃圾分拣的可定制性。

② 工业应用的云边协同　将系统内需要大量存储和计算资源，同时实时性要求不高的应用放在了云计算平台上处理，比如本系统内的人工智能模型训练部分；将系统内计算资源相对较小，实时性要求较高的应用，放在了工业边缘平台处理，比如本系统内的人工智能模型推理、标注等应用。

6.12.5　效果

① 针对电子组装工厂，提供了标准化的行业解决方案，可以快速复制落地，同时也借助云计算平台、边缘平台实现了快速推广和成本控制；

② 在一定程度上，节约了人力成本，减少了企业的用工成本；

③ 提高了工厂垃圾分拣效能，有效规避了企业的环保风险，为环境保护做出了巨大贡献。

6.13　数据全生命周期管理解决方案与实践

6.13.1　背景

随着数据及数字技术的不断发展，制造业在工业互联网的推动下走向"智造"，是未来发展的重要方向。某玻璃生产企业在快速发展过程中发现，原有平台难以支撑业务发展需求。

① 数字化运营能力　该企业在全国布局多个大型生产基地，同时业务已经向全球化发展。整合的产线及跨地域公司管理差异大，管理复杂性大大增加，原有的运营管理技术和机制逐渐难适应发展需求。

② 稳定生产能力　玻璃生产已实现高度自动化流程制造，电机作为玻璃行业的主要驱动设备，一旦发生故障，将导致整套设备、系统或生产线故障，哪怕仅仅几小时，损失高达数十万甚至百万。

③ 绿色制造能力　玻璃生产所使用的窑炉天然气消耗高，是生产的主要成本支出，同时在"碳达峰、碳中和"的目标指引下，窑炉能耗优化是企业进一步发展的重要基础支撑。窑炉温度控制复杂且不同产线差异大，依靠专家经验控制参数超 30 个，能耗及玻璃质量控制难度大。

6.13.2　问题点

① 数据差异大，共享效率低　制造业生产设备种类多且应用场景复杂，产生的数据复杂程度高、格式差异大。数据的采集录入标准不一致，质量参差不齐。数据通过邮件、Excel、通信工具传递，共享效率低。

② 数据孤岛，生产数据采集难　过去 IT 系统采用烟囱式系统架构，数据存储结构各异，分散存储管理，IT、OT 数据未打通，生产监控及设备管理依赖人工巡检、抄表，时效性低且不利于信息的准确传递及经验数据的积累。

③ 数据管理体系及机制不完善　未建立数据管理制度，数据管理无统一标准规范，缺乏统筹考虑、统一规划，生产、销售、库存等数据散落在各自系统中；支撑决策的数据不全面；数据分析人力投入大，难以及时支撑管理决策。

6.13.3　目标

企业期望通过数字化转型，全面开展管理信息化、规范化、透明化，实现企业整体数字化水平提升、生产过程数字化/可视化、资源利用率提升、经营风险可视、业务创新。

6.13.4　解决方案

实现 IoT 数据融合。IoT 数据融合架构如图 6.33 所示。

基于某云数据使能平台构建统一的智能数据湖，汇聚企业 IT、OT 系统及外部系统数据，打破数据孤岛。IT 数据和 OT 数据打通，实现 IT 和 OT 的数据融合，支持生产数据分析。DAYU 助力企业打通集团内外部数据流，建设工业数据使能平台，工业数据、IT 数据采集和数据分析、治理、服务开放。融合 IT、OT 数据，架起物理世界与信息世界的桥梁，让设备"说话"，建设集团"中枢神经系统"，实时洞察企业经营状况、全球工厂生产状况和风险。

在该企业某智能集控中心项目中，IT 方面接入 ERP、CRM、SRM、资金系统等全部业务系统；OT 方面接入 40 余条产线近 3000 台设备数据，构建工业互联网平台；同时接入外部数据，实时获取供应商、客户等的风险，及时预警。

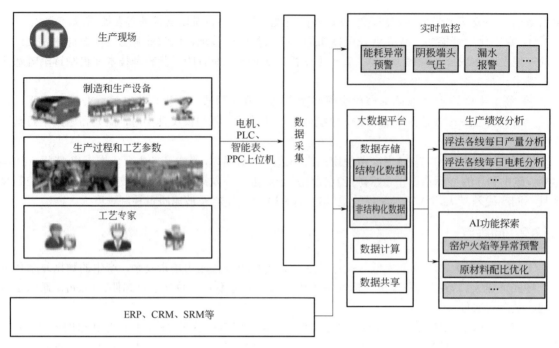

图 6.33 IoT 数据融合

① 数据治理 通过数据治理，建立数据标准规范、数据模型及指标，确保源头数据准确，促进数据共享，实现数字化运营。在整个数据驱动的业务变革和提升中，以数据驱动赋能业务价值为最终目标，如图 6.34 所示。

② 构建数据智能 通过数字孪生系统打造数字工厂，对现有工业园进行三维建模，实现园区、产线、工段多级三维展示，结合 IoT、视频数据，对产线、生产设备进行实时监控、统一调度及远程专家会诊，突破空间的限制。有了好的数据资产，AI 模型能更好地应用于生产场景，这一期双方联合探索将人工智能技术用于玻璃切割和窑炉控制，实现设备的智能化。同时，通过 AI 团队联合创新，推动 AI 技术的应用，优化生产工艺。

③ 建立数据管理体系 培养业务和大数据复合型人才，创造数字文化、变革文化、创新文化的氛围以及可持续演进的管理体系。

6.13.5 效果

① 数据易得，快速决策 IoT 数据融合及数据资产化，让数据"易得"，实现了数字化运营。现在实现了多主题 BI 报表自动化，可从集控中心的 BI 系统中随时获取，大大减少人力投入的同时提升了数据获取的效率。内置了丰富的数据模型，可在大量数据中高效准确地分析，以数据支撑公司运营管理的快速决策。集控中心汇聚数据打造了多个主题域驾驶舱及 BI 服务，企业生产经营情况可一屏全览，驱动快速决策。

② 打造数字工厂，通过数据"让设备说话" 通过数字孪生系统对现有工业园进行三维建模，实现园区、产线、工段多级三维展示，结合 IoT、视频数据，对产线、生产设备进行实时监控、统一调度，提前预警，及时干预及远程专家会诊，突破了空间的限制，帮助业务人员快速决策，提升了工作效率。

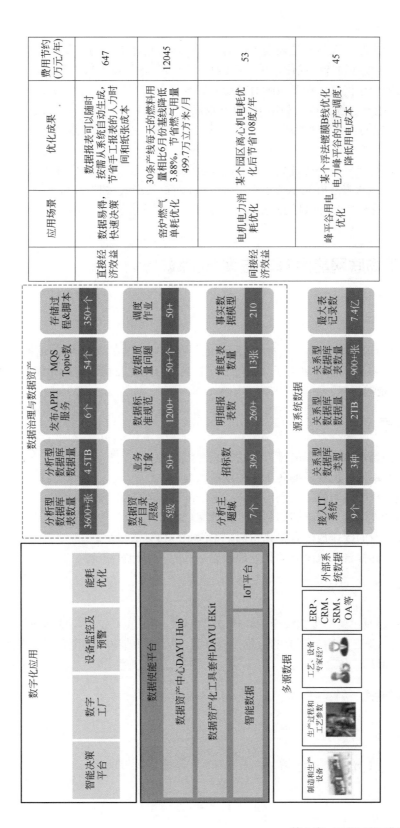

图 6.34 数据驱动赋能业务

第 6 章 工业互联网典型应用案例 225

③ 绿色节能生产　天然气是玻璃生产的主要燃料，也是生产的主要成本支出，天然气用量优化意义重大。经过数月的持续优化，国内产线每年可节省燃料费用数千万元。

④ 设备故障快速恢复　设备故障对制造业影响很大，产线质量出现波动，生产质量直线下降，专家在集控中心通过远程会诊，利用 BI 数据报表中熔化日志、工艺纪律检查表、DCS 工艺参数远程反馈并结合现场视频进行综合分析，快速定位问题，并制定改善措施，让产线生产快速恢复了正常。

⑤ 实时监控智能分析　通过集控中心对镀膜关键设备数据、能耗数据实时采集汇总，通过可视化智能报表、产线状态智能显示等进行综合分析，对镀膜产线实时控制，实现了工艺技术标准化，达到了节能降耗、提质增效的目的。

6.14 基于物联网能源解决方案与实践

6.14.1 背景

响应党中央与国家的号召，快速实现四步走，顺利完成国家 2035 年的远期目标，是航天企业义不容辞的使命。某航天企业启用了 AIRIOT 互联网平台为企业构建智能化能源管理系统，帮助企业快速实现四步走的目标。

6.14.2 问题点

① 对自身能源结构管理不清晰，无法合理分配资源。
② 能源利用率低，无法了解各工序的用能状况。
③ 对余热等副生能源的二次利用率低，无法准确找到能源分布。
④ 对相应的能源管理制定奖惩制度没有数据依据。
⑤ 对企业自身的碳排放没有量化指标，不清楚具体排放多少。
⑥ 对碳交易的报告，缺少自动化处理措施，只能人工计算统计。

6.14.3 目标

遵循四步走原则：第一步完成企业碳排放的核查；第二步设定每年的减排绩效，逐年去验证，逐年去完善目标；第三步制定企业的绿色排放方案，从能源结构、结构升级与能效提升方面入手；第四步落实节能减排工作。

6.14.4 解决方案

（1）系统架构

企业能源管理架构如图 6.35 所示。

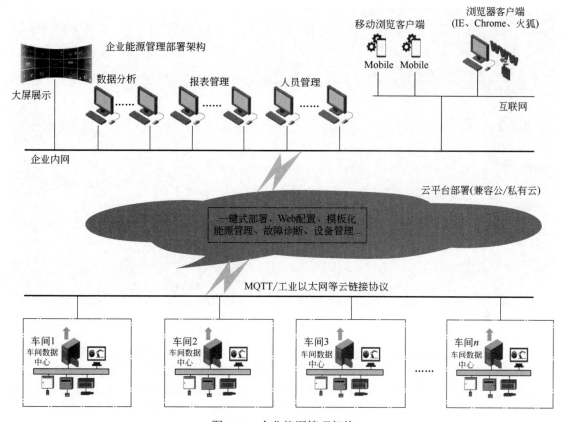

图 6.35 企业能源管理架构

企业级能源管理可以分为车间采集层、数据传输层与功能展示层。

① 车间采集层 车间采集层的建设内容主要包括现场各类能源的计量仪表与控制器数据的采集,现场通信链路的敷设及对现场数据的汇总采集;通过企业生产工艺和仪表数量,对现场仪表数据汇总。能管中心的建设充分满足企业的应用要求,在基础自动化设施项上做好、做全,使之满足能源计量器具达标配备率、现场数据采集点覆盖率和现场自动控制系统覆盖率。

② 数据传输层 数据传输层根据现场不同情况可分两种传输方式——有线网络传输与无线网络传输,对于有线网络方式,企业可利用原有厂区内工业网络,或重新架设铺制网络光缆,数据以内网方式进行传输;对于无线网络方式,采用互联网网关通信,以 MQTT 的方式将数据传输到数据中心。

③ 功能展示层 功能展示层给用户提供多种功能的人机交互界面与多途径展示方式,包含大屏展现、数据分析、报表管理、人员管理、移动端展现等。

(2)系统功能

① 能流分布 根据企业能耗走向生成企业能流图,企业可直观看到自己企业能耗分布情况,分析企业整体能流走向,实现对余热等副生能源更深层次的利用,如图 6.36 所示。

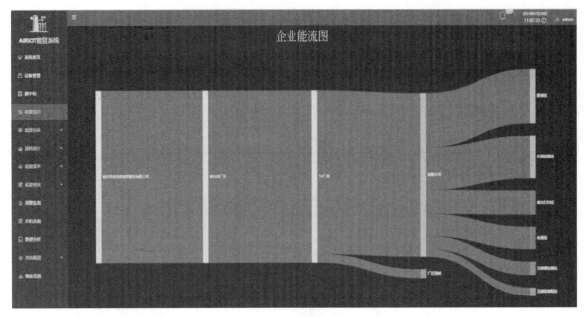

图 6.36　企业能流图

② 综合计量　能源管理系统综合计量主要对各用能系统上传的能源数据进行进一步的筛选、统计、分析、对比等，从这些数据整体了解各区域各能源介质的消耗情况、节能指标完成情况；再依据系统处理后的数据指标进行考核，进行各子分系统之间的能源成本对标、产品能耗对标等工作，从中进行对比分析，以帮助公司领导层进行决策支持，并依据这些数据制定新的节能指标或更加科学合理的考核依据，制定节能的大政方针或节能措施并向下推行。

③ 能源形式管理　对企业涉及的水、电、气等不同形式的能源进行管理与维护。主要功能包括：新建能源形式、修改能源形式、能源形式查询、能源形式的启用和停用。

④ 能源结构管理　为不同的部门配置相应的能源形式，并为能源形式关联现场的仪表、配置能源的传输模式（输入/输出）和传输比重（即系数）。

⑤ 产品出品管理　对企业生产的所有产品进行管理与维护。主要功能包括：新建产出品、修改产出品、产出品查询、产出品的启用和停用。

⑥ 能源价格管理　对每种能源的价格进行设定以及更新等操作，同时可以设定能源价格是否为周期性价格，对于是周期性价格的情况，还可以设定每个周期的价格。

⑦ 生产调度　对企业电、气、水等能源进行集中日常监视、测量、控制和管理，实现能源历史数据存储、查询、分析、统计等功能。系统提供从运行数据到管理数据的平台，企业管理者实时了解工厂的生产和能耗情况。通过各类自定义各种能耗报表，对外对内都可以提供单位的能耗汇总情况。

⑧ 实时绩效管理　用于对整个管理区域的用能情况进行收集汇总，以一种固定的格式进行展现。信息来源的方式有两种，一种是由现场的采集设备通过网络将实际的用能情况进行收集，按照一定的存储要求存入相应的数据区域关系数据库中的某张数据表，另外一种是通过人工的方式将现场仪表的数据进行录入，便于信息的收集。

⑨ 用能设备排行　提供设备用能排行，设备能耗报警提示信息。

⑩ 能源消耗统计　提供能源消耗统计及核算的功能，既满足能源日常管理的基础性统计核

算，又满足面向内部评估的统计、预警监控的统计和面向决策分析的综合性统计。

⑪ 能源消耗分析　针对单个设备进行数据分析，展示单台设备的能耗消耗情况与运行情况，直观展示设备耗能数据。

⑫ 能源计划制定　对所处的管理领域的用能对象进行能源计划的制定，能源计划包括年计划、月计划、日计划。系统根据生产计划、检修计划和能源单耗预测自动计算能源产耗计划。

⑬ 折标碳中和　通过能源折算标准煤以及能源消耗综合计算，乘以 CO_2 排放比例系数获取碳中和展示指标，与企业排碳指标关联，实现超标报警、实时监测。

⑭ 自动碳核算报告　根据管理区域的能源采集与统计定期自动出具符合第三方核查标准的碳排放核算报告，用于碳交易核算统计，如图 6.37 所示。

表BG-2　报告单位20___年化石燃料二氧化碳直接排放(固定设施)

A 序号	B 燃料品种	C 年消费量 /(t, 万Nm³)	D 热值GJ /(t, GJ/万Nm³)	E(=C×D) 燃料热量 /GJ	F(=E/1000) 燃料热量 /TJ	G 单位热值含碳量/(tC/TJ)	H 碳氧化率	I CO_2 与碳分子量比	J(=G×H×I) 排放因子 /(tCO₂/TJ)	K(=F×J) 排放量 /tCO₂
1	无烟煤		20.304			27.49	85%	44/12		
2	一般烟煤		19.570			26.18	85%	44/12		
3	褐煤		14.080			28.0	96%	44/12		
4	洗精煤		26.334			25.4	96%	44/12		
5	其他洗煤		8.363			25.4	96%	44/12		
6	煤制品		17.460			33.6	90%	44/12		
7	焦炭		28.447			29.4	93%	44/12		
8	焦炉煤气		173.54			13.6	99%	44/12		
9	其他煤气		52.27			12.2	99%	44/12		
1	汽油		44.800			18.9	98%	44/12		
1	柴油		43.330			20.2	98%	44/12		
1	煤油		44.750			19.6	98%	44/12		
1	燃料油		40.190			21.1	98%	44/12		
1	液化石油		47.310			17.2	98%	44/12		
1	炼厂干气		46.050			18.2	98%	44/12		
1	石油焦		31.998			27.5	98%	44/12		
1	其他油品		41.031			20.0	98%	44/12		
1	天然气		389.31			15.3	99%	44/12		
1	其他					12.2	99%	44/12		
2	年排放量									

注：不包括用于交通运输的燃料；不包括京外能耗；型煤、水煤浆在煤制品中报告；其他能源请注明是什么能品种；小数点后保留2位。

图6.37　碳排放核算报告

⑮ 核心数据手机浏览　可自适应多种手机分辨率一键生成安卓、苹果 APP，并包含各种移动端统计分析可视化组件与移动端组态组件。

6.14.5 效果

① 方案高效实用，建成后实现了在线能源动力系统运行管理、基础能源管理、专业系统管理等功能。

② 实现了在线能源动力系统运行管理、能源系统的监控与调整、能源系统事件及记录、工艺与设备故障的报警与分析、供配电、供水、供热、供燃气等专业安全管理功能以及电力负荷预测及负荷管理综合平衡管理。

③ 实现了基础能源管理的能源计划与实绩管理、能源分析管理、能源质量管理、能源运行管理。

④ 实现了由异常、故障或其他条件触发的预案处理、应急联动及基于组态技术的预案生成和管理。

⑤ 系统节能效益显著。企业通过能源管理系统项目的部署，可积极推动企业"双碳化"进程，与企业生产管理和能源管控水平，促进企业的人、财、物和产、供、销的一体化精细管理，推动节能减排，为企业带来了可观的经济效益和节能减排效益。

6.15 业务驱动数字化协同解决方案与实践

6.15.1 背景

某水务集团有限公司（以下简称"某水务"）是国资委直属的重点民生企业，重点围绕城市水务，实现城乡水务一体化管理。现有5大业务板块（供水、排水、县域、科技工程、投融资）。经营管理某市830万人口的供水用水，供水用户298万户；全市排水设施有95座排水泵站，排水管网总长度3690公里，日排水量240万立方米；有30座在运污水处理厂，日污水处理能力240万立方米。

6.15.2 问题点

（1）管理决策难

① 五大业务板块各自独立，管理分散，决策各自为政；
② 集团获取业务线的数据难，数据经业务线手工层层汇总周期长，实时性差；
③ 依靠手工汇总数据强度大、成本高、标准口径不一、数据失真、分析维度单一，不能真正了解业务线运营状况，决策准确度不高；
④ 缺少自动风险预警机制，依托人为识别与主动干预。

（2）营销协同难

① 生产、营销、服务不能统一协调，运营成本高，客户满意度较低；
② 缺乏标准化规范和体系，数据不能有效协同，不能通过精准的预测和分析达到智慧化生产营销的目的；

③ 数据不能完全信息化，不能实时在线监测漏损情况，漏损严重，是国外的2~3倍以上；
④ 信息系统相互孤立，生产及质量管理业务执行不连贯，水业务亏损状态，急需改变；
⑤ 工程管理及投融资缺少信息支撑和生产营销协同，随意性大，控制力弱。

6.15.3 目标

① 业务数字化，业务在线化，改变长期手工输入汇总数据的现状，提高智能化管理水平，风险自动预警，减少人为干预。
② 统一数据标准，生产、营销、服务等业务数据融合，管理统一，决策统一。

6.15.4 解决方案

（1）解决方案架构（图6.38）

图6.38　水务数字化转型架构

（2）数字化转型解决方案

① 客户体验数字化　与用户信息协同，解决用户用水问题提高用户满意度；与工程商有效协同，提高维修响应时间，提高社会公众满意度。
② 管理运营数字化　大水务全面协同，敏捷高效营运；智能物联网，实时设备控制（压力、流量等）；精益成本控制（原耗药耗精细化管理）。
③ 商业模式数字化　供水、排水等五大板块融合筹建水务；供水业务区域整合，提高了政府控制力；科技工程业务整合，形成水务核心技术产业基地；投融资业务整合，为项目建设筹集了资金；区域子公司整合，可以联手对外投资。

6.15.5 效果

① 满意度增强，响应速度提高　与用户、工程商等信息协同，解决公众关心的问题，提高维修的响应时间，增强了用户的满意度。

② 数字化运营，智能化管控　通过数字采集系统，汇聚水务大数据，提高运营效率，提高管理水平。

③ 数字化协同，整合出效益　通过将供水、排水等5种不同板块水务、工程、投融资等业务整合，资源有效利用，提高业务效益。

6.16 数据驱动运营管控解决方案与实践

6.16.1 背景

某高端装备制造企业承担着国民经济建设领域众多装备生产任务。近年来，该企业大力推进数字化转型，已实现市场、研发、生产、采购、服务等业务管理的信息化，并累积了海量数据资产。

信息化的建设，支撑了业务的有序开展，但并未带来企业运营管理方面的提升，如何有效利用数据资产，充分发挥数据价值，成为了企业领导的关注重点。企业亟需将海量的数据资产、信息技术和先进的智能技术进行深度融合并综合展示，以打造企业数智化运营能力。不断提升市场竞争力，成为技术领先、管理卓越的世界一流企业。

6.16.2 问题点

① 数据自动化程度不高　管理人员很难直观获取企业运营状态，尤其是核心业务的详细信息，依靠人工统计呈报的数据往往具有滞后性；

② 数据孤岛现象严重　高层领导无法从全局运营的角度掌握经营活动中各环节全方位的信息，企业各业务板块数据分散，未能贯通；

③ 经营决策依赖经验　企业的运营决策依靠管理经验开展，决策者需要依靠数据分析，以保障决策的正确和可执行；

④ 管理缺乏数字化手段　运营管理过程的各项问题，需要通过有效的数字化手段进行跟踪，实现管理要求的有效落地；

⑤ 缺乏数字化宣传窗口　企业需要一个对外宣传，展示企业风貌和竞争力的窗口，以提升综合影响力。

6.16.3 目标

① 构建企业级数智化运营中心——数字大脑，实现基于数据的战略集成管控；

② 通过数据赋能业务，形成新的运营模式；

③ 基于数据的风险问题管理，实现企业运营精益化；

④ 满足不同层级需要，实现企业运营效能最大化；

⑤ 构建对外宣传窗口，提升企业综合影响力。

6.16.4 解决方案

(1) 构建企业级数智化运营中心——数字大脑（图 6.39），实现基于数据的战略集成管控。

① 围绕企业核心业务，构建新的业务管控模式，实现企业经营精准可控、研发生产高效协同、均衡生产准时交付、预测性售后服务、数字化营销服务等。

② 围绕企业的核心主价值链，打通端到端的主价值链业务流程，进行多视角组态化数据治理，实现业务流程的优化，提升企业运营效率。

③ 通过对多源异构的数据集成、汇聚、治理，制定数据标准和数据云图等，构建数据中台来支撑顶层的运营管控。

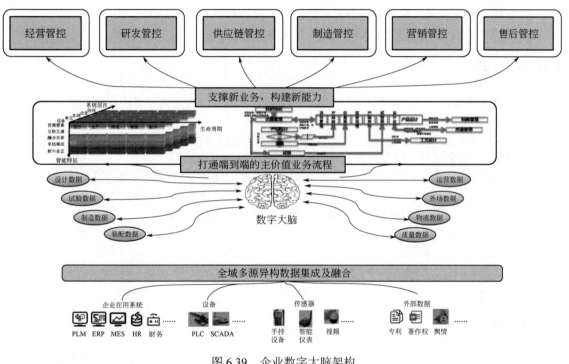

图 6.39 企业数字大脑架构

(2) 通过数据赋能业务，形成新的运营模式

① 全面实时地展现企业各项经营活动的详细数据，成为领导的"千里眼"；
② 基于数据开展决策分析，为企业管理者提供决策支撑；
③ 基于数据及决策分析的输入，开展风险和管控，为企业创造价值；
④ 改变"看报表+下现场"的管理模式，实现数据驱动的数智化运营管控。

(3) 基于数据的风险问题管理，实现企业运营精益化

① 构建全景态势，快速呈现问题；关联业务详情，精准定位问题；

② 分析数据趋势，提前预知问题；贯通数据链路，逐级追溯问题；
③ 线上督办机制，协同解决问题；全面跟踪闭环，总结汇报问题。

（4）满足不同层级需要，实现企业运营效能最大化

① 面向决策层的可视化运营管控，全面展现运营态势、风险、问题，辅助决策；
② 面向管理层的精细化运营管控，全面展现业务详情，辅助具体业务管理；
③ 面向执行层的智能化运营管控，基于大数据技术，实现业务活动智能化提升。

（5）构建对外宣传窗口，提升企业综合影响力

① 展示企业整体风貌、概况、产品、发展、文化等信息，丰富企业形象；
② 宣传企业综合实力和产品竞争力，提升客户信心和满意度；
③ 展现卓越运营水平和先进管理理念，打造行业标杆。

6.16.5 效果

① 改变管理运营模式　通过构建企业级的统一信息平台，企业领导可通过运营中心实时获取各业务各维度的信息，传统的经营报表全部消失。
② 加强运营风险管理　建立风险预警及问题闭环管理机制，风险管理前置，跟踪问题高效闭环，运营管理活动全面基于线上开展。
③ 提升整体运营效能　通过数据挖掘等智能化手段，优化业务开展，助力管理决策。
④ 扩张企业品牌影响　展现企业核心产品与竞争力，累计接待来访交流600余次，得到国家领导、集团领导以及客户领导的认可，提升了品牌的影响力和知名度。

6.17 数字化运维解决方案与实践

6.17.1 背景

某公司基础架构规模大、分布区域广、业务系统多、建设时间各异，每个地点需要不同的管理人员与监控手法，难以做到统一管理与运维，运维成本高，运维人员庞大。为改变这种状况，希望建设统一数字运维平台，实现运维数据的有效管理。

6.17.2 问题点

① 基础架构规模庞大且分散在多个地点，有针对不同子系统的多套监控工具，管理人员难以感知系统总体运维情况。
② 业务系统众多，建成时间复杂，软硬件定位困难。
③ 子系统数量众多且有不同的运维监控工具，数据难以及时更新，需要大量人工盘查。
④ 运维数据质量低，管理人员对资源底牌不了解。

6.17.3 目标

在针对不同子系统的监控工具之上构建统一的运维管理平台，在收集系统实时运行数据的同时建立不同数据之间的连接，并对所有运维数据进行有效的治理。同时，构建系统运维的统一门户，方便管理者获得硬件资源和系统运行状态信息，实现顶层洞察，提升对基础设施、架构的整体掌控能力。

6.17.4 解决方案

（1）整体架构

根据智能技术的飞速发展和广泛应用，"数字大脑计划2020"将原业务能力平台升级为云与智能平台，打造全新的数字大脑引擎，进一步强化数字大脑的智能水平与业务支撑能力，从而帮助用户更好地应对智变时代的机遇与挑战，以全面的 STARS 价值体系加速数字化转型。数字大脑架构如图 6.40 所示。

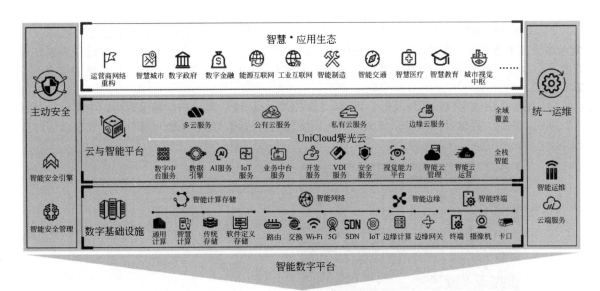

图 6.40 数字大脑架构

（2）解决方案

① 数据全维采集，通过数据治理，提供高质量数据　通过不同的软硬件传感器构建横跨 IaaS、PaaS、SaaS 层的全维数据采集系统，获得实时的高质量运维数据，之后再通过数据治理手段，将历史运营数据归入数据湖，并将实时数据导入基于人工智能技术的智能大脑系统，经过分析得到系统健康报告、容量预测、智能数据服务、异常检测、故障定位、根因分析等数据洞察。

② 通过系统画像，进行数据治理，方便资产管理　根据系统运行的全维数据和系统架构绘制系统画像，帮助管理人员进一步增强对 IT 系统运行状态的感知，并以可视化形式展示完整的基础架构及各类 IT 硬件资产，方便进行资产管理。运维数字平台如图 6.41 所示。

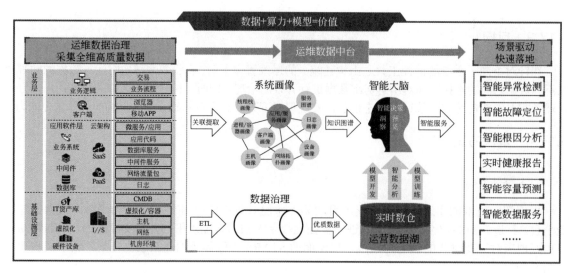

图 6.41 运维数字平台图

③ 全域运维管理，可视化管理，保障系统安全、可靠、高效　所有运维数据通过 U-Center 全域运维管理中心系统（图 6.42），以可视化的形态展现在统一门户上，管理人员可实时获得系统运行状态、故障预测、故障分析等洞察，与主动安全体系形成联动，进一步实现整体系统的安全、可靠、高效。

④ 图形化快速定位，实现及时、可靠、低成本统一运维　通过构建涵盖应用、中间件、数据库、系统、主机、存储及网络的系统关系对应图快速定位故障，提升系统可靠性，降低排障需时和成本。

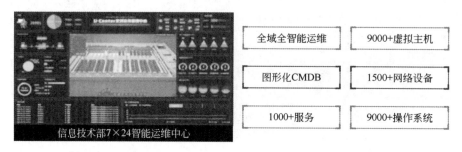

图 6.42　U-Center 全域运维管理中心系统

6.17.5　效果

① 智能化的数据采集方式显著提升了运维数据质量，在建立基础架构各元素之间关联的同时，实现了由数据驱动的智能化运维；

② 通过各类自动或半自动运维工具实现了包括虚拟化、容器、云资源和各类终端等在内的所有 IT 资产自动纳管，并自动建立、更新各元素之间的关联关系；

③ CMDB 系统及各元素间关系的完整可视化，实现了故障和告警的根因分析及阈值的动态调整；

④ 建立了统一的运维方案，以统一工具实现了服务器、网络、存储、数据库、OS、应用等的监控。

6.18 基于VR+远程运维解决方案与实践

6.18.1 背景

某公司主营包括研发、制造、销售的工程（风力、轨道机车、船舶和矿山工程用等）用大直径齿轮等，主要产品有圆柱类齿轮（如行星轮、太阳轮）、轴齿轮、高速轴齿轮、机车轴齿轮、人字齿轮等，服务的客户涉及风力发电、轨道交通、矿山工程。

公司的产品加工热处理工艺稳定性差，能耗利用率低，产品的报废率高，若设备维护不及时会导致存在严重的安全隐患。公司希望将工业互联网、VR、数字孪生技术相结合用于渗碳过程、加热过程、远程巡检过程、数据积累过程等重要环节。

6.18.2 问题点

① 工艺稳定性差　工艺参数不能精确掌控和随机调整，工艺稳定性差。热处理过程感知能力不足，温度和碳势分布控制性差，许多加工企业渗碳时不控制碳势，工艺参数无法准确实现，能耗利用率低，工艺稳定性差。

② 产品报废率高　炉内循环程度低、均匀性差，产品报废率高。设备和工艺平均水平低，炉内循环程度低、均匀性差，温度场千差万别，产品质量均匀性差，废品率、返修率高。

③ 安全隐患高　人工巡检不及时，存在安全生产隐患；加热设备可靠性差，设备事故率高；炉内通入可燃气体，高温密闭，依靠人工巡检存在重大安全生产隐患。

6.18.3 目标

利用 5G+VR+数字孪生技术，实现热处理生产过程透明化，优化工艺曲线，节能降耗，提升行业整体技术水平。

6.18.4 解决方案

依托 INDICS 工业互联网平台，针对高温密闭热处理设备的远程运维，实现热处理工厂设备接入，通过平台大数据建模和分析，支撑设备运维专家诊断系统建设，实现设备运维环境可视化、设备质量问题可追溯，提升企业远程运维时效性，有效降低设备运维成本。整体业务设计如图 6.43 所示。

本解决方案搭建云边端一体化架构，生产现场数据传输至边缘服务器进行数据筛选、数据清洗、模型加载、质量预测、远程运维；数字孪生体、行业专家知识系统、机理模型存储云端，基于海量数据进行机理模型计算、分析及生产优化，并将计算结果返回至终端；在终端通过 VR 眼镜进行车间 3D 模型的可视化展示及人机交互操作，实现远程运维的目标。5G+VR+数字孪生技术整体解决方案架构如图 6.44 所示。

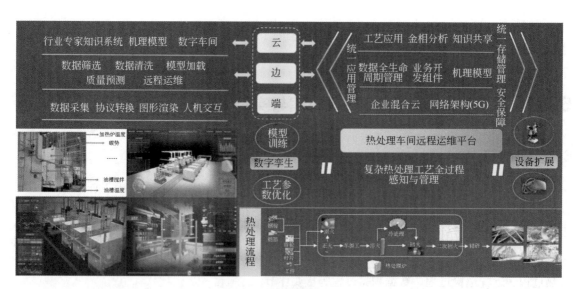

图 6.43　整体业务设计

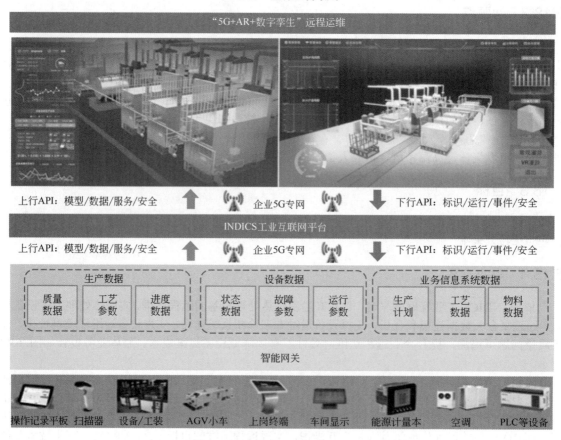

图 6.44　5G+VR+数字孪生技术整体解决方案架构

本方案通过按数量级增加炉内环境探测点,提升生产过程感知能力,提高温度及碳势均匀分布的控制性，提升工艺稳定性；利用 VR 技术实现炉内温度场分布及产品渗碳过程可视化，更加立体化地观察炉内生产环境，为有经验的专家提供沉浸式的观察体验；借助 5G+VR 进行远程巡检，及时监控生产状态，保障设备正常运行，降低安全事故发生率及其危害；构建数字孪生体，实现数据实时驱动，预测碳势分布，降低产品报废率，积累过程数据，形成行业专家知识库。

本方案基于 INDICS 平台，通过搭建 5G 虚拟专网，实现工厂内海量的生产设备及关键部件，提升生产数据采集的实时性与 AI 感知能力，为生产流程优化、能耗管理提供数据、网络支撑。5G 网络架构如图 6.45 所示。

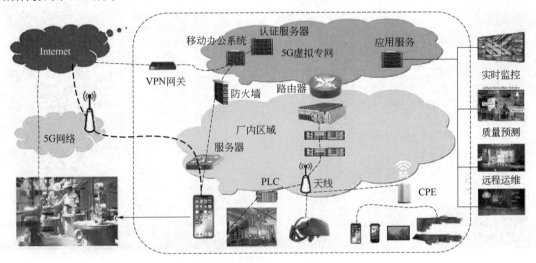

图 6.45　5G 网络

AI 解决方案原理如图 6.46 所示。

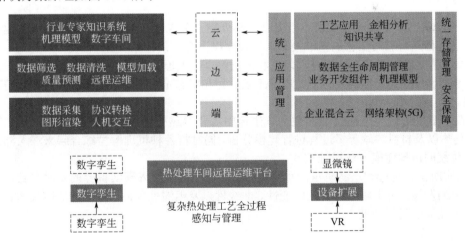

图 6.46　AI 解决方案原理

基于 INDICS 平台虚拟工厂建模工具，通过导入工厂设备数字模型，基于 5G 的 Cloud VR 技术通过结合眼球跟踪渲染、GPU 定点渲染、LED 高 PPD 屏幕技术，技术人员通过配戴无线的 VR 设备就可清晰地对工厂环境、设备运行状态进行可视化监控，实现工厂设备生产工艺流程等数据的

3D 模型可视化。同时，结合大数据分析算法，高效识别异常数据，建立远程运维专家系统，对采集得到的设备互联数据进行分析、计算和模拟操作，实现设备运维智能化和工艺控制精准化，提高设备运行效率和产品合格率。5G+VR+工业大数据远程运维系统如图 6.47 所示。

图 6.47　远程运维系统

（1）技术难点

随着对金属工件使用性能要求不断提高，热处理工艺也越来越复杂。在热处理过程中为了实现对设备的远程运维和对工艺的精准控制，还存在以下难点：

① 温度精准控制算法难　控温均匀性和准确性是热处理设备重要的工艺指标，由于热处理设备处于高温、密闭状态，监测点位少，内部工艺过程和状态不可视，数据来源少，温度精准控制算法难实现。

② 数字孪生机理模型建立难　数字孪生体中需要对热处理过程中的材料热应变、气流热传导、工件传热以及材料渗碳等多过程进行建模分析，同时将各种机理模型综合起来深入洞察虚拟世界，这用传统的机理建模方法很难实现。

③ 对实时工艺过程和产品质量的预测难　数字孪生体需接入现实世界的实时参数，并实时预测现实世界的发展，由于实际环境的时变性、非线性以及迟滞性，必须借助物联网技术、大数据模型及人工智能算法进行辅助。

（2）技术创新点

本解决方案创新性地解决了以上难点，主要创新点如下：

① 采用 5G+VR 技术实现设备实时在线，建设 5G 虚拟专网，保障数据传输速率以及模型实时渲染带宽的要求，实现炉内环境由原来的灰盒子变成现在可沉浸式的观察，同时提供炉内热力场分布和产品碳势曲线等生产过程重要参数。

② 项目首次提出并实现了热处理车间数字孪生的完整解决方案,从理论到实践,从静态到动态,从数字计算到 VR 展示,运用大数据+专家经验训练模型,深度学习优化工艺参数。

③ 完成了热处理车间深度全面机理建模,实现了人工巡检到远程巡检,从定时查看系统参数、观察生产现场到随时沉浸式巡检;通过实时监控、远程异常处理,避免炉膛异常爆裂,极大地降低了安全隐患。

6.18.5 效果

本解决方案在某公司得到应用,并在数十家热处理企业开展推广,得到了有效的实践验证。该方案融合 5G+VR+数字孪生技术,创造性地解决齿轮制造行业的共性难题,可将本方案复制推广至行业内其他企业,提高行业的整体工艺水平,并实现车间环境、设备状态、生产全过程的实时性远程巡检监控和管理,解决了热处理过程工艺控制难、设备运维效率低、能耗大的问题。

① 设备运维效率提高 25% 通过将"5G+VR+数字孪生"技术与工业大数据技术深度融合,让作业人员能远程、实时地对设备进行点检及维护,有效地缩短了人员作业时间,设备运维效率提升 25%。

② 产品一次检验合格率提升至 98% 通过对工艺数据可视化展现及对产品质量实时分析预测报警,让作业人员能精准控制热处理过程的工艺,产品一次检验合格率提升至 98%。

③ 安全事故发生率降低 95% 通过实时监控、远程异常处理,避免炉膛异常爆裂,极大地降低了安全隐患,安全事故发生率降低 95%。

④ 节约能耗 5 万元/月 通过分析工艺升温曲线,减少不必要保温时间,通过提高产品良率,减少报废率和返修率,节约能耗,节约金额达 5 万元/月。

参考文献

[1] 丁飞. 物联网开放平台：平台架构、关键技术与典型应用. 北京：电子工业出版社，2018.
[2] 国家市场监督管理总局，国家标准化管理委员会. 工业互联网平台 应用实施指南 第1部分：总则（GB/T 23031.1—2022）. 2020.
[3] 工业互联网产业联盟（AII）. 工业互联网白皮书. 2017.
[4] 工业互联网产业联盟（AII）. 工业互联网网络连接白皮书（版本1.0）. 2018.
[5] 杨奎. 物联研究. https://blog.csdn.net/iot_research.
[6] 工业互联网产业联盟（AII）. 中国工业大数据技术与应用白皮书. 2017.
[7] 工业互联网创新中心. 工业互联网案例库. https://www.iireadiness.com/cases.
[8] 中国电子标准研究院. 工业大数据白皮书（2017版）. 2017.
[9] 国家工业信息安全发展中心，山东大学. 工业设备数字孪生白皮书. 2021.
[10] 田攀. 深入浅出谈SCADA. https://blog.csdn.net/pan_tian/article/details/105523060.
[11] 起冯了. RS-232串口通信协议. https://blog.csdn.net/johnwillwin/article/details/108615422.
[12] 边缘计算产业联盟（ECC），工业互联网产业联盟（AII）. 边缘计算参考架构3.0. 2018.
[13] 工业互联网产业联盟（AII）. 时间敏感网络（TSN）产业白皮书V1.0版. 2020.
[14] 工业和信息化部，国家标准化管理委员会. 国家智能制造标准体系建设指南2021版. 2021.
[15] 边缘计算产业联盟. 5G时代工业互联网边缘计算网络白皮书. 2020.
[16] 工业互联网产业联盟（AII）. 工业互联网成熟度评估白皮书（1.0版）. 2017.
[17] 中国企业数字化联盟. 工业互联网白皮书. 2021.
[18] 国家市场监督管理总局，中国国家标准化委员会. 生产现场可视化管理系统技术规范（GB/T 36531—2018）. 2018.
[19] 中华人民共和国工业和信息化部（电子）. 智能制造能力成熟度模型（GB/T 39116—2020）. 2020.
[20] 中国电子技术标准化研究院、树根互联技术有限公司. 数字孪生应用白皮书2020版. 2020.
[21] 工业互联网产业联盟. 工业APP白皮书（2020）. 2021.
[22] 工业互联网产业联盟. 垂直行业应用案例2019. 2019.
[23] 国家市场监督管理总局，中国国家标准化管理委员会. 生产现场可视化管理系统技术规范（GB/T 36531—2018）. 2018.